東南亞華人信俗碑銘輯録

二

黄海德　編著

海峡出版發行集團
THE STRAITS PUBLISHING & DISTRIBUTING GROUP
福建教育出版社

目録

佛教

佛教

十四　釋迦牟尼佛

一〇二　建造大圓佛堂石碑

【碑刻名稱】建造大圓佛堂石碑

【材　質】石材

【形　制】長方形立碑

【尺　寸】長一百六十八厘米、寬七十二厘米，共兩片

【書　體】楷書

【碑　額】無

【碑　題】建造大圓佛堂石碑

【碑文撰者】無

【碑文書丹】無

【立 碑 者】大圓佛堂董事信衆等
【立碑時間】清光緒九年（一八八三）
【存　　佚】現存
【地　　點】馬來西亞檳城大圓佛堂
【碑刻録文】

建造大圓佛堂石碑

謹將癸未年建造各善信捐緣銀鴻名開列于左：

葉應和捐銀貳佰員；葉門邢氏捐銀貳佰員；洪關勝捐銀壹佰肆拾員；林至誠捐銀壹佰壹拾貳員；林乾玉捐銀陸拾員；高大川捐銀陸拾員；王鳳娘捐銀陸拾員；陳意妙捐銀陸拾員；謝常慧捐銀陸拾員；葉時妙捐銀伍拾伍員；王文貴捐銀貳拾肆員；陳春娘捐銀貳拾肆員；廣善堂、邱英娘、謝信道、李亞愛、賴義貴、葉誠蓮，以上各捐銀貳拾員；葉誠妙捐銀拾伍員；楊柳、甘彩娘、張正淵、嚴冥妙、謝玉秀、昧玉粉、黃秀珠、鄭元真，以上各捐銀壹拾貳員；黃果真、張玉卿、盧亞蘇、佟修蓮、林承敬、高亞連、邱玉鳳、伍靜修、王春嬌、陳實蓮、劉意安、黃清湖、胡璧壽、梁仙丹、謝仓枝、陳貴娘、陳亞祥、吴信賢、陳天絨，以上各捐銀壹拾員；陳永山、郭裕清、郭靈通，各捐銀捌員；劉意真捐銀柒大員；楊玉英、林團娘、王美娘、邱論、何登遠、柯吉心、謝秀錦、謝愛娘、邱玉鶴、林段、謝誘水、楊秀徵、謝秀幾、辜百能、蕭柳音，以上各捐銀陸員；羅有妙、梁慧真、黃亞龍、邱漢陽、李愛喜、謝素玉、姜翠真、陳玄祥、梁亞蘇、謝秀燕、何亞安、顏亞帶、張亞金、甘圓娘，以上各捐銀伍

員；善化堂、馮亞帶、杜螢娘、林一真、葉大有、邱軒叔、鍾亞經、李吉娘、宋庚子、庒金枝、張玉春、丁如
文、謝冬月、邱亞藤、邱金蓮、胡壹娘、白氏娘，各捐銀肆員；蔡妙盛、林檳枝、劉德真、何亞保、劉亞有、蘇
亞嬌、劉亞遠、郭亞標、林世娘，各捐銀叁員；吳修成、蕭亞鳳、黃亞桃、蔡蕊娘、郭來發、陳玉珠、伍槐學、
郭亞好、樊亞娣、彭門馮氏、黎金藏、莫亞收、郭亞貴、葉帶有、何細個、梁妹仔、劉文娘、吳氏娘、謝有哥、
陳毫健、陳玉有、林珠雲、黃德慈、李帶喜、伍亞第、蔡水娘、張二妹、鄭亞裕、方十五、麥月容、王亞根、黃
七妹、梁八妹、亞連、盧門黃氏、李鴻粉、杜亞五、林四仔、曾月端、汪門吳氏、蘇亞燦、莊秀錦、潘玉緞、潘
韓、謝清香、陳流娘、明正消、楊玉揚、杜亞給、邱金速、陳蘇良、陳義娘、鄞春嬌、吳文妹、陳彩流、謝亞
頭、吳明玉、衆散緣、甘則娘、謝免娘、甘圓娘、邱秀娘、陳祥娘、陳玉安、黃丹娘、邱潯娘、林亞榮、邱章、
王玉締、陳蘇安、鄭時娘、梁亞愛、謝吉娘、王鶴娘、戴珠玉、甘仁娘、邱幾娘、孟斷娘、吕脱室、謝藤娘、何
細娘、劉秀娘、謝蓮英，各捐銀貳員；謝淡月、林諒飛、郭門曾氏、黃亞佑、葉月夷、謝錦水、邱玉心、陳秀
葉、吳亞娘、龔娘容、戴珠蓮、王亞琴、李貴娘、邱連娘、戴珠玉、黃十妹、楊任娘、甘緑柳、林鳳昭、謝彩
娘、陳亞明、曾國球、楊品娘、梁信女、高氏、杜彩娘、陳順有、李燕、楊告娘、陳信女、邱振盆、曾秀堂、鄭
翠瓊、陳亞蘇、梁粉娘、邱着娘、陳秀幾、楊芹娘、周亞猶、無名氏、吳修禮、林至、李裕燕、王蘭娘、黃懷、
謝啓元、邱天成、邱福財、邱秀幾、甘財娘、謝蓮元、葉亞滿、黃氏、李氏、林盛金、劉圓經、黃德娘、林玉
枝、吳素幼、陳亞成、姜果成、陳亞秀、陳亞庚、温定娘、葉月受、羅有妙、彭允勝、鄧亞十、鄭華、謝清吉、
杜實心、劉亞彭、葉門陳氏、伍其昌、伍源泉、吳亞担、張探琴、黃秋喜、梅長枝、伍金壽、李葵娘、李白色、
韓亞珍、洗翠英、伍于珍、岑妙錦、蘇嫣討、張觀蘭、陳亨嫂、范亞順、衛古緣、門亞泰、謝旺秀、周榮娘、戴
珠世、蘇亞嬌、無名氏、龔嬌意、戴琴仔、甘迎喜、楊只猛、郭鈞庸、楊亞笑、季悦秀、亞登嫂、葉四妹、謝峻

英、葉帶、蔡水娘、梁宣娘、陳亞清、陳官業、陳氏、邱有山、蔡玉意、羅二娘、黃清梅、梁亞貴、蔡灶帶、翁亞有、甘施淪、梁綢娘、馬喜順、賴亞迹、張亞妹、邱吉心、林慶花、邱脚、張帶喜、梁亞烘、亞金鳳、郭亞蘇、邱天喜、梁銀紅、陳月好、蕭水日、陳有、吳雪梅、張亞秀、葉亞六、梁亞嬌、黃羅箕、黃鳳微、劉有姑、許綢娘、甘蓮娘、劉順娘、葉成真、劉帶、吳美惜、林鳳娘、杜蔡娘、麥采真、彭黃氏、邱秀錦、柯阿任、謝誥娘、謝旺、吳亞文、熊亞銀、衛素懷、林鴿娘、柯實理、謝亞英、梅陳氏、余亞女、邱女心、王水君、謝玉燕、黃葉娘、劉亞冥、周群弟、莊玉娘、李彭娘、邱實悅、陳玉實、黃亞烟、吳月和、氐玉葉、林鸞英、藍鳳選、邱定爵、劉亞遠、亞五妹、林文珍、胡璧欽、甘買娘、黃信女、郭六、張就好、葉玉順、邱信、謝幾娘、伍亞臺、羅有成、何群英、楊氏、胡亞架、邱玉鶴、林玉環、陳蕭郭、盧金好、麥耀桂、伍亞秀、陳金綢、馮亞容、林文進、范氏、王亞小、池亞嬌、新發堂、德華堂、李金鵬、郭亞七、邱亞銀、趙亞齊、翠華號、馬盛麟、張六仔、葉滿仔、陳鳳彩、陳仿嬌、黎亞嬌、張姑仔、蕭門李氏、李亞味、吳進全、吳隆女、黃帶喜、林亞銀、何目富、羅帶嬌、潤桂妹、伍蓮嬌、陳叻、曾錦、盧亞轉、莊炳坤、李月音、蔡亞里、葉城、邱秀方、王有連、楊新有、李秀英、林玉心、王默娘、許右娘、吳勤英、黃亞嬌、邱彩壽、邱紅霞、藍百厚、邱貴心、林鸞玉、張經娘、和二奶、陳亞有、楊秀錦、李玉鳳、邱月杏、臭頭娘、李亞蘭、黃亞帶、謝榮心、張英雲、章柏娘、楊信女、唐微娘、劉承昌、李仁義、曾亞費、甘潤娘、林通深、周亞文、陳勝意、邱仙湖、李連拐、甘迎娘、陳炭娘、林亞三、劉毓盛、王鉢娘、莊敬娘、和利昌、無名氏、亞梅、何良生、李正道、胡容易、永和號、蘇亞老、伍海棠、伍于綸、邱彩連、元只娘、柏勝堂、黃帶、伍亞發、程錦清、無名氏、西嬌妹、劉帯、黃亞妹、曹三娘、陳炭、李氏，以上各捐銀壹員；謝桂英、謝英元、陳述、謝真娘、孔門胡氏、李門黃氏、梁選娘、吳又娘、楊德壽、伍廷佐、鄭玉轉、新裕泰、邱玉葉、李能招、潘炳元、黃碧煎、廣興隆、周亞祥、陳美娘、謝泉娘、袁碧麟、陳昌

時、謝順英、何亞圓、林妙丙、周長妹、陳亞坭、羅亞妹、吴池德、陳賜福、李桂秀、林璋端、李如容、吉娘、
梅門梁氏、梅愛娘、林信女、伍真、邱漢水、林信女、孟娘氏、黄碧玲、鄭二娘、王梅娘、謝信女、王洪儒、謝
藤娘、吴四錦、仁德缘、敏慎堂、甘娘、賴信合、侯連美、山戌氏、林玉深，以上各捐銀壹中員。
光緒九年癸未歲仲冬月吉立。

一〇三　重建大圓佛堂石碑

【碑刻名稱】重建大圓佛堂石碑
【材　質】石材
【形　制】長方形立碑
【尺　寸】長一百六十八厘米、寬七十二厘米，共兩片
【書　體】楷書
【碑　額】無
【碑　題】重建大圓佛堂石碑
【碑文撰者】無
【碑文書丹】無
【立 碑 者】大圓佛堂董事信衆等
【立碑時間】清光緒二十九年（一九〇三）
【存　佚】現存
【地　點】馬來西亞檳城大圓佛堂
【碑刻録文】

重建大圓佛堂石碑

謹將癸卯重建各善信捐緣銀鴻名甲乙臚列：

謝穩修捐銀壹仟員；王定妹捐銀壹仟員；辛百靈捐銀柒佰柒拾員；李和玉捐銀柒佰員；張永儒捐銀伍佰員；林碧藕捐銀肆佰伍拾員；謝蓮枝捐銀叁佰貳拾員；曾堅修捐銀叁佰員；王漢壽捐銀叁佰員；周保全捐銀貳佰伍拾員；謝玉蓮捐銀貳佰員；林金玉捐銀貳佰員；許瑞意捐銀貳佰員；林門黃氏、陳展明、邱清燦、劉祈慧、林綢娘、陳桂枝、蕭二雲、高明月、林總忠、楊秀眉、林福娘、潘素燕、周永盛，以上各捐銀壹佰貳拾員；李玉傳捐銀壹佰零伍員；羅金梅捐銀壹佰肆員；戴喜雲、張月真、鍾運松、李信蓮、王文貴、邱素謹、楊雪白、余亞純、邱秀順、李蘭姐、龔運福、蘇運琦、洪蓮真、王恕真、鍾玉鈕、許瑞蘭、楊淑媛、杜秀欽、陳靜女、馬女王氏，以上各捐緣銀壹佰員；謝蓮葉捐銀捌拾員；許瑞鸞捐銀捌拾員；林碧嬌、李滿池、許米真、邱登果、柯秀枝、曾永賢、柯水金、胡金釧，以上各捐緣銀陸拾員；陳志月捐伍拾貳員；吳德志、黃德娘、劉門何氏、馮原妙、鄭天星、林壽娘、劉門陳氏、麥門余氏、謝門唐氏、莊門陳氏、李素金、沈門羅氏、冼氏、甘碧蓮、葉玉瑞、楊維岳、葉玉釵、林得成、譚門金氏、洪臨發、邱身河、葉祖意、顏隨緣、羅木林、杜亞秋、蕭連娘、饒潛川、張木連、高生、温氏、梁亞水、梁門黃氏，以上各捐緣銀伍拾員；林美娥捐銀叁拾伍員；鍾時賢捐銀叁拾貳員；王谷源捐銀貳拾伍員；陳其攀、楊素淵、何秀玉、林月娘、邱平環，以上各捐緣銀貳拾肆員；周俊玉、胡月娥、王玉蓮、梅清蓮、劉光林、林立磯、葉門陸氏、張建閒、邱氏、林傳祺、劉良發、謝志娘、吳亮成、蔡正修，以上各捐緣銀貳拾員；吳鏡三、亞旺、亞娥，各捐銀壹拾伍員肆錢；鍾盛學捐銀壹拾伍員；李廣璇捐銀壹拾肆員叁錢；

邱素碧、林生根、無名氏、徐忠觀、林元聘、蔡士蓮、施文邦、張榮宗、黄妙安、劉仁昌、温秀葉、楊綉市、林待、林先女、張秀安、邱桂枝、謝慶峰、周静修、邱峰佐、徐化陸、王健珠、林蜜娘、謝金甲、廖帶弟、林貴仙、林貴香、李綉金、陳娘惹、林字竹、王信女、謝意娘、李吉琴、徐亞培、張碧玉、許根娘、黄桂娘、柯樹伊、林碧心、辜六合、謝細限、林金如、林桂枝、林任娘、曾亞惹、邱文曲、嚴生在，以上各捐緣銀壹拾貳員；何氏、葉氏，各捐銀壹拾壹員伍錢正；彭載熙、熊欽娘，各捐銀壹拾壹員肆錢正；王氏捐緣銀壹拾壹員正；始平住、林玉環、福茂典、温運莊、高榮基、古睦麟、温新揚、牛仔、林秋娘、朱亞月、林碧銀、梁連妹、劉心娘、邱春蘭、周發鳳、楊索娘、陳展鴻、葉賢榮、謝榴娘、江績官、陳亞錫、温亞章、杜滿心、江亞鳥、胡金姑、勝記號、許氏、鄭金枝、杜通靈、王就喜、邱文種、梁彩娘、温文、曾井官、楊碧桃、胡亞細、林旋嬌、邱靈根、陳亞秀、胡潤基、蘇氏、蔡斷娘、榮典、邱玉學、陳亞梅、狗仔、温門黄氏、林惠成、巫有梅、林門李氏、許潤娘、邱素蘭、綿隆號、江媽作、謝岸娘、伍杜俊、陳羨娘、陳月桃、邱凉容娘、洪月娘、吴金霞、陳柳娘、李門陳氏、江進寶、楊叔庭、楊叔慧、陳再成、伍節貞、黄妙典、鄭捷春、邱門洪氏、劉蘭灣、温良德，以上各捐緣銀壹拾員；白玉宏、無名氏，各捐緣銀玖員；李鴻清、闕善慶、謝發記、謝同宗，各捐緣銀捌員伍錢；李靈機、邱鳳心，各捐緣銀捌員；林氏、范氏、待俏作、汪氏，各捐緣銀柒員柒錢；柯秀眉、謝寬意，各捐緣銀柒員；曾待好、邱彎娘、曾霖、李綱愛、林吉女、無名氏、黄丕淵、黄丕榮、林娶雲、謝秀蓉、邱瓊意、邱細限、許榮鶴、劉如三、許安賢、張月寶、古芳霖，以上各捐緣銀陸員；鍾海華、李志仁、忠和福、古亞五、徐增昌、温春元、張鴻皋、廖志譜、邱添財、許壽軒，以上各捐緣銀伍員柒錢；徐細妹、謝亞壬、林孫桂、三奶、萬興隆、陳亞容、周氏、張玉蘭、林射留、柯亞乾、孔春瑞、黄瑞蓮、王葉契、昌記、鄭待容、王氏、梁氏、蘇金哥、朱氏、林榮芳、翁堃記、賴亞有、廣義君、黎錫娘、李門黄氏、黎度、莫亞拾、黎門麥氏、蔡爽嬸、謝碧素、胡安英、周氏、廖有娘、温門陳氏、陳亞集、張玉蘭娘、彭孝根、方嬌娘、王蓮帶、顏氏、劉門徐氏、蔡小、吳恭、蔣進、陳開明、魏細、吳□□、鄭顯、范清、鄭集、傅堂、傅鼎記，以上各捐緣銀伍員；謝玉秀、謝明娘、江鸞娘、温慶嫂、石燕、陳氏、謝金祥、謝裕柳、再綿源、李潤秀娘、邱摩力、黃鴻臨、許贅娘、邱氏、李如娘、邱石泉、楊良碧、杜氏、邱月蕊、李金枝、江振發、張慶雲、胡素謙、洪忝慶，以上各捐緣銀肆員；梁氏、王蓮妹、杜氏、無名氏、楊氏、何氏，以上各捐緣銀叁員捌錢；陳亞才、祥典、林愛娘、林皆倆、林澤、吳存、陳有、鄭天模、劉沙、柯西嬌、何二姑、王玉金、鄭炮、張珠、吳勇、陳永、陳伍、無名氏，以上各捐緣銀叁員；王萬生、王春生、古文霖、古盈祥、賴松勝、梁順義、李章記、葉水昌、古棋样、温鳳儀、王滿祥、李善卿、高帛、侯儒源，以上各捐緣銀貳員捌錢伍分；胡陸姨、梁華水，以上各捐緣銀貳員叁錢壹分；許雪娘、沈學賢、張門馮氏、李幅成、無名氏、林玉仙、恒昌隆、裕昌源、馮帶弟、鄧亞秀、楊碧雲、洪月娘、劉水娘、陳全貴、無名氏、劉米娘、邱金錬、雲金娘、林耀鴻、曾蓮妹、林佑西、李氏、曾炳昌、廣增興、胡門鍾氏、謝蓮英、謝焕英、林綢娘、謝門郭氏、鄭亞簡、周門謝氏、盛德、承盛源、順茂、林天奇、洪腰娘、林月娘、第永泰、許明善、洪寬汝、洪淑陽、王文貴、李月愛、周氏、林瑞鶯、張宿氏、梁俊元、麥流杰、邱任氏、陳氏、張氏、李綉滿、無名氏、周自美、鍾玉娘、劉亞嬌、無名氏、陳玲娘、楊暮碧、無名氏、王素英、曾有義、陳亞柳、陳鄒來、劉氏、南記、黃氏、陳廣泰、徐德意、王里魚、葉氏、張枝女、蔡玉、謝蒲清、瓊花娘、謝清福、謝同雲娘、謝聯雲娘、謝有娘、劉貴芳、李明和、吳明娘、陳有蓮、楊立良、邱六修、吳氏、謝蕉心、鄭金枝、顏金吉、謝文平、王碧蕊、蘇織女、義興號、楊銹壬、陳貽俊、邱清照、楊升磚、吳明、劉緻曲、無名氏、潘月實、劉義連、劉一明、葉秀方、鄭英賢，以上各捐緣銀貳員；鍾德源、謝生香、王福生、王香忠、王啓仁、王毓忠、鄒城昌、鍾燕長、鄭如進，以上各捐緣銀壹員柒錢壹分；陳性真、巧蓮、李來、梅氏、王彩勝、八姑，以上各捐緣銀壹員伍錢四分；張德合、林一秀、麥連溟、許門張氏、葉門李氏、陳靜娘、鍾盛武、張佑妹、邱雙妹、林考妹、溫潛妹、溫滿妹、無名氏、周召、廣和、福有、覃氏、卓生嬸、鄒幅金、陳門何氏、張氏、張門謝氏、楊門葉氏、楊亞帶、寶生娘、林桂娘、林帶彩、祥珍、鍾門顏氏、胡亞安、陳亞愛、謝鳳嬌、張亞梅、梁亞彩、邱兆、謝門梅氏、無名氏、邱天賜、謝門李氏、周柔心、許某蓉、李月枝、王澳娘、無名氏、陳碧慶、吉氏、葉氏、羅彩環、姜氏、葉啓基、祥和、郭亞林、蔡良福、待好、無名氏、程門羅氏、顏玉環、吴氏、文門莫氏、黃花女、黃亞墨、廖潤祥、謝素琴、葉玉芷、傅弟子、邱振茂、陳芹義、李慕蓮、甘水蘭、陳帶彩、楊玉寶、周氏、宋德合、陳南康、林瑞貴、吴慶英、林瑞珠、邱惠娘、謝秀月、謝牛乳、陳氏、楊亞惹、陸瑞枝、甘玉永、胡季秀、張松茂、王文床、林有祥、邱明柳、林月子、邱文瑞、吴索錦、李甘庶、李紅柑、林穹、謝胆娘、李順專、林修愛、邱著洗、周氏、王娶鈕、許白娘、羅金章、李嶺娘、周鶴記、林壁雲、蔡雪娘、黃門張氏、陳文冬、魏伴娘、林璧鶴、王玉娘、林門邱氏、張世嬌、李波桃、順茂、方和娘、黃蓮登、邱東生、陳賢合、葉文意、唐秀金、謝春娘、林同娘、邱錦妹、陳考妹、邱汝心、王氏、葉旦官、邱文碎、謝秀妹、曹清妹、陳玉娘、陳必英、陳門盧氏、林門張氏、謝喜妹、王福宗、陳氏、禎娘、陳弟子、鄭門張氏、何門古氏、禎英、金全、林門李氏、方門林氏，以上各捐緣銀壹大員。

已上總結合共捐題緣銀壹萬伍仟壹佰玖拾肆員柒角捌分；

一，重造佛堂統結合共用去銀壹萬柒仟貳佰玖拾玖員伍錢柒分。

除來外仍不敷銀貳仟壹佰肆員柒錢玖分，此不敷銀本堂歸還清楚。

光緒貳拾九年癸卯歲冬月穀旦立。

一〇四　大圓佛堂五輪塔碑

【碑刻名稱】大圓佛堂五輪塔碑
【材　質】石材
【形　制】長方形立碑
【尺　寸】長六十九厘米、寬四十六厘米
【書　體】楷書
【碑　額】無
【碑　題】五輪塔内
【碑文撰者】無
【碑文書丹】無
【立 碑 者】大圓佛堂諸善男信女
【立碑時間】佛曆二九六〇年（一九三三）
【存　佚】現存
【地　點】馬來西亞檳城大圓佛堂
【碑刻録文】

五輪塔内

尊勝陀羅尼，乃同人等在廣東潮州開元寺純密大阿闍黎處，請來檳榔嶼大圓佛堂正殿屋頂供奉，普爲四恩三有法界衆生，廣增福慧。凡有一見一禮，皆能銷無量宿業，增無量福慧。事詳藏經，兹不再述。此塔於癸酉年二月二十四日未時建造，三界内事，有成有毀，此塔建造於今日，將來重修屋宇寧無移動之時，伏望千萬年後，重修此殿宇者，繼續重修此塔，以庇蔭法界衆生，其功德誠有不可思議者，謹序。

佛曆二千九百六十年癸酉二月二十四日，諸善男信女謹立。

一〇五　棉蘭新建觀音宮題緣碑記

【碑刻名稱】棉蘭新建觀音宮題緣碑記
【材　　質】石材
【形　　制】長方形立碑
【尺　　寸】長一百三十六厘米、寬六十八厘米
【書　　體】楷書
【碑　　額】無
【碑　　題】新建觀音宮題緣碑記
【碑文撰者】無
【碑文書丹】無
【立　碑　者】值理信紳張煜南等
【立碑時間】清光緒十二年（一八八六）
【存　　佚】現存
【地　　點】馬來西亞棉蘭清音禪寺（福音禪寺）
【碑刻録文】

新建觀音宮題緣碑記

張煜南捐銀伍拾壹元；劉元貞捐銀伍拾大元；湯金房園賭傌捐銀四拾元；宋帝福捐銀叁拾大元；張鴻南捐銀貳拾大元；黃萬利捐銀貳拾大元；馬燕捐銀貳拾大元；林三捐銀貳拾大元；湯金房捐銀貳拾大元；李炎捐銀壹拾伍大元；陳三捐銀壹拾伍大元；廣成興捐銀壹拾伍大元；葉錦勝捐銀壹拾四大元；萬利公司捐銀壹拾貳大元；陳慶源捐銀壹拾大元；張春炎捐銀壹拾大元；温娘田捐銀壹拾大元；張德新、劉如佐、伍近相、陳紀昌、廣和興、裕源酒公司、廣順興、廣盛昌、劉娘妹、廣惠、廣惠隆、林保乾、若香館，以上各捐銀拾元；廣永安、劉傳、林龍榜、鄒生、胡喜純，各捐陸大元；薛擔、姚海、林魁、劉家年、劉乃貴、劉希朗、興林等、戴林標、湯水連、曹立泰、胡登傳、李捷盛、吴秉、邱如杖、戴金娘，以上各捐銀伍大元；羅汝標、劉希期、陳子綱、賴泗記、范德科、余振有、賴滿合、鍾義泰、李觀秀、春香班、蕭目、陳月、郭耀清、吴錦雲、萬勝隆、毛德喜、劉維翰，以上各捐銀伍大元；馬賓捐銀四元；廣錦源捐銀四大元；廣發廠捐銀四大元；馮昆禄、徐歷，各捐銀四元；許榮光、姚桂恩、廣永興、廣惠生、林孝、曾乾、廣茂安、廣合、袁楮、萬和堂、陳偶陽、邱乃友、湯慶合、永春號，以上各捐銀三大元。

光緒十貳年仲冬穀旦，值理信紳張煜南等勒石。

一〇六　蘇北棉蘭轄屬浮羅把烟清音禪寺碑記

【碑刻名稱】蘇北棉蘭轄屬浮羅把烟清音禪寺碑記
【材　質】石材
【形　制】長方形立碑
【尺　寸】長一百四十八厘米、寬七十六厘米
【書　體】楷書
【碑　額】無
【碑　題】蘇北棉蘭轄屬浮羅把烟清音禪寺碑記
【碑文撰者】釋成雄
【碑文書丹】無
【立 碑 者】清音禪寺住持等
【立碑時間】一九七八
【存　佚】現存
【地　點】印度尼西亞棉蘭清音禪寺（福音禪寺）
【碑刻録文】

蘇北棉蘭轄屬浮羅把烟清音禪寺碑記

佛法無邊，火坑變化，時運地慧眼，睇盼魑魅魍魎盡匿迹，寳相現法保民，如赤靈光普源，世人戴慈雲。溯自東漢明帝永平八年歲次乙丑，公元六十五年，乃遣蔡愔等爲欽差，至西域求佛法。沿至唐代貞觀三年歲次乙丑，公元六百廿九年，欽差玄奘聖僧赴印度參拜西天諸佛，抄録真經寳懺。而聖僧羈留佛國十有六年，徹悟真如，始回東土，已是貞觀十九年歲次乙巳，公元六百四十五年。在長安大建水陸道場，君民信仰，虔敬益堅。是以都邑市鎮，山陳僻處，遍建廟宇，供奉三世尊佛、觀音大士。而百姓之家，虔奉大慈大悲救苦救難觀世音菩薩。故國人分播海外，足迹所經，必倡建廟，祀佛以沐宏庥。諸如棉蘭之浮羅把烟，一隅之地，同僑寓所，四民皆有，均是佛門之信徒，皈依無自。故檀越僑賢張榕軒君興念及此，乃於晚清光緒十二年歲次丙戌，公元一八八六，首倡建造廟宇，供奉慈航大士，同佛取名，故曰觀音宫，使該埠善男信女朔望參拜之便，而廟業擁有數百尋之地，建築僅同時作範。是以寰宇餘地，放眼香花，芳草成相映，後頭廟界，俗房相比鄰，佛業日見辰分，若不及時遏止，喪失地權，接踵而來。若此不但有玷佛門之尊嚴，而且先哲心血，付諸東流。釋成雄忝爲佛門子弟，聞訊振衲呼籲，邀請僑賢耆老，共同致力，向有關當局陳情申訴。承蒙賢明長官莅臨勘地指界，判歸佛屬，糾紛至此始告澄清。無如曠地依然，現場涇渭互混，恐將來年湮代遠，難免再遭雀角之訟，計及避免後顧之憂，不如一勞永逸之作。是以盡地建設，主權可憑；至是共計於四境施主，十方善信，蒙許諾力輸將，一致贊助。爰即庀材興工，進行之初，就遭經濟拮据，在此欲罷不能，無以爲計；躑躅雲房，搔首踟躕，日對雲霓而盼望，夜仰明月而興嗟，日往月來，蹉跎光陰，心力交瘁，苦不勝言。幸邀天眷庇佑苦心人，是時蘇北各寺主持，鑒釋心誠，願馨香積之藏，暫予告貸。所以能竟完成，應歸功於各界善信，義囊宏開，各寺主持，以無人無我之精神，昌臻至此。今幸落成，釋心慰矣，雖債台高築，釋有生之年，必踐宏願。玆際此新猶矗立，寺宇軒敞，乃添奉救苦三尊佛於中殿，關聖帝君、財帛星君於殿左，天后聖母、注生娘娘於殿右，以實廟宇規模。寶相莊嚴，佛光咫尺，爲世人掃去千災，招來百福，藉佛光之顯赫，俾善信荷宏庥。本廟早號「觀音宮」，不過是當時之景況，現時令名曰「福音禪寺」。古往今來，所有事迹略略記載，以垂永遠焉。

一九七八年歲次戊午暮春之初，釋成雄謹識。

一〇七　極樂寺福神祠石壁刻詩（一）

【碑刻名稱】極樂寺福神祠石壁刻詩（一）
【材　質】石材
【形　制】長方形立碑
【尺　寸】長六十八厘米、寬五十厘米
【書　體】楷書
【碑　額】無
【碑　題】無
【碑文撰者】花翎候選同知張煜南
【碑文書丹】無
【立 碑 者】花翎候選同知張煜南
【立碑時間】清光緒二十年（一八九四）
【存　佚】現存
【地　點】馬來西亞檳城極樂寺
【碑刻録文】

光緒甲午年冬，余於日哩甲必丹署理檳嶼領事官，兩處兼權，徒勞跋涉。公餘之暇，輒與同人楊善初諸友，往阿易意淡與極樂寺住持方丈妙蓮談佛經，説因果，不覺俗慮頓清，賦此以志鴻爪。

世味本來亦淡然，每逢佳處輒參禪。

地因静僻人踪少，山到深幽鳥語圓。

佛火一龕明我性，鍾聲半夜起龍眠。

宦途僕僕勞何補，妙諦同參証妙蓮。

花翎候選同知張煜南題并志。

一〇八　極樂寺福神祠石壁刻詩（二）

【碑刻名稱】極樂寺福神祠石壁刻詩（二）
【材　　質】石材
【形　　制】長方形立碑
【尺　　寸】長七十六厘米、寬四十八厘米
【書　　體】楷書
【碑　　額】無
【碑　　題】無
【碑文撰者】漳澄江樹齋林紫霧
【碑文書丹】無
【立 碑 者】無
【立碑時間】清光緒二十三年（一八九七）
【存　　佚】現存
【地　　點】馬來西亞檳城極樂寺
【碑刻録文】

不到招提望，安知此境幽。

山山青入座，樹樹緑盈眸。
圖畫壺中展，烟雲屐底收。
未逢園果熟，坐聽野禽啾。
避俗宜常住，談經愛小留。
清鍾空色界，法鉢助詩籌。
花影猶殘日，泉聲咽暮秋。
叢林真極樂，何必羡仙洲。
丁酉秋八月朔日，漳澄江樹齋林紫霧題。

一〇九　極樂寺欽命管理僧録司電文碑

【碑刻名稱】極樂寺欽命管理僧録司電文碑

【材　　質】石材

【形　　制】長方形立碑

【尺　　寸】長一百二十八厘米、寬四十八厘米

【書　　體】楷書

【碑　　額】無

【碑　　題】欽命管理僧録司印務覺

【碑文撰者】清廷内務府

【碑文書丹】無

【立　碑　者】極樂寺住持

【立碑時間】清光緒三十年（一九〇四）

【存　　佚】現存

【地　　點】馬來西亞檳城極樂寺

【碑刻録文】

欽命管理僧録司印務覺

爲遵内務府大臣札飭諭事。

照得本年七月初二日，經本司具呈。

據檳榔嶼鶴山極樂寺住持僧妙蓮禀稱：在英蒙衆善信助捐新建極樂寺叢林十方常住一座，爲祝聖道場，未請藏經。曾經刑部尚書奎、商部侍郎陳并廣化寺住持靈山、囿廣住持慶然等，加結前來，并有檳榔嶼領事梁護照。查該寺係祝聖道場，十方常住，請領藏經，崇隆佛法，鎮寺供奉演説，普化中外人民。

據僧録司呈禀，本年七月十二日經臣衙門據情奏請，如蒙聖恩准奏硃批，奉旨依議，欽此欽遵。皇恩欽賜《龍藏經》全藏，供奉演説，普化流通。并敕賜極樂寺欽命方丈御賜紫衣鉢盂、錫杖駕全副，奉旨回山，護國佑民。遵照内務府大臣飭諭，爲此仰交極樂寺方丈，恪遵謹領各件回山，永鎮山門，善布教流通，崇隆佛法，該領事官暨紳民等一體虔奉，加意保護，毋得輕褻，此諭。

光緒三十年九月初一日給。

一一〇　極樂寺張煜南頌德碑

【碑刻名稱】極樂寺張煜南頌德碑

【材　　質】石材

【形　　制】長方形立碑

【尺　　寸】長一百三十六厘米、寬五十二厘米

【書　　體】楷書

【碑　　額】無

【碑　　題】無

【碑文撰者】極樂寺住持釋妙蓮

【碑文書丹】無

【立 碑 者】極樂寺住持釋妙蓮等

【立碑時間】清光緒三十一年（一九〇五）

【存　　佚】現存

【地　　點】馬來西亞檳城極樂寺

【碑刻録文】

張煜南頌德碑

嘗思化行南國，民歌召伯之棠；功著會稽，越鑄范蠡之像。他如荀勖之於安陽，陸雲之於浚儀，杜軫之於池陽，類皆惠政宏敷，庶民欽感，未嘗不立生祠而昭其功，樹碑像以頌其德也。梅州榕軒張京卿大人者，爲日里瑪腰，檳城領事，循聲卓著，載道口碑，其功業政績，方之前人，誠不多讓焉。妙蓮，閩人也，幼托空門，勤功面壁，方丈鼓山涌泉寺者念餘載。上年爲募化，游歷南洋各島，至檳榔嶼之阿奕意淡，見其山秀水清，峰排海繞，幽靜迥异尋常，最足爲藏修參禪之所。爰築茅舍，爲奉佛寺，額之曰「極樂」。海浪天風，萬籟俱寂，晨鍾夕梵，五濁皆清，仿佛人世蓬萊也。邇來慈悲靈赫，禮禳者擠擁登堂，惟是院狹廣嚴，經費支絀，久無以擴充之。彼時適京堂大人權檳領事篆公暇來此，妙蓮夙欽好善樂施，曾邀天語嘉奬者，相與眺覽風景，備述情狀，遂蒙慨捐鉅款，極力設法提倡，始節次創造梵宇，鋪張華麗。于是規模肅焉，廟貌皇焉，都人之獲福亦無疆焉，誠資京堂大人之力，非淺鮮哉！

宜乎玉露濃恩，北闕荷頭銜之寵；寶星隆錫，南邦邀特品之榮。中外崇勛，華夷感戴，修德必獲報，此理昭然宇宙也。且也此處山高溪遠，如雌雄之泉時形春涸，雖藉資擔荷之力，亦覺維艱，居者苦之。復蒙京堂大人出資，購近法門右里許之泉地，施寺爲業，置其水管引至寺，挹彼注兹，正行方便。竟若景泰卓錫於地，仙移南岳之滋；俾得栖禪有賴，尤爲妙蓮等所感激，亦千百世咒鉢此地者所沾恩以靡既也。妙蓮等瓶鉢清涯，莫答高厚，而嘗稽昔人歌功頌德受恩圖報之事，不啻奮然與欣然無之，乃命梓人作肖公之貌於丈室，藉以昕夕禱祀。并就此清泉潔净之地，鳩工庀材，創設公之生祠，塑公之壽國壽世壽民之像，永上多福多壽多男之辭，祝公受無量壽佛之福，與此岡陵并永焉。爰勒數語於石，以志感戴。并附約章于左，願後來同志住持斯寺者，須飲水溯源，仰副施主一番功德，最宜遵照定章，百世馨香，千秋銘感爾。

保榕園內，每年出息，以爲佛前添香油之用。待張施主百年之後，亦永久作爲香油，并奉張施主煜南爲祀典，修路、造橋、修理功德堂屋宇等件之用。保榕園有張施主煜南功德堂一座，又壽域一穴，每年逐期奉祀日期臚列于左：

過年元旦日、元宵日、清明日、端節日、七月初七日、七月十五日、八月十五日，以上七期歷代接手職事人，年例依期照章備辦素菜、果品、香燭并虔誦諸品經咒，以永遠報答之敬。

大清光緒乙巳三十一年十月，大英一千九百零五年怒民末，鼓山涌泉寺方丈開山本寺住持釋妙蓮，領監院得如、善處、振光、本忠、月境、彌見，副寺鑫禪、雲登，同敬立。

一一一　極樂寺羅狀元勸世歌石刻

【碑刻名稱】極樂寺羅狀元勸世歌石刻

【材　　質】石材

【形　　制】長方形横碑

【尺　　寸】長二百三十厘米、寬一百一十二厘米

【書　　體】楷書

【碑　　額】無

【碑　　題】無

【碑文撰者】江西羅洪先

【碑文書丹】無

【立 碑 者】前任鼓山方丈護理本寺開山住持善慶等

【立碑時間】清光緒三十二年（一九〇六）

【存　　佚】現存

【地　　點】馬來西亞檳城極樂寺

【碑刻録文】

羅狀元勸世歌

大清光緒丙午三十二年秋月録。

嘉靖八年江西人羅公洪先中狀元，即看破榮華，休官出家，做此醒世詩歌：

富貴從來未許求，幾人騎鶴上揚州。與其十事九如夢，不若三平兩滿休。

能自得時還自樂，到無心處便無憂。而今看破迴圈理，笑倚欄杆暗點頭。

戈盾隨身已有年，閑非閑是萬千千。一家飽暖千家怨，半世功名百世冤。

象簡金魚渾已矣，芒鞋竹杖興悠然。有人問我修行事，雲在青山月在天。

爲人不必苦張羅，聽得僧家説也麼。知事少時煩惱少，識人多處是非多。

錦衣玉食風中燭，象簡金魚水上波。富貴欲求求不得，縱然求得待如何。

新命傳宣墨未幹，櫛風沐雨上長安。低頭懶進三公府，跣足羞登萬善壇。

聞戒固多持戒少，承恩容易報恩難。何如及早回頭看，松柏青青耐歲寒。

要無煩惱要無愁，本分隨緣莫强求。無益語言休著口，不幹己事少當頭。

人間富貴花間露，紙上功名水上漚。看破世情天理處，人生何用苦營謀。

塵世紛紛一筆勾，林泉深處任遨遊。蓋間茅屋牽蘿補，開個柴門對水流。

得隱閑眠真可樂，吃些淡飯自忘憂。眼前多少英雄輩，爲甚來由不轉頭。

有有無無且耐煩，勞勞碌碌幾時閑。人心曲曲灣灣水，世事重重叠叠山。

古古今今多變改，來來往往總迴圈。將將就就隨緣過，苦苦甜甜命一般。
獨對青山一舉觴，醒來歌舞醉來狂。黄金不是千年業，紅日能消兩鬢霜。
身後碑銘空自好，眼前傀儡爲誰忙。得些生意隨時過，光景無多易散場。
得失萬事總由天，機關用盡枉徒然。人心不足蛇吞象，事到頭來螂捕蟬。
無藥可延卿相壽，有錢難買子孫賢。得過一日過一日，一日清閑一日仙。
貪名逐利滿世間，不如破衲道人閑。籠鷄有食湯鍋近，野鶴無糧天地寬。
富貴百年難保守，輪回六道易迴圈。勸君早辨修行路，一失人身萬劫難。
自古爲人欲見機，見機終久得便宜。人非己事休招惹，事若虧心切莫爲。
得勝勝中饒一著，因乖乖裏放些癡。聰明少把聰明使，來日陰晴未可知。
急急忙忙苦追求，寒寒暖暖度春秋。朝朝暮暮營家計，昧昧昏昏白了頭。
是是非非何日了，煩煩惱惱幾時休。明明白白一條路，萬萬千千不肯修。
人情相見不如初，多少賢良在困途。錦上添花天下有，雪中送炭世間無。
時來易得金千兩，運去難賒酒一壺。堪歎眼前親族友，誰人肯濟急時無。
別却家園出外遊，當時冷眼看公侯。文章蓋世終歸土，武略超群盡白頭。
不如静坐蒲團上，莫惹凡間半點愁。一日三餐充飽腹，但休休時且休休。
看破紅塵待若何，猶如新燕補舊窩。辛苦到頭還辛苦，奔波一世枉奔波。
積金萬兩空白首，争名奪利盡虛浮。算起萬般渾是夢，無如急早念彌陀。
榮辱紛紛滿眼前，不如安分且隨緣。身貧少慮爲清福，名重山丘長業冤。

淡飯盡堪充一飽，錦衣那得幾千年。世間最大惟生死，白玉黃金盡枉然。
寬性寬懷過幾年，人生人死在眼前。隨高隨低隨時過，或長或短莫怨愆。
家富家貧休歎息，自無自有總由天。平生衣食隨緣過，才得清閑便是仙。
爲人不可不回頭，名利英雄有日休。千種情懷千種恨，一分榮辱一分憂。
紅塵大廈千年計，白骨荒郊一土丘。開口對人閑借問，爲誰不了爲誰愁。
終日忙忙無了期，不如退步隱清居。草衣遮體同綾緞，野菜充肌勝飽肥。
世事紛紛如電閃，輪回滾滾似雲飛。今日不知明日事，那有工夫理是非。
衣食無虧便好休，人生世上一蜉蝣。石崇不享千年富，韓信空成十大謀。
花落三春鶯怨恨，菊開九月雁悲愁。山林幽静多清樂，何必榮封萬户侯。
前任鼓山方丈護理本寺開山住持善慶、本忠、古月仝立。

一一二　極樂寺功德碑（一）

【碑刻名稱】極樂寺功德碑（一）
【材　質】石材
【形　制】長方形立碑
【尺　寸】長一百八十厘米、寬八十六厘米
【書　體】楷書
【碑　額】無
【碑　題】無
【碑文撰者】無
【碑文書丹】無
【立 碑 者】開山住持妙蓮、監院得如等
【立碑時間】清光緒三十二年（一九〇六）
【存　佚】現存
【地　點】馬來西亞檳城極樂寺
【碑刻録文】
誥授光禄大夫商務大臣頭品頂戴花翎侍郎銜太僕寺正卿張振勛捐銀叁萬五仟元，覃恩誥授光禄大夫賞換花翎頭品頂戴候補四品京堂前駐扎檳榔嶼領事官、大荷蘭國賞賜一號寶星特授大瑪腰管轄日里等處地方事務張煜南捐銀壹萬元，欽加二品頂戴布政使銜檳榔嶼領事儘先選用道謝榮光捐銀柒仟元，覃恩誥授榮禄大夫賞戴花翎二品頂戴江西補用道、大荷蘭國賞賜一號寶星特授甲必丹管轄日里等處事務張鴻南捐銀柒仟元，花翎二品封職候選道加四級鄭嗣文捐銀陸仟元，劉金榜捐銀肆仟元，欽加二品銜賞戴花翎候選道戴春榮捐銀三仟元，顏五美捐銀叁仟元，邱漢陽捐銀叁仟元，張維藩捐銀貳仟伍百元，林克全捐銀貳仟元，胡子春捐銀貳仟元，姚克明捐銀貳仟元，黄仲涵捐銀貳仟元，梁廷芳捐銀貳仟元，楊木通捐銀貳仟元，李桐生捐銀貳仟元，梁仙桃捐銀壹仟柒百貳拾元，裕昌號捐銀壹仟五百元，高萬邦捐銀壹仟伍百元，柯祖仕捐銀壹仟肆百肆拾元，伍百山捐銀壹仟貳百元，黄務美捐銀壹仟貳百元，林光傳捐銀壹仟壹百陸拾元，陳福夫捐銀壹仟壹百元，陳錦慶捐銀壹仟元，鮑關瑞捐銀壹仟元，林嫣栽捐銀壹仟元，陳毛用捐銀壹仟元，黄仁波捐銀壹仟元，謝學謙捐銀壹仟元，邱天來捐銀壹仟元，鄭仰山捐銀壹仟元，陳業棠捐銀壹仟元，林紅柿捐銀壹仟元，李清洪捐銀壹仟元，胡台衡捐銀壹仟元，楊升利、邱素近捐銀壹仟元，林寧綽捐銀壹仟元，玉鼎押捐銀壹仟元，陳瑞恩捐銀壹仟元，萬裕盛捐銀壹仟元，陳金在、陳金全捐銀壹仟元，張承乾捐銀壹仟元，吴世榮捐銀壹仟元，梁仁偉捐銀壹仟元，杜文艮捐銀壹仟元，鍾國珍捐銀壹仟元，陳江福捐銀壹仟元。

一一三　極樂寺功德碑（二）

【碑刻名稱】極樂寺功德碑（二）
【材　　質】石材
【形　　制】長方形立碑
【尺　　寸】長一百八十厘米、寬八十六厘米
【書　　體】楷書
【碑　　額】無
【碑　　題】無
【碑文撰者】無
【碑文書丹】無
【立　碑　者】開山住持妙蓮、監院得如等
【立碑時間】清光緒三十二年（一九〇六）
【存　　佚】現存
【地　　點】馬來西亞檳城極樂寺
【碑刻録文】

黄長美捐銀六百大元，林錦祥捐銀六百大元，霍錦芝捐銀六百大元，陳炳坤捐銀五百二十元，顏盛富捐銀五百大元，

蘇正乞捐銀五百大元，邱月山捐銀五百大元，伍百海捐銀五百大元，萬得隆捐銀五百大元，許朝霖捐銀五百大元，甘銀象捐銀五百大元，□□□捐銀五百大元，邱建寶捐銀五百大元，邱有用捐銀五百大元，楊守啓捐銀五百大元，□□□捐銀五百大元，連濟川捐銀五百大元，林學培捐銀五百大元，梁維賢捐銀五百大元，楊秀苗捐銀五百大元，温震東捐銀五百大元，劉文禁捐銀五百大元，潘九珊捐銀五百大元，陳江福捐銀五百大元，葉觀盛捐銀五百大元，林錦傳捐銀五百大元，蔡其意捐銀五百大元，黃温源捐銀五百大元，鄭大平捐銀五百大元，葉公印捐銀五百大元，陳天宋捐銀五百大元，鄭榮發捐銀五百大元，新茂記捐銀五百大元，蔡榕妹捐銀五百大元，施求來捐銀五百大元，許心德捐銀五百大元，□□□捐銀五百大元，楊昭籌、楊昭固捐銀五百大元，許論典捐銀五百大元，劉湖洲捐銀五百大元，楊天送捐銀五百大元，楊文追捐銀五百大元，林文烏捐銀五百大元，□□□捐銀五百大元，林清德捐銀五百大元，丁道姑捐銀五百大元，梁亞伯捐銀五百大元，陳焉思捐銀五百大元，吴志擀捐銀五百大元，柯水成捐銀五百大元，黃漱石捐銀五百大元，黃福海捐銀五百大元，尤世瓊捐銀五百大元，辜藹臣捐銀五百大元，劉源富捐銀五百大元，周水源捐銀五百大元，周賢叢捐銀五百大元，林獻昇捐銀五百大元，霍來仕捐銀五百大元，陳梈記捐銀四百大元，翁浩立捐銀三百五十元，歐錦華捐銀三百大元，林和連捐銀三百大元，謝有意捐銀三百大元，胡建和捐銀三百大元，丹荖天后宮公司捐銀三百大元，胡添壽捐銀三百大元，葉錦盛捐銀三百大元，林光白捐銀三百大元，邱銀力捐銀二百四十元，林雅言捐銀二百四十元，梁仁光捐銀二百四十元，連美號捐銀二百四十元，胡程獻捐銀二百四十元，邱振福捐銀二百大元，萬鴻利瑪捐銀二百元，陳繼祖捐銀二百大元，邱思誠捐銀二百大元，張耀聰捐銀二百大元，許如義捐銀二百大元，余東旋捐銀二百大元，柯汝梅捐銀三百大元，林光明捐銀二百大元，林玉衡捐銀二百大元，鄭安邦捐銀二百大元，戴其昭捐銀二百大元，鄭鴻光捐銀二百大元，陳若淮捐銀二百大元，陳火炭捐銀二百大元，康亦山捐銀二百大元，陳仁福捐銀二百大元，楊茂松捐銀二百大元。

一一四　極樂寺功德碑（三）

【碑刻名稱】極樂寺功德碑（三）
【材　質】石材
【形　制】長方形立碑
【尺　寸】長一百八十厘米、寬八十六厘米
【書　體】楷書
【碑　額】無
【碑　題】無
【碑文撰者】無
【碑文書丹】無
【立 碑 者】開山住持妙蓮、監院得如等
【立碑時間】清光緒三十二年（一九〇六）
【存　佚】現存
【地　點】馬來西亞檳城極樂寺
【碑刻録文】

鄭太昌捐銀二百五十元、萬興利捐銀二百元、陸秋杰捐銀二百元、瑞福號捐銀一百六十元、德昌號捐銀一百六十元、徐千里捐銀一百六十元、曾天賜捐銀一百六十元、鄭賜福捐銀一百六十元、高金色捐銀一百五十元、蘇成名捐銀一百二十元、鄭太祥捐銀一百二十元、新協成捐銀一百二十元、陳文彬捐銀一百二十元、吴德志捐銀一百二十元、林馬記捐銀一百二十元、王長憲捐銀一百二十元、柯昭義捐銀一百二十元、李俊卿捐銀一百二十元、沈福明捐銀一百元、林淑店捐銀一百元、張得新捐銀一百元、合春棧捐銀一百元、黄瑞武捐銀一百元、瑞興公司捐銀一百元、陳終結捐銀一百元、藏德公司捐銀一百元、李松年捐銀一百元、周詩三捐銀一百元、黄明諒捐銀一百元、杜啓明捐銀一百元、陸秋泰捐銀一百元、林信機捐銀一百元、何清吉捐銀一百元、李邊坪捐銀一百元、林景熙捐銀一百元、周永盛捐銀一百元、邱陸海捐銀一百元、翰香捐銀一百元、新豐和捐銀一百元、戴文軒捐銀一百元、鄭螺生捐銀一百元、湯東陽捐銀一百元、何滿榮捐銀一百元、邱圭覺捐銀一百元、李同棧捐銀一百元、周學興捐銀一百元、梁清美捐銀一百元、李瓊邦捐銀一百元、林清鍾捐銀一百元、連瑞利捐銀一百元、萬裕福捐銀一百元、林清溪捐銀一百元、陸如官捐銀一百元、梁清忠捐銀一百元、周妙智捐銀一百元、梁清修捐銀一百元、李廣霖捐銀一百元、蔡發號捐銀一百元、梁仙丹捐銀一百元、林耀煌捐銀一百元、協盛號捐銀一百元、合興號捐銀一百元、林德興損銀一百元、鄭國明捐銀一百元、張傳發捐銀一百元、林朝美捐銀一百元、梁鴻敦捐銀一百元、莊亞墨捐銀一百元、周妙能捐銀一百元、梁秀絲捐銀一百元、同裕興捐銀一百元、黄振長捐銀一百元、張桂芳捐銀一百元、萬聯興捐銀一百元、新瑞安捐銀一百元、陳廣順捐銀一百元、邱昭忠捐銀一百元、曾國安捐銀一百元、鄭國章捐銀一百元、邱天昌捐銀一百元、王億興捐銀一百元、王蔭湛捐銀一百元、郭錦玉捐銀一百元、蕭琅亭捐銀一百元、新順安捐銀一百元、邱四昭捐銀一百元、亦果西報主筆施能見温文炒捐銀一百元、蔡炳祥捐銀一百元、伍百田捐銀一百元、黄金泉捐銀一百元、鄭國齊捐銀一百元、林文賴捐銀一百元、邱清德捐銀一百元、林德芳捐銀一百元、廖鼎銘捐銀一百元、林耀輝捐銀一百元、薛榮華捐銀一百元、李瑞芳捐銀一百元、蔡國明捐銀一百元、陳元官捐銀一百元、鄭留合捐銀一百元、林文水捐銀一百元、廣安泰捐銀一百元、柯清源捐銀一百元、林雲龍捐銀一百元、林耀椿捐銀一百元、王高升捐銀一百元、邱煒萲捐銀一百元、孫文祥捐銀一百元。

一一五　極樂寺功德碑（四）

【碑刻名稱】極樂寺功德碑（四）
【材　質】石材
【形　制】長方形立碑
【尺　寸】長一百八十厘米、寬八十六厘米
【書　體】楷書
【碑　額】無
【碑　題】無
【碑文撰者】無
【碑文書丹】無
【立 碑 者】開山住持妙蓮、監院得如等
【立碑時間】清光緒三十二年（一九〇六）
【存　佚】現存
【地　點】馬來西亞檳城極樂寺
【碑刻録文】
陳西祥捐銀五千五百元、饒喜娘捐銀三千大元、陳西村捐銀二千二百元、辜必齡捐銀二千大元、鄭秀英捐銀一千

四百元、林碧嬌捐銀一千三百元、馮馬關嬌妹捐銀一千三百元、李桂嬌捐銀一千二百元、陳玉音捐銀一千二百
元、楊端娘捐銀一千一百元、陳蓮心捐銀一千大元、許雪菊捐銀一千大元、邱月宮捐銀一千大元、楊秀墀捐銀一
千大元、許瑞意捐銀一千大元、邱素白捐銀一千大元、邱素珍捐銀一千大元、林仙鶴捐銀一千大元、饒麗娘捐銀
一千大元、羅龐氏捐銀一千大元、葉珠捐銀八百大元、鄭舌娘捐銀七百大元、黃許氏捐銀六百二十元、潘金魚捐
銀六百大元、謝蓮枝捐銀六百大元、王清譽捐銀六百大元、梁彩娘捐銀六百大元、劉志娘捐銀六百大元、謝玉絹
捐銀六百大元、戴陳氏捐銀六百大元、盧三姐捐銀五百大元、李五娘捐銀五百大元、蘇家容捐銀五百大元、梅瓊
仙捐銀五百大元、黃綉珠捐銀五百大元、洪月珠捐銀五百大元、佘林氏捐銀五百大元、梁桂培捐銀五百大元、馬
陳氏捐銀五百大元、馮黎氏捐銀五百大元、李興娘捐銀五百大元、郭黃氏捐銀五百大元、甘金坤捐銀五百大元、
顏陳氏捐銀五百大元、鄧對娘捐銀五百大元、謝蓮英捐銀五百大元、鄭蓮愛捐銀五百大元、陳三姑捐銀五百大
元、柴八姑捐銀五百大元、謝郭氏捐銀四百大元、梅青蓮捐銀四百大元、謝蓮蕊捐銀四百大元、吴定娘捐銀四百
大元、楊秀眉捐銀四百大元、張二妹捐銀四百大元、曾雅意捐銀三百五十大元、曾雅限捐銀三百五十大元、黃月
英捐銀三百大元、黃月梅捐銀三百大元、林碧藕捐銀三百大元、周陳氏捐銀三百大元、謝蓮葉捐銀二百四十元、
衛月朗捐銀二百大元、温玉容捐銀二百大元、邱幼美捐銀二百大元、葉素枝捐銀二百大元、郭鑽帶捐銀二百大
元、區桂玲捐銀二百大元、曾吴氏捐銀一百五十元、辜陳氏捐銀一百五十元、林亞林捐銀一百二十元、張金妹捐
銀一百二十元、柯秀枝捐銀一百二十元、陳西珍捐銀一百二十元、周郭氏捐銀一百二十元、張郭氏捐銀一百二十
元、張李氏捐銀一百二十元、林金蓮捐銀一百大元、邱桂枝捐銀一百大元、江謝氏捐銀一百大元、邱鄧氏捐銀一
百大元、王桂蘭捐銀一百大元、梅青枝捐銀一百大元、陸仙桃捐銀一百大元、温李氏捐銀一百大元、許瑞柳捐銀
一百大元、許瑞蘭捐銀一百大元、蘇静女捐銀一百大元、邱隨玉捐銀一百大元、陳鍾氏捐銀一百大元、劉亞銀捐

銀一百大元、梅亞愛捐銀一百大元、陳葉氏捐銀一百大元、鮑有娘捐銀一百大元、林生根捐銀一百大元、伍玉珍捐銀一百大元、連彩絹捐銀一百大元、梁盧氏捐銀一百大元、柯吉星捐銀一百大元、林翠娘捐銀一百大元、梁秀叉捐銀一百大元、馬蓮好捐銀一百大元、林桂仙捐銀一百大元、林桂香捐銀一百大元、梁亞玉捐銀一百大元、毛江氏捐銀一百大元、謝煥英捐銀一百大元、陳福松捐銀一百大元、柯西淵捐銀一百大元。

一一六　極樂寺功德碑（五）

【碑刻名稱】極樂寺功德碑（五）
【材　質】石材
【形　制】長方形立碑
【尺　寸】長一百八十厘米、寬八十六厘米
【書　體】楷書
【碑　額】無
【碑　題】無
【碑文撰者】無
【碑文書丹】無
【立 碑 者】開山住持妙蓮、監院得如等
【立碑時間】清光緒三十二年（一九〇六）
【存　佚】現存
【地　點】馬來西亞檳城極樂寺
【碑刻録文】

以上功德碑泐貳百捌拾肆名，共入銀貳拾壹萬零叁元；又粉牌泐捌百玖拾貳名，共入銀捌千伍百貳拾肆元；碑牌兩合共入銀貳拾壹萬捌千伍百肆拾伍元肆角。內除上利息銀貳萬零柒百柒拾貳元，送施主經懺捌千陸百叁拾元之外，總共捐入實緣金壹萬捌千玖百零伍拾壹元。

外本寺諸師歷年應酬佛事，除開用外盈經資銀叁千零貳元；慶成建醮除開用外盈入銀四千二百八十一元陸角。

得如老和尚捐入鉢資銀二千三百元、善慶老和尚捐入鉢資銀二百大元、本忠老和尚捐入鉢資銀二百大元、吉月老和尚捐入鉢資銀二百大元、寶霖老和尚捐入鉢資銀一百大元、月鏡監院師捐入鉢資銀一百大元、雲登副寺師捐入鉢資銀一百大元、彌見知客師捐入鉢資銀一百大元、淼輝知藏師捐入鉢資銀一百大元、江西昇山寺住持鑫禪和尚捐銀一百大元、實叻鳳山寺住持卧雲和尚捐銀一百大元、巴雙廣福宮住持源智和尚捐銀一百大元、大巴東觀音亭住持常定和尚捐銀一百大元、呢里鎮元宮住持慧鑒和尚捐銀一百大元、福州神光寺當家勝修師捐銀一百大元、安溪飛鳳岩當家意通師捐銀一百大元、岳山觀音閣當家竇月師捐銀一百大元、福州白雲寺當家妙光師捐銀一百大元、太平鳳山寺住持微嘉和尚捐銀一百大元。

付石料及工資共銀三萬元、付木料共銀三萬二千八百八十二元六角、付磚瓦共銀二萬七千八百元、付白灰紅毛灰共銀七千八百五十一元、付泥水工銀一萬零八百一十二元五角、付人車牛車俑費銀七千九百八十三元、付玻璃胡蘆各磁器共銀一千六百元、付一切雜用共銀三千八百六十一元三角、付裝塑佛像金漆工料銀八千七百六十一元、付唐番金漆顏料工共銀一千九百一十五元、付開地基并担磚瓦灰沙及扛木石料并一切粗工共銀一萬八千七百一十一元四角三分、付木匠及雕花做椅桌暨一切木器共銀二萬二千四百零七十四元、付祖家大索并藤皮蔴索亞答糞箕共銀一千九百九十六元五角、付鐵丁鐵枝鋤頭刀洋鐵瓦及一切鐵器共銀一千八百四十五元二角、付油燈并伙食開用除收入香油燭之外尚短銀三千二百零五元，以上建寺工料合共用去銀一十七萬九千六百九十三元八角；付募捐應酬桌幃彩天官如意寺圖禮物一萬七千八百五十元、付鍾鼓共銀二千五百八十九元五角、付放水鐵枝龍頭共銀三千六百八十七元五角、付做祿位神主及龕桌共銀三千一百二十五元、付移借唐番人銀項去利息銀五千六百四十五元、移借萬裕興公司銀項上去利息銀二萬零八百七十二元、付迎請藏經共用銀五千八百元。
以上總結統共出入對除之外尚短銀八千九百零七元一角。
大清光緒丙午三十二年二月，大英一千九零六年嗎只月穀旦，開山住持妙蓮，監院得如、本忠、善慶、古月，同敬立。

一一七　檳榔嶼白鶴山極樂寺碑

【碑刻名稱】檳榔嶼白鶴山極樂寺碑
【材　質】石材
【形　制】長方形立碑
【尺　寸】長一百九十八厘米、寬八十六厘米
【書　體】楷書
【碑　額】無
【碑　題】檳榔嶼白鶴山極樂寺碑
【碑文撰者】十力弟子韋寶慈居士
【碑文書丹】無
【立 碑 者】大總理張煜南等
【立碑時間】清光緒三十三年（一九〇七）
【存　佚】現存
【地　點】馬來西亞檳城極樂寺
【碑刻録文】

檳榔嶼白鶴山極樂寺碑

十力弟子韋寶慈居士熏沐拜撰。

檳榔嶼之西有白鶴山焉，吐瀑含雲，憑霄列嶂，而惟名惟勝，皆以極樂寺而興。昔以土俗狄庯，山靈隱茂，隸英而後，華僑日聚，士品斯尊，然而覺道未著，慧日仍昏，火宅衆生，晨凉莫冀也。

光緒十五年乙丑春，閩省鼓山寺方丈妙蓮禪師等，始應僑紳請，杖錫來游，懷道至上廟，居廣福山愛嵯峨，以此峰巒延袤，左右拱扶，龍象迴旋，寶林仿佛。因謀諸得如、善慶、本忠三禪師，共出衣鉢之餘購建清净之（梵）刹。歲辛卯，成大士殿於山麓，借「極樂」以顔寺，狀白鶴而名山。八正之門始開，五净之雲初撥。而春秋佳日，已士女如雲，香火留緣，勝因廣植。惟時僧聚仍藉松作蔭，踞樹談經也。乙未季春，則有僑紳張君振勛、張君煜南等六人，同發悲心願襄勝業，（逐復）山開功德，金布給孤，諸禪師乃尊爲大總理，以倡建築功。於是募緣購材，庀徒揆日，披蒙取局，幽鍵斯開。築磴移限，隨高就下。工以心競，地以人興，是歲而天王殿成，越二年大雄殿之工亦竣。三寶法相，菩薩金身，次第莊嚴，後先顯現。而松楹桂廡，上出重霄；碧閣丹梯，下臨無地。又復引泉浚沼，布景因崖，九衢之草千叢，四照之花萬簇。近挹而欄檻錯彩，水石同清；遠眺則帆滯天根，江浮樹杪。曉鍾梵韵，先來溪畔人家；碧瓦斜陽，共指林間佛刹。嗟乎，同斯地也，此日影彰金粟境耀銀宫，昔則緑樹元籐蒙邱蔽壑。譬如凡士，除妄以存真；又似默喻慧人，當超塵而入覺。所謂色空成於片念，染净本乎一心者非邪？然則禪師等以無言密諦爲衆生説法久矣。惟是教律雖來，般若未備，當機在障，智海宜通。而妙蓮禪師方且爲道銜勞，利他是式。甲辰之夏，北覲神京，恭求妙典。詔賜修多羅一藏及袈裟錫杖諸法物，奉旨南旋。

遂以乙巳秋廣開法會，演講金文。四九連霄，三車并駕。表揚帝德，大拯沉黎，普利人天。宏宣誓願三千（十）七品，同濟愛河；九有四生，咸登覺岸。自是島（氓）僑士，樂趣真宗，异國王公，喜愛勝地，是無遮之佛會，是平等之公園。嗚呼！紫府仙都尚幻相，恒沙佛國總在心源。若空有而雙離，則纖塵不立；知物我之非二，則萬象齊合。苟具如是慧觀，衆生皆到極樂。

大清光緒丁未三年二月，大英一千九百零七年三月，大總理張煜南、張振勛、謝榮光、鄭嗣文、張鴻南、戴春榮，大董事顔五美、胡子春、黄務美、林花鑽、邱漢陽、林克全、林耀煌、林嫣栽、楊本通，吉立。

一一八　檳城鶴山極樂寺祖堂碑記

【碑刻名稱】鶴山極樂寺祖堂碑記
【材　質】石材
【形　制】長方形立碑
【尺　寸】長一百一十厘米、寬八十二厘米
【書　體】楷書
【碑　額】無
【碑　題】鶴山極樂寺祖堂碑記
【碑文撰者】十力弟子韋寶慈居士
【碑文書丹】無
【立 碑 者】鼓山、鶴山兩山監院寶月等領合山衆等
【立碑時間】清光緒三十三年（一九〇七）
【存　佚】現存
【地　點】馬來西亞檳城極樂寺
【碑刻録文】

嘗思古德修身治心，能與人共其道；興事立業，能與人共其功；道成名著，能與人共其名，所以道無不明，功無不成，名無不著。今我開山方丈蓮公，實有鑒取於此，故能杓柄在手，舒放自由也。公臨江世族，珩溪名流，厭弃微塵，投誠大覺。誓出二種之生死，志求一妙之涅槃。無何道風遠播，緇白歸心，緣至機熟，人生推出，住持七山，整理不紊，隨順大衆，舉動裕如。盖公賦性淳厚，遇事謙衝，精勵晨昏，分時計業。言無名利，行絶虚浮；曲識機緣，善通物性。山中衲子，倚如慈父；方外道侶，敬若嚴君。至其識量寛宏，猶江海之納百川，汪汪焉而不知其所止。所以天下禪侶，若不仰若景星、望若慶雲也。

乙酉冬，以募化來檳，承廣福諸大總理，夙結善因，一見相契，旋蒙攀延，住持廣福宫。因禪師之暇，散步此山，睹山川之幽邃，觸建剎之婆心。惟是孤栖异域，籌款良艱，况獨樹不成林，單絲不成綫，建大厦非一木之能，濟巨川詎一桌之力。是以亟回石鼓，敬請老和尚得如、善慶、本忠來斯襄助。諸老和尚本祖庭重器、法苑干城，久悟無生，不滯羈絆，故能志同道合，担荷一切所不能當之重任。殫力經營十數寒暑，佐公海外成此梵剎，厥功厥德，亦誠偉矣！雖然，非公之明識，無以見諸老和尚之忠誠，非諸老和尚之忠誠，無以顯公之德業。故曰：能共道則道易明，能共功則功易成，能共名則名易著，其不然哉！

兹將本堂崇奉諸祖暨歷代住持章程列左：

西天東土鼓山堂上歷代祖師崇奉禄位、開山本寺四位住持崇奉壽像長生禄位、鼓山方丈重興本寺住持奉祀長生禄位、鼓山方丈兼理本寺住持奉祀住持牌位、本寺理事監院有開遇期奉祀住持牌位。

大清光緒丁未卅三年春月，大英一千九百零七年，鼓山、鶴山兩山監院寶月、月鏡、一慶、慈恩、意通、善欽領合山衆等公立。

一一九　敕賜檳城鶴山極樂禪寺條規碑

【碑刻名稱】敕賜檳城鶴山極樂禪寺條規碑

【材　質】石材

【形　制】長方形立碑

【尺　寸】長一百六十厘米、寬八十二厘米，共兩片

【書　體】楷書

【碑　額】無

【碑　題】敕賜檳城鶴山極樂禪寺條規

【碑文撰者】開山方丈妙蓮、本山住持本忠等

【碑文書丹】無

【立 碑 者】開山方丈妙蓮、本山住持本忠暨合山衆

【立碑時間】清光緒三十三年（一九〇七）

【存　佚】現存

【地　點】馬來西亞檳城極樂寺

【碑刻録文】

敕賜檳城鶴山極樂禪寺條規

竊以世尊三祇煉行，百劫修因，福慧雙圓，智悲并運，時至機熟，則兜率陀天降神感應道交於毗耶王宮誕迹。爲愍衆生故，捨王宮入山修道。六年勤苦行，餐蔴麥以充飢，半夜睹明星□菩提而成道。三嘆奇哉！一切衆生皆有如來智慧德相，只因忘相執著，不能証得。由是悲心莫置，華嚴演一乘之音；大教難投，方便説三乘之法。教人，則以崇善去惡爲宗旨；守己，則以攝心持戒爲清修。直至法華開顯等賜醍醐，説法教化四十九年，普度無量群生，苦修善果，同成佛道。真乃度世寶筏，苦海慈航。有血氣者靡不尊之敬之。

迨我祖師，在閩省鼓山安立道場，今有一千餘載，衣鉢流傳，遵崇戒律，所以宗風丕振，海衆安和。余等復於辛卯募建本寺，遞至乙巳年，閲十五年寒暑始克厥成。故不敢自伐其勤，亦未始非賴我佛威神及諸檀越之布施，而獲斯勝果也。惟本寺原溯鼓山，則一切規律亦應風同道一。爰勒碑以咨來者，庶幾振我宗風，永維清譽，則雖有如炎之苦，亦難毁爐内之真金矣。

一、出家人當以根本爲大戒。所謂根本者，即元清净體。各宜遵守戒律，斷絶邪緣無污。違者即追還戒牒衣單，驅逐還俗。

二、凡殺生食葷、飲酒賭博吸洋烟，及竊取寺中公物私募緣金入己事等，皆起單出院。

三、凡本寺僧衆，其有不守清規、違犯戒律及一切損人利己之事者，皆起單出院。

四、凡本寺住師，其有因病須酒合藥者，當先白執事人許可，方能購用；否則重罰不貸，以酒能亂性也。

五、本寺自住持而下，至大小職事人等，祇許領取其職分以内應得之單銀。此外所有盈餘虧缺，乃常住公共之事。

六、本寺爲十方常住，自當嚴守清規。所有住師或妄言或唆衆結黨交匪，或串同俗人外僧損壞常住者，即起單。若有不平之事，但憑公斷，若先毆人者起單，還手抵拒者跪香。

七、凡受善信聘請造功德者，均宜心虔容肅循規，禮誦經文，祈佛感格，以答齋主之誠。願我懺師，各自尊重，勿招蜚語。

八、凡士女來寺進香，或辦齋品，自有知客循禮周旋。以外諸人不許混雜，以崇禮制。

九、早晚功課，是爲上報四重恩，下濟三途苦，各宜隨同禮誦，不許窺避偷安。若遇病而先請假者免。

十、外洋風氣與内地略异，僧衆頗難約束，凡雲游客師衣袍整肅者，可在寺挂單七日。惟不得出外募化，仍當嚴守常住戒規。

十一、本寺實淵源於鼓山，則凡任鼓山方丈者，即遥爲兼任本寺住持。至現居本寺之職事人數僧衆，俱係由鼓山分發而來。嗣後鼓山擬舉方丈，其所舉者，無論舉鼓、舉嶼之職事人，均當先期函達本寺，由衆妥商，乃可實行。庶能志同道合，融兩常住如一也。倘鼓山竟自選舉方丈，不先函商，則本寺可不承認其爲住持人或鼓山方丈，抑不識真事護理本寺住持。

十二、凡子孫寺院，若住持當家等不肖，則闔寺因而敗壞。雖有賢僧同住，故本寺永不舉住持，不安單剃度，所以杜絶篡襲也。倘將來執事人有敢變壞本常住寺規則者，則鼓山方丈當親來查明實據，立即起單出院。

十三、本寺乃鼓山廨院，歷來不得安單及剃度。所有住師，概由本寺理事人指名，往鼓山選派妥師前來擁護，唯真修善知識不在此例。

十四、本寺常住向稱淡薄，毫無産業及一定之入息。故住師均須任職并須應酬善信佛事，不啻自食其力，且以救濟寺用。所以本寺雖與鼓山同一常住，而住師不能照鼓山來原職濫領單銀。必要能當本常住職事，由本寺挂牌，公請當值理本常住者，方能領得本寺當值單銀。所謂淡薄滋味，亦出家人義當甘受者也。

十五、本寺住持一席，既承由鼓山方丈兼理，則所有當家副寺、知客等職，必由住持及執事人公選熟悉本寺事務及有德行者當之。此外無論何一大施主大善長，均無煩越俎干預，并祈勿保外方僧入寺居住。誠以僧人優劣，殊難辨别，萬一播弄風潮，則不獨損壞本寺名譽，而保之者亦難免是非。故不得不謝之於先，亦杜漸防微之意也。

十六、本寺殿閣，頗稱宏敞，日久難免損壞，届時不可全賴檀那主修。當事諸師，須隨時籌募修理，勿得倚賴外護，而成荒廢。

十七、本寺執事人宜當隨時留心視察僧衆，凡有不守規戒之徒，必須立刻驅逐出院，以肅清規，不許私爲循瞻。

十八、本寺住師各遇公事出門，宜穿長衫鞋襪，并須先到客堂請假，回則銷假。但無事則不准私自出外及往俗人家閑坐，違者起單出院。或根器淺薄之師，自問難守本常住清規者，則當早從我祖師三不留之例，自請出寺，勿待逆逐，各宜自省。

十九、本寺爲供佛清净道場，各國王侯貴族官紳士商，時至瞻仰。雖不敢自謂爲福地，亦可稱一埠之勝。凡我同胞士女，到此參佛游覽者，均宜各守文明規則，萬勿自墮其國民資格。倘有事故，當向執事人説明，自能按規妥辦。其有恣情喧擾，或逞私毀謗，或携妓狎笑浪謔，不特有失觀瞻，抑自褻太甚，决非風雅中人所宜有，此則衲等不得不求衆善信原諒，免爲外人鄙笑者也。

二十、古人有言，高明之家，鬼瞰其室。衲等何人，曷敢自許，倘果不幸而來毀謗，亦惟自警自勵，嚴守六祖「他非我不非」之戒，以不辨□解脱而已，世有君子，必能鑒之。

廿一、人生數十寒暑，恍若大夢一場，娑婆之富貴，如水上之泡影。我等已知世間一切都無可戀，乃翻然潔身出家，自不得謂非絶無宿根之人。衆等既托庇於佛門，則當行住坐卧，内契真源，外敷梵行，精進自修，求生净土，以免輪迴之苦，方爲出塵丈夫。

以上各條，乃十方叢林上品，戒僧應守清規。伏維本寺同住諸師，宜念檀那，信施厚德。余等創建維艱，共行嚴持此規，光大佛門，馨香常盛。永祝一國之善士，天地同春，十方之禪侣，道果共盛，斯爲幸矣。

大清光緒丁未卅三年春月，大英壹千九百零七年春月，重興鼓山本寺開山方丈妙蓮，前任鼓山住持護開本山住持本忠、得如、善慶，監院寶月、月鏡、一慶、慈恩、意通、善欽，暨合山衆立。

一二〇　檳城極樂寺碑記

【碑刻名稱】檳城極樂寺碑記
【材　質】石材
【形　制】長方形立碑
【尺　寸】長一百八十厘米、寬七十八厘米
【書　體】楷書
【碑　額】無
【碑　題】檳城極樂寺碑記
【碑文撰者】南洋委員前任福建寧洋縣知縣梁兆熙
【碑文書丹】無
【立 碑 者】前任鼓山方丈兼掌本寺住持善慶、本忠等
【立碑時間】清宣統二年（一九一〇）
【存　佚】現存
【地　點】馬來西亞檳城極樂寺
【碑刻録文】

開甘露門，闢鷲嶺路，佛之靈奇妙諦、利濟群生、超度六趣者，由來久矣。衲隨方丈妙蓮，卓錫斯地，歷有年所。寺之創始擴充而達於完善，皆衲躬與其事焉。方丈十餘年以佛事自鼓山南來，至檳之阿易意淡曠，觀山峰挺峙，滄洋迴環，蜿蜒百十里，歸而不結束。形勢之勝，宜作蘭若，以助勝概。方丈誠具慧眼也，究之飛錫萬里，孑然清净，雖有願而未易償耶！方丈竟挺然從事，矢志經營，是又具絕大願力也。雖然方丈具慧眼願力，而非得張檀越煜南侍郎公好義急公，作無量功德，方丈亦有志其莫伸耶！當創始之秋，草架茅舍，藉以蔽風雨，奉大士焉。方丈幾費心力謀建築，卒未得人集款，莫能舉動爲憾。適侍郎公權檳領事篆，方丈欣然曰：公來，寺之幸福耶！抑如須達拏布金，使精舍得以有建耶！殷殷以此舉相屬望。公政暇來游，深以地勢優美爲贊，曰：曷不提倡締造乎？方丈曰：固所願也，正有待於公耳！公毅然認巨資，謀厥成。更得張公振勛、謝公榮光、張公鴻南、鄭公嗣文、戴公春榮諸慈善閩粤紳商等，好行其德，捐輸而襄其事，始漸次擴充，而底以有成也。此公等創始圖成之功，爲衲身親而目睹者焉。第山高泉短，謀水殊難，且非人力所能及。堂舍雖成，而飲食艱難，仍無以養僧奉佛。方丈苦之亟，莫能求其術。公憫其情，將已有之寺右泉地，慨施寺爲業，進其流於寺後，以資挹注。是他人多金而不獲購者，愈以見公之功德宏大也。厥至告蕆於光緒二十有一年乙未，方丈特銘泐碑，序受無窮之福，作永遠之念哉！

歲宣統，有二公回國督辦潮汕鐵路事，道經香江謁洵邸，報效海軍鉅資返洋。繞檳過寺，見僧徒濟濟，亦以寺費謀諸衲。衲思公之於寺乃莫大功德矣，奚敢妄有希冀乎？公自出資購贈右泉地，毗連一基，面積載明洋文牙蘭以固所出爲香火資。復殷殷以門徑崎嶇爲缺點，衲以工費計，公直肩其任，化九曲爲蕩平。由此觀之，公之爲國，登盡竭熱誠，而餘恩及僧，亦覺無微不至也。殆經所謂開甘露門，闢鷲嶺路，豈特衲等親沾惠澤，即都人士熙攘公臨者，莫不同聲稱頌焉。非公之善願魄力之大，曷至此哉！公之全終謀遠之功，又衲等身受而心感者焉。噫！俟之功德如是，既優且美。抑更種諸無上福田之中，將獲之果，奚可以思量擬議哉！大德無名，善施無相，本無時乎紀泐，然衲等現繼住持之職，不紀之恐無以召後也。固將創始擴允而達於完善之原委，銘諸元石以作千載一之紀念云爾。

茲將乙未、庚戌先後兩年買地基列左：

第八號牙蘭七依葛、第十九及五十號牙蘭十六依葛，今合作一丘，共計二十三依葛正。

南洋委員前任福建寧洋縣知縣梁兆熙敬撰。

大清宣統庚戌二年八月，大英壹千九百十年九月，前任鼓山方丈兼掌本寺住持善慶、本忠，領監院意通、寶月、慈恩，副寺隱慧、雲登、步揚，仝敬泐。

一二一　極樂寺張公煜南紀功碑

【碑刻名稱】極樂寺張公煜南紀功碑
【材　　質】石材
【形　　制】長方形立碑
【尺　　寸】長一百一十八厘米、寬六十八厘米
【書　　體】楷書
【碑　　額】無
【碑　　題】張公煜南紀功碑
【碑文撰者】開山住持妙蓮等
【碑文書丹】無
【立 碑 者】開山住持妙蓮等
【立碑時間】清光緒三十一年（一九〇五）
【存　　佚】現存
【地　　點】馬來西亞檳城極樂寺
【碑刻録文】

張公煜南紀功碑

光緒十有五年春，福建鼓山住持妙蓮禪師杖錫南渡檳榔嶼，以亞逸淡之白鶴山峰巒嵯峩，林壑幽清，遂購地一區，創建梵刹，爲梵修所。因其形而名之曰「白鶴山」，且顏之曰「極樂寺」云。惟時净業初興，事當創始，給孤長者不作，掇材建殿者無人，俯仰籌雜，殊難措手。適有張公煜南者，以三品京堂權檳城領事篆，兼荷蘭瑪腰官，性原好善，德更在民。清高之品，中外同欽，風雅之懷，溪山并潔。公餘之暇，游躅偶臨，因慨勝景之待興，尤冀佛光之普照。遂於乙未之歲（案即光緒二十一年，公元一八九五年）購地福園一區，施之本寺，爲香火業。既而又作布金之施，復盡提倡之力。其時以源泉無出，飲濯維艱，浴僧之舉無成，奉客之茶幾乏。旋而探悉後山有瀑，其清且潔，公又購其園丘，施之本寺。更以鐵管導泉入筭厨，時在庚戌夏月，因名之曰「保榕」，所以志德也。於是銀漿甘露，澤體濡心，游客住僧，皆飲德矣。嗚呼！公之爲寺謀也則智，而好施也則仁，做其服官於國則忠，政及於民則惠。柔能伸法，所在有興人之歌；剛不傷慈，友國懼客卿之去。由其蓄之於中者既純，故施之於外者皆善也。雖然，此豈足以盡公哉！亦其善之一端耳。惟衲等感德既深，當謀所以報公之道。乃於園中建功德堂一座，奉公塑像，四時上供。并規定祀期以貽後（祀期見外紀），庶幾没世不能忘也。

大清光緒乙巳三十一年十月，大英一千九百〇五年烈民末，開山住持妙蓮，監院得如、本忠、善慶等，仝立石。

一二二　極樂寺韜光亭記匾

【碑刻名稱】極樂寺韜光亭記匾
【材　質】木材
【形　制】長方形横匾
【尺　寸】長一百二十厘米、寬四十二厘米
【書　體】楷書
【碑　額】無
【碑　題】韜光亭
【碑文撰者】福妙釋見明
【碑文書丹】福妙釋見明
【立 碑 者】檳城廣福宫住持慧宗等
【立碑時間】民國二十七年（一九三八）
【存　佚】現存
【地　點】馬來西亞檳城極樂寺
【碑刻録文】

極樂寺韜光亭記

鶴山極樂寺爲楊秀苗善士捨地，福州鼓山妙蓮大和尚所創建。山水清幽，自是天然佛地；規模宏敞，開爲南島叢林。擅名勝之稱，復極莊嚴之緻。寺前路側石壁刻有羅狀元勸世詩文，字字金石，足以喚醒迷流。昔建一亭，以便游人休憩於此，可以觸目驚心。惜年久傾頽，危如壘卵。爰有圓瑛法師，接受大衆之請住持極樂，以名山今得名僧，人地相宜，將見法雨宏施，宗風丕振。慧宗、達真等景仰之餘，願伸慶祝，遂集議重建新亭，永留紀念。即以法師之號「韜光」二字以名其亭。法師早歲窮經，志綜百家之學，華年入道，心明一乘之禪。宗説益通，熟智并運，具書教愛國之精神，作救世利生之事業。此次南來籌款，拯救傷兵難民，志在國事，完成道相，托迹山林，韜光匿采，著疏經論，稗益將來。因記因緣於此。

民國貳拾柒年四月八日福妙釋見明敬書。

檳城廣福宫住持慧宗、日里觀音亭住持達真暨各捐資助建諸師同敬立。

慧宗柒拾元；達真柒拾元；丹守貳拾元；揚宗、如賢、化光、現成、清涼、能心、應心、一心、賢密、弘願、賢敏、妙志、文耀，以上各捐拾元；本圓、圓空、天開、清海、真華、欽宗、宗文、達傳、達雨、賢寶、賢輝、净法、全瑞、全榮、如見、義芳、弘來、性學、妙輝、振敏、性侯，以上各伍元；妙實肆元；福利叁元；堅勝、玄妙、清近、智禪、揚瑞，以上各貳元。

一二三　青山岩捐緣碑

【碑刻名稱】青山岩捐緣碑

【材　質】石材

【形　制】長方形立碑

【尺　寸】長一百九十八厘米、寬六十八厘米

【書　體】楷書

【碑　額】無

【碑　題】青山岩

【碑文撰者】海澄蔡芊舉

【碑文書丹】無

【立 碑 者】董事總理振源號暨開山青山岩主持僧大慶師等

【立碑時間】清光緒二十九年（一九〇三）

【存　佚】現存

【地　點】馬來西亞沙捞越麻拉地咨青山岩

【碑刻録文】

青山岩

茲將善士發誠心樂助銀項，以爲修造宫室之資，庶得神靈安妥，保護四民，福有攸歸，一暨花名開列。

瑞安號捐銀三百八十五元、振安號捐銀三百八十五元、振福美捐銀二百六十元、芳吉號捐銀二百六十元、隆安號捐銀乙百二十元、永安號捐銀乙百二十元、瑞怡號捐銀乙百二十元、林天啓捐銀乙百大元、劉福昌捐銀乙百大元、協芳號捐銀六十大元、林玉舜捐銀六十大元、和利號捐銀五十大元、祥源棧捐銀四十一大元、萬福號捐銀四十大元、錦發號捐銀四十大元、成發號捐銀四十大元、怡發號捐銀四十大元、勝珍號捐銀四十大元、振興號捐銀三十四元、新聯成捐銀三十四元、振源興捐銀三十二元、振昌號捐銀三十二元、永發號捐銀三十二元、豊源號捐銀三十大元、永成號捐銀三十大元、新長發捐銀二十四元、和吉號捐銀二十四元、永發號捐銀二十四元、和利棧捐銀二十四元、錦發號捐銀二十四元、劉清福彩盡中梁工銀二十四元、順吉號捐銀二十二元、新合成捐銀二十二元、成興號捐銀二十二元、順豊號捐銀二十二元、源成號捐銀二十二元、源發號捐銀二十二元、錦泰號捐銀二十二元、成利號捐銀二十二元、振發安廊捐銀二十大元、長發號捐銀二十大元、順吉號捐銀二十大元、振發安捐銀二十大元、協和號捐銀二十大元、山有號捐銀二十大元、新順發捐銀二十大元、源安號捐銀二十大元、振豊美捐銀二十大元、和發號捐銀二十大元、協振號捐銀二十大元、和安號捐銀二十大元、德安號捐銀二十大元、德峰陵捐銀二十大元、田祈福捐銀二十大元、瑞芳號捐銀一十八元、永德號捐銀一十八元、林老吸捐銀一十八元、洪源發捐銀一十八元、順美安捐銀一十六元、新瑞發捐銀一十六元、鄭武官捐銀一十六元、源安號捐銀一十六元、怡盛號捐銀一十六元、合成號捐銀一十六元、新泉安捐銀一十五元、錦興號捐銀一十五元、新順源捐銀一十五元、

瑞興號捐銀一十五元、陳金生捐銀一十五元、裕安號捐銀一十五元、怡利號捐銀一十四元、泰興號捐銀一十四
元、新永和捐銀一十三元、福興號捐銀一十三元、成安號捐銀一十二元、金永發船捐銀一十二元、沈耳目捐銀一
十二元、協隆號捐銀一十二元、金合美捐銀一十二元、福美號捐銀一十二元、和山官捐銀一十二元、水木官捐銀
一十二元、金永順捐銀一十二元、協吉號捐銀一十二元、合吉號捐銀一十二元、隆興號捐銀一十二元、源興號捐
銀一十二元、永合號捐銀一十二元、永興號捐銀一十二元、錦昌號捐銀一十二元、蔡螺官捐銀一十二元、中立安
捐銀一十二元、金發興船捐銀一十二元、林芋官捐銀一十二元、瑞源號捐銀一十二元、順昌號捐銀一十二元、豐
安號捐銀一十二元、合安號捐銀一十二元、義合號捐銀一十二元、振義號捐銀一十二元、協發號捐銀一十二元、
錦吉號捐銀一十二元、隆發號捐銀一十二元、恒春號捐銀一十二元、鄭烏官捐銀一十二元、萬順安捐銀一十二
元、金順安捐銀一十二元、新成發捐銀一十一元、主昌號捐銀一十一元、新德發捐銀一十大元、順美號捐銀一十
大元、振源號捐銀一十大元、陳份官捐銀一十大元、隆全號捐銀一十大元、捷順號捐銀一十大元、瑞隆號捐銀一
十大元、臨池軒捐銀一十大元、蘇鄭和捐銀一十大元、源成號捐銀一十大元、卓讌官捐銀一十大元、林永記捐銀
一十大元、二合號捐銀一十大元、振利美捐銀一十大元、永茂號捐銀一十大元、錦祥號捐銀一十大元、天古司捐
銀一十大元、綿茂號捐銀一十大元、振和號捐銀一十大元、順安號捐銀一十大元、詔興號捐銀一十大元、怡興號
捐銀一十大元、春成號捐銀一十大元、豐順號捐銀一十大元、錦隆號捐銀一十大元、振吉號捐銀一十大元、林鵲
官捐銀一十大元、來興號捐銀一十大元、中和號捐銀一十大元、李英官捐銀一十大元、亞二嗎吔捐銀一十大、裕
興號捐銀八大元、東成號捐銀八大元、舊成發捐銀八大元、南興號捐銀八大元、合隆生捐銀八大元、裕成號捐銀
八大元、復源號捐銀八大元、義興號捐銀八大元、順發號捐銀八大元、豐興號捐銀八大元、振美號捐銀八大元、
王錦雕捐銀八大元、安和號捐銀八大元、裕發號捐銀八大元、長美號捐銀八大元、協成號捐銀八大元、林永官捐

銀八大元、協勝號捐銀八大元、永成號捐銀七大元、永合號捐銀七大元、福春號捐銀七大元、順安號捐銀七大元、芳吉號捐銀六大元、吳德意捐銀六大元、林順發捐銀六大元、林杏官捐銀六大元、陳金福捐銀六大元、源長成捐銀六大元、新義榮捐銀六大元、協安號捐銀六大元、林典官捐銀六大元、福源號捐銀六大元、源興號捐銀六大元、黃古鍾捐銀六大元、源茂號捐銀六大元、郭烏先捐銀六大元、順隆號捐銀六大元、怡成號捐銀六大元、萬盛號捐銀六大元、錦隆號捐銀六大元、永春號捐銀六大元、和春號捐銀六大元、長源號捐銀六大元、和興號捐銀六大元、和盛號捐銀六大元、年合號捐銀六大元、蓮發號捐銀六大元、合振號捐銀六大元、再成號捐銀六大元、源吉號捐銀六大元、邱直娘捐銀五大元、陳進財捐銀五大元、蔡振蚶捐銀五大元、蔡西良捐銀五大元、白玉鍊捐銀五大元、李遠官捐銀五大元、陳本官捐銀五大元、林雲官捐銀五大元、陳巳水捐銀五大元、長美號捐銀五大元、林益源捐銀五大元、沈亞英捐銀五大元、邱尼姑捐銀五大元、新和安捐銀五大元、潮興號捐銀五大元、峰泉號捐銀五大元、泉德號捐銀五大元、新興號捐銀五大元、永順號捐銀五大元、永茂號捐銀五大元、大興號捐銀五大元、錦利號捐銀五大元、益壽堂捐銀五大元、福安堂捐銀五大元、振豊號捐銀五大元、振興號捐銀五大元、永吉號捐銀五大元、勝吉號捐銀五大元、發安號捐銀五大元、振裕號捐銀五大元、恒發號捐銀五大元、順發號捐銀五大元、錦發號捐銀五大元、順香號捐銀五大元、林萍官捐銀五大元、泉興號捐銀五大元、豊利號捐銀五大元、林秩官捐銀五大元、林胡秋捐銀五大元、林茂棧捐銀五大元、戴越官捐銀五大元、福成號捐銀五大元、福泉安捐銀五大元、長發號捐銀五大元、振吉號捐銀五大元、錦福號捐銀五大元、香吉號捐銀五大元、振成號捐銀五大元、統宗號捐銀五大元、正元號捐銀五大元、胡燮香捐銀五大元、宋門陳氏捐銀五大元、合興隆捐銀五大元、陳棟樑喜謝椰園一所、圣王上來大銀捌百叁拾伍元伍角、收料牌一佰五十七名大銀三佰廿七元、上合號喜謝石牌一片。

總合并料牌四佰另四名，收來大銀伍千捌百玖拾伍元陸角伍分，上石碑之名貳百元無交結，實收大銀伍千陸百玖拾陸元伍角。

一　開裝佛祖圣像工資銀貳百貳拾元。
一　開上年一元師對還玻黎艮貳百伍拾元。
一　開花芽彩眉銀柒拾貳元。
一　開净室堂并作器銀壹百玖拾壹元。
一　開油漆工資銀貳百元。
一　開木匠工資銀肆百伍拾元。
一　開土水大小工資銀伍百肆拾元。
一　開小口工資銀伍百零肆元。
一　開買灰去銀貳百貳拾玖元伍角捌分。
一　開買紅磚伍萬貳千玖百叁拾個銀叁百柒拾伍元捌角。
一　開買大瓦玖千個銀玖拾元。
一　開爐紅磚壹千叁個銀貳拾肆元玖角。
一　開作石牌工資銀玖拾壹元零陸角伍分。
一　開作幾桌八仙工資銀壹百貳拾元。
一　開瓦同大銀叁拾元。
一　開遂蓮貳百肆付銀貳拾貳元伍角。

一 開五色碗料大銀貳拾捌元。
一 開唐山瓦伍千個銀伍拾元。
一 開花杆柱貳拾貳支銀玖拾玖元伍角。
一 開什柴枋料銀壹百叁拾伍元柒角柒分。
一 開塭柴瓦玖千陸百個銀貳拾柒元捌角。
一 開塭柴柱枋銀貳百壹拾肆元捌角伍分。
一 開什用物大銀叁百貳拾貳元。
一 開大慶師白米銀壹百壹拾叁元壹分。
一 開什費用大銀壹百柒拾陸元陸角叁。
一 開作罩大銀貳拾伍元。
一 開割清梧结粱工資銀貳拾壹元。
一 開買蘇坎故官園 一所銀肆拾元零伍角。
一 開做布袋戲大銀肆拾元。
一 開和尚作慶成大銀柒拾元。
一 開什用并糊大銀壹百肆拾貳元柒角伍拾伍分。
一 開貼新聯成修理辛金玖拾元。
一 開割花絹工資大銀壹百陸拾伍元。
一 開亞坤蜜查牓大銀叁拾元。

一　開貼財司土水工資捌拾元。
一　開紅料木料磚位銀伍拾元。
一　開董事牌一個大銀貳拾伍元柒角。
一　開修理路工資銀陸拾元。
一　開買紅毛灰十桶大銀陸拾元。
一　開買碗料大銀叁拾伍元。
一　開買眷人鹽柴料大銀壹百壹拾叁元柒角伍分。
總合肆拾壹條，計開出大銀伍千陸百玖拾伍元陸角五分。
海澄蔡芓舉拜題。
董事總理振源號、新聯成、蔡芳吉、林天啓，開山青山岩主持僧大慶師，仝立。

一二四　福建公會重修青山岩募捐宣言木牌

【碑刻名稱】福建公會重修青山岩募捐宣言木牌

【材　質】木材

【形　制】長方形横牌

【尺　寸】長一百六十厘米、寬一百二十厘米

【書　體】楷書

【碑　額】無

【碑　題】福建公會重修青山岩募捐宣言

【碑文撰者】重修青山岩小組委員會

【碑文書丹】無

【立 碑 者】重修青山岩小組委員會

【立碑時間】一九五三

【存　佚】現存

【地　點】馬來西亞沙捞越麻拉地峇青山岩

【碑刻録文】

福建公會重修青山岩募捐宣言

青山原名麻拉直峇士，地處古晋河出海的尖端，爲海輪進入古晋市的大門，距離市區航程凡十八海里，乘汽船兩小時可達。若坐車至朋丁路碼頭落船，僅需時四十五分鍾而已，是一個風景優美的小漁村，爲帆船、漁舟、小汽船海外避風的良港。昔年海關曾設檢查站于此，凡小船出入皆須抛錨受檢，行旅往來，素稱綦盛。洎乎汽船發達，檢查站廢弃，遂成淡漠境地，物移景轉，真有不勝古今興替之感。青山形勢，從俄密望去，宛如金龟鎮港，扼入易出難之要津；故凡來古晋居住者，皆樂不思遷，而游客亦各留恋不捨，是山川靈氣所鍾，亦人文地理所侵然。

青山岩築在青山之麓，適居龜脅坐東北而向西南，背負大山面臨大海，雄壯幽美秉而有之。登高遠矚，心曠神怡，海風襲來，清凉爽快，令人有飄然出塵之感，誠爲善男信女拜神禮佛的勝地，亦堪稱爲越邦消暑渡假的好去處。惜乎古晋人士不知珍愛，尚未開闢大衆游樂場，殊爲憾事。青山岩正殿，主位奉祀釋迦如來、藥師如來、阿彌陀如來三佛祖，外安觀音大士及天上聖母，冀求庇佑陸海居民，立意至善。廟建於公元一九〇三年（清光緒廿九年歲次癸卯葭月），發起董事總理爲新聯成、蔡芳吉、振源號、林天啓，開山主持僧大慶師。當時香火甚盛，蓋因其船舶往來頻繁，停留觀風待潮者衆，我僑海員大都登岸朝拜，熱鬧非常。今則情勢變遷，船隻既無停泊之必要，而香客亦日見稀微。管理者因維持艱難，早經離去，專責乏人，禪房已告倒塌，正殿亦現裂痕，倘不及時重修，勢將全部傾覆矣。

客歲，砂朥越現任總督艾貝爾爵士、代理華民政務司張德蘭先生曾游其地。觀其廟址之清幽，構造之精美，雕龍畫鳳，深贊中國藝術之華麗；然嘆其廟宇之荒蕪而將崩頹，乃動議於華人諮詢委員會，請注意保存此一古迹也。諮委會於一九五三年十一月十日開會議程，遂列有青山廟重修問題。經一番討論，全體委員認爲，神廟乃屬僑衆公有，而地權則屬福建公會，應函請福建公會負責領導僑衆加以修葺。林光顔委員當場代表福建公會接納衆議，願意進行，案遂通過。

福建公會接諮委會函後，由主席王觀興先生邀約諸董事前往實地查勘。第一次出發者有王觀興、田貴宗、田貴耀、侯謀燦、葉龍水、陳文甸、陳水綾、沈濟寬、林光彦諸董事，及熱心家黄文周居士、黄浴沂先生，玆青山新聯成主人林朝安等十二人。視察結果，僉謂除重修廟宇而外，應加造橋鋪路，以利上下往還；如能再建別墅一座於海濱，爲公衆人士周末或假期游玩留宿，更爲理想中所企求，其造福公衆，豈淺鮮哉。

福建公會於諸董事及熱心家視察歸來報告詳情後，乃開會選出黄文周、林光彦、王觀興、陳文甸、葉龍水、沈濟寬、林朝安七人爲重修青山岩小組委員會委員，負責進行一切。小組會復選黄文周爲正主任，林光彦爲副主任；陳文甸、葉龍水、林朝安爲建設組，負責建築計劃；王觀興、沈濟寬爲募捐組，負責物色各界熱心仕女担任募捐員。并議決要案兩件如下：

一、呈請政府批准，向僑衆捐款伍萬元，以爲修廟、造橋、鋪路及建別墅之用。

二、申請政府給予新建別墅應用之土地，及前海關檢查站殘存之木料。

以上所叙，爲青山岩重修之由來與必要。吾人追念前賢既光於前，我輩後進曷可不裕於後？深盼各熱心家無分畛域，不別宗教，盡力襄助，以底于成。將來匪特廟宇焕然一新，而別墅臨江矗立，足供大衆游憩，亦邦人之厚福也。

一二五　蓮山雙林禪寺功德堂碑

【碑刻名稱】蓮山雙林禪寺功德堂碑
【材　　質】石材
【形　　制】長方形立碑
【尺　　寸】長一百厘米、寬五十六厘米
【書　　體】隸書
【碑　　額】無
【碑　　題】功德堂
【碑文撰者】無
【碑文書丹】無
【立 碑 者】住持僧明光
【立碑時間】清光緒二十九年（一九〇三）
【存　　佚】現存
【地　　點】新加坡蓮山雙林禪寺
【碑刻録文】

功德堂

光緒癸卯年元月吉旦，福建漳州府南靖縣人大檀樾劉金榜、福建泉州府同安縣金門大功德顏仕份仝建。住持僧明光敬立。

一二六　蓮山雙林禪寺緣起碑

【碑刻名稱】蓮山雙林禪寺緣起碑

【材　質】石材

【形　制】長方形立碑

【尺　寸】長四十八厘米、寬二十九点五厘米

【書　體】楷書

【碑　額】雙鳳

【碑　題】蓮山雙林禪寺緣起碑

【碑文撰者】比丘尼慈妙

【碑文書丹】無

【立 碑 者】比丘尼慈妙

【立碑時間】清光緒二十八年（一九〇二）

【存　佚】現存

【地　點】新加坡蓮山雙林禪寺

【碑刻録文】

蓮山雙林禪寺緣起碑

余泉州惠邑人也，俗姓蕭。一家團圓，頗裕田園之樂。緣吾二子覺悟浮生如夢，勸請安素從緇。於壬辰年率合家男女一十有二人，航海到高浪霧，在楞伽山岩栖六載。至戊戌春季下山，遍游佛國後，因游檳過叻，擬返故國，從劉姓施主喜捨此山，故吾長子賢慧在此創建雙林禪寺。并擬於大殿之後結構珠琳庵一區，以爲余并吾長女尼禪慧及吾甥女孫尼月光三人栖身之所。詎意吾子賢慧於辛丑季夏頓捨幻化之軀，徑入涅槃之藏，致此工程未能告竣。浮生如夢，果如是乎？但吾母子在此數年，滿望大功克竣，上報佛恩，今既如此，復何言哉！今吾子賢慧既已歸真，吾三女尼未便居此，故将後事囑咐吾次子性慧之徒明光大師管理，惟冀克承先志，不墮宗風，是余所厚望焉。兹因将次附航返國，未免感慨繫之，特叙數言，勒之貞石，庶游覽諸君知其緣起，并知此珠琳庵即法堂，法堂即珠琳庵也。

光緒壬寅年孟秋吉旦，比丘尼慈妙立。

一二七　重修蓮山雙林禪寺碑記

【碑刻名稱】重修蓮山雙林禪寺碑記
【材　質】石材
【形　制】長方形立碑
【尺　寸】長二百二十厘米、寬一百一十三厘米
【書　體】楷書
【碑　額】無
【碑　題】重修蓮山雙林禪寺碑記
【碑文撰者】無
【碑文書丹】無
【立 碑 者】主持普亮、首座轉道暨合山大衆
【立碑時間】天運庚申年（一九二〇）
【存　佚】現存
【地　點】新加坡蓮山雙林禪寺
【碑刻録文】

重修蓮山雙林禪寺碑記

天竺前因，洛京舊事，惟梁且著，于宋不虛，歷朝崇尚而易代，蓋有人於此焉。雙林禪寺，於光緒二十四年戊戌冬，大檀樾金榜劉公暨南溟諸樂善家所募建也。閱今凡二十載矣，藐視峻宇凋殘，殿堂傾塌，舉凡樓閣亭臺，周圍頗壞，間係棟梁榱桷，奈昔取自荒榛，易於蛀腐故耳。普亮問十，亟在思議補葺，竊以獨木凌柯，當必藉於密林而成蔭。夫名山福地，但願是辦香信善培成秀慧靈根，造就蘭因絮果，則終久於形勝焉。時仗劉公令嗣啓祥者，聊盡接張待李，竟而獲輸誠之湊，咸聲之曰可。於是戊午春募工修葺，越次年己未夏廣新告竣，素欽諸大功德臨誼恪恭，爰刊碑石祝共憤（賁）斯陵替云爾。

林推還捐銀伍佰元，又獻窑塔前地二段；王振煌捐銀捌佰元；薛中華捐銀伍佰元；僧悟真捐銀肆佰元；吴清誥捐銀三佰元；陳有容捐銀貳佰元；邱湑彩、邱湑樂捐銀佰伍元；陳芳歲捐乙佰元；周金鳳捐乙佰元；王水斗捐乙佰元；僧轉道捐乙佰元；楊水閣捐乙佰元；陳子惠捐乙佰元；尼玉輝捐八十元；林萬發捐六十元；蘇振興捐伍十元；陳金順捐伍十元；林月紅捐伍十元；黄德成捐四十元；莊泰豐捐四十元；曾氏捐四十元；唐小芳捐四十元；李昆娘捐叁十元；林春發捐叁十元；僧圓源捐二十元；李水杉捐二十元；洗氏捐二十元；葉玉桑捐二十元；陳本明捐二十元；陳四美捐二十元；新聯裕捐二十元；蔣金塔捐二十元；許雁賓捐二十元；邱氏捐二十元；陳寶合捐二十元；釋本如捐二十元；僧緣泰捐二十元；僧良參尘二十元；姚普嘉捐二十元；僧仲福十六元；莊來好捐十五元；僧恩輝十五元；僧圓蓮十三元；源參十一元；葉在娘、吴振美、林福彩、陳春連、鄭古杰、章猛、林氏、陳氏、永豐興、柯南旋、林珠娘、林金娘、吕瑞菜、梅啓康、胡文豹、劉成光、黄義源、范阿蘵、新双豐、新協源、王宮娘、林春發、邱白謹、黃炳、黎氏、曾江水、葉潤池、曾合發、謝長順、黎羅氏、黎曾氏、蕭軟茹，以上各捐十元；僧松輝十元；僧通義十元；僧本禪十元；僧乾亮十元；僧體聰十元；僧金亮十元；僧妙泰十元；許下溪十元；色金興十元；黃俊容十元；許界外十元；蕭盛財十元；王梅玉十元；謝永興十元。

檀樾劉啓祥，董事薛中華、顏寶雙、劉初香、林推遷、郭文彬、陳有容、陳合春、陳木寅，主持普亮，首座轉道，監院行亮、增光、體新、瑞于、高參、松輝、善輝、如亮，副寺震光，書記本禪、乾亮、體聰，暨合山大衆仝立。天運庚申，釋迦降生貳千玖百四十七年満月八日，孔子降生貳千肆百七十一年満月八日。

一二八　募建蓮山雙林禪寺碑記

【碑刻名稱】募建蓮山雙林禪寺碑記
【材　質】石材
【形　制】長方形立碑
【尺　寸】長二百二十厘米、寬一百二十厘米
【書　體】楷書
【碑　額】無
【碑　題】募建蓮山雙林禪寺碑記
【碑文撰者】閩海邱煒萲菽園
【碑文書丹】無
【立 碑 者】主持普亮暨合山衆
【立碑時間】天運庚申年（一九二〇）
【存　佚】現存
【地　點】新加坡蓮山雙林禪寺
【碑刻録文】

募建蓮山雙林禪寺碑記

西來妙諦，融和以禹域之文明，遂進爲中國之禪學。五宗門下，臨濟夙盛于閩，然福田利生之説，雖宗圓頓者亦有取爾焉。

星洲在昔本無叢林之建築物，有之則自蓮山雙林禪寺始也。初發心于劉金榜長者，獻地布金，迎僧臨濟宗怡山派之賢慧禪師來開山。師偕弟性慧全眷出家有名，戊戌先成後院，以俾安禪。繼而環島善信若顔、邱、陳、林等衆，旁及錫蘭賈胡諸埠檀樾，均樂崇隆三寶。丁未合成中殿，而終之以前座，而山門、而廊廡、而净室、而護法神祠，巍然屹爲寶坊矣。

夫以工程浩則歲月綿，塵世遷則人事改。辛丑賢師涅槃，未幾性師隨寂。癸卯法眷相率旋國，性慧之徒明光乃繼起。甲辰怛化徒孫敬亮暫護，至戊申間明徒興輝來接席，己酉弃世時，長者劉公亦壽终，嗣君啓祥勉爲勸述，惜仍未舉落成之典，故碑志鈌然。後八載，福慧、證明、碧輝、僧慧暫護，亦越丁巳，衆舉興徒普亮主持，今三載矣。慨然想見前功之不易，日嘗請余追記以文。余世變方滋，非大悲曷以持世？來游胥宇者，倘有悟于禪家色空心佛之微言，其所沾接也廣已；而靈囿遺規，兼資衆樂，足以美示吾僑公共建築物之文明者，猶余事也夫。

閩海邱煒萲菽園甫撰。

兹因年父母以稽查核實今修木牌之芳名列左：

劉金榜捐鉅款及先後完竣事。辜百齡捐伍仟元；林順池捐四仟元；顔仕芬捐叁仟元；邱菽園捐叁仟元；陳合春捐□□元；楊本升捐□□元；息里末捐貳仟四百元；謝素規捐乙仟八百五十元；陳成真捐乙仟五百元；林碧嬌捐乙仟四百五十元；李細娘捐乙仟二百四十元；蔡仲娘捐乙仟元；蔡罔娘捐乙仟元；高萬邦捐□□元；王君子捐伍百五十元；葉柿娘捐伍百四十元；郭文彬捐伍百元；蕭華龍捐伍百元；林珠娘捐四百五十元；邱瑞蘭捐四百元；沈妙興捐□□□；蔡三重捐貳百八十元；蔡四端捐貳百五十元；楊招穆捐貳百元；邱鋪順捐貳百元；楊振登捐貳百元；蕭國華捐貳百元；曾成金捐貳百元；邱□□捐乙百二十元；邱錦水捐乙百十元；劉惠得捐乙百元；林王盛捐□□□；謝蟾娘捐乙百元；林鳩集、李佛昌、陳合水、陳連財、陳連水、馮清林、鄭炎郎、劉三合、林文儀、陳花合，各捐一百元；劉□娘、碧嬌娘、邱介娘，各捐六十元；陳若閑、陳心菱、陳明迎、蔡鴻江、梅南樂、邱如菜、邱選生、陳坤淵、陳月寶、鄭財娘、莊媽娇、盧焕倫、林守朝、鄭福祥、葉超合、蔡仁娘、許定髭、黄龍珠、林華娘、陳暖娘、林莖娘、蔡嘉蘇、河水娘、邱金水、李梅娘、高郎記、張福興、陳記昌、方狗合、廖勛臣，各捐五十元；合吉號捐四十元；陳天立捐四十元；林馬記捐四十元；李舟仔捐三十元；蔡嬸娘捐三十元；謝旺娘捐三十元；陳蓮心捐三十元；陳如竹捐三十元；鄭金利捐三十元；林深潭捐三十元；林學兒捐三十元；陳連畝捐三十元；陳炮官捐三十元；葉亮娘捐三十元；楊水蓮捐三十元；林賽娥捐三十元；李掖娘捐三十元；陳研姑捐三十元；范陳氏捐三十元；郭錦煉、郭錦瑞、林得財、林得寶、林得國、林得福、林得順、邱長美、曾天賜、王竹根、林畝盛、劉良才、王如意、洪牡丹、劉月懸、行娘、匀赤娘、黄耀棠、劉啓庸、陳金順、薛有文、薛瑞雲、葉珠盤、陳金娘、陳金鎖，各捐二十五元；葉珠禮、謝仙桃、陳連清、金振英、邱謹娘、陳富娘、妣分，各捐十二元；馮清延、李碧瓊、陳錦仕、林碧樂、陳老官、林王蕭、吴中章、宋金福、許妃娘、黄鳳娘、洪王燦、楊清娘、林問妹、洪什畝、陳王梅、王風娘、林清江、周應謨，各捐十元。

大檀樾劉金榜，董事陳合春、楊本升、邱德松、郭文彬、蔡天順、顔仕芬、林順池、顔聯發、陳德尾、王君子、陳天立、邱菽園、高萬邦、邱雁賓、傅長榮、陳萬厚、郭其仁、陳郡英、息里末、陳明照、陳根捐、黃清源、馮德禄，主持普亮，暨合山衆等同敬立。天運庚申年元月，釋迦降世二千九百四十七年，孔子降世二千四百七十一年，英一千九百二十年。

一二九　福海寺建築公所捐題芳名碑

【碑刻名稱】福海寺建築公所捐題芳名碑

【材　質】石材

【形　制】長方形立碑

【尺　寸】長一百三十六厘米、寬一百二十厘米

【書　體】楷書

【碑　額】無

【碑　題】無

【碑文撰者】無

【碑文書丹】無

【立 碑 者】福海寺住持

【立碑時間】民國十三年（一九二四）

【存　佚】現存

【地　點】越南胡志明市福海寺

【碑刻録文】

茲將建築公所捐題芳名開列：

義泰號五百二十元；堯記號四百二十元；廣和號三百二十元；嘉興隆三百二十元；華植興一百二十元；南濃興一百二十元；裕源號一百零五元；裕昌號一百零五元；南昌號一百零五元；濟南號一百零五元；寶記號一百大元；延壽堂八十大元；杜和昌七十大元；怡和堂六十大元；連興昌六十大元；聚南號五十五元；源記號五十五元；協生號五十五元；廣壽隆五十五元；滙通源五十五元；俊興號五十五元；應昌號五十五元；德生號五十五元；其美號五十五元；英記號五十大元；逢昌號四十五元；南源號四十大元；萬商發四十大元；美立號三十五元；協興號三十五元；順利號三十三元；富昌號三十大元；廣祥泰二十五元；就成號二十三元；廣壽堂二十大元；興立號二十大元；裕發號一十八元；兩和號一十八元；和興號、萬春堂、利源號、茂財號、貴利號，各題一十五元；張華記、美南號、茂雲號、廣濟春、廣盛號、廣安隆、和發號、萬瑞昌、福興號、廣春堂、協昌號、勝利號、茂昌號、大和春，各題一十三元；蔡碧珍、鄭進記、華生堂、懷安堂、添壽堂，各題一十大元；劉門鄭氏、張門劉氏、張門杜氏、吴門李氏、張門李氏、張門李氏、張門葉氏、曹門鄭氏，各題一十大元；宏記號、廣惠隆、衡昌號、育生堂、益壽堂、曾發記，各題八大元；協生五大元；潤成五大元；合生號、新祥利、天成發、新丰號、楊根記、泗和興、永安號、裕興號、吴譚、劉麟、曾漢明、丘變、陳良、洪儒明、馮景雲、蘇貴秀、張發生、仆□淡，以上人各喜題銀五大元；張門李氏五元；鍾門李氏五元；曾門楊氏五元；蘇門張氏五元；張門轉氏五元；杜門蘇氏五元；葉有、張記榮、洪秀、蕭鎮南、張清桂、張治民、張官生、李秀，各題三大元正；張門吴氏三元；吴門黃氏三元；張門劉氏三元；鼎和居、中孚號，李炳南、曹欽安、曹千壽、張肇珍、葉定安、張明星、張肇棟、吴才、丘晋嘉、義昌和、張宴芳、張振漢、洪順華、張覺生、李雨文，以上各題銀貳大元；楊門曾氏二元；黃門張氏二元；張門楊氏二元；曹門蕭氏二元；李門劉氏、張門蕭氏、張門阮氏、泉伯母、李門劉氏、陳氏進、黃門莫氏、張門李氏、張門余氏、蔡門張氏、李門何氏，各題銀貳大元正；楊喜、杜梅、張送、葉毓、張苟、李祿、黃譚、張貴、張容、黃安、鍾聲、楊來、杜燕、黃發、何進、張連、張玉、楊紹仁、曾繁玉、張祥生、翟亞有、張官喜、張鎮興、丘家審、張天生、張家齊、楊德章、鄭俊龚、張譚、張才、張隆盛、張裕先、徐惠賢、朱金、張良有、李茂青、鄧甘祥、楊俊權、黃文耀、曾啓後、無名氏、陳恭保、劉俊初、張順記、張載意、張進發、張安興、蕭體、鄭立海、李譚清、劉華，以上各題銀一大元；羅氏、張門阮氏、劉門□氏、黃門武氏、張門吳氏、張門古氏、李門温氏、勝利之妻，各題一大元。

民國甲子十三年冬月吉立。

一三〇　敬造千手千眼觀世音菩薩寶像記銅牌

【碑刻名稱】敬造千手千眼觀世音菩薩寶像記銅牌
【材　質】銅材
【形　制】長方形横牌
【尺　寸】長三百七十厘米、寬一百二十厘米
【書　體】楷書
【碑　額】無
【碑　題】敬造千手千眼觀世音菩薩寶像記
【碑文撰者】無
【碑文書丹】無
【立 碑 者】雙林禪寺住持
【立碑時間】一九九三年六月
【存　佚】現存
【地　點】新加坡蓮山雙林禪寺
【碑刻録文】

敬造千手千眼觀世音菩薩寶像記

伏以：悲心廣大，群生仰感皆通；妙相莊嚴，遍界祈求必應。願弘無盡，佛位不居；化度有緣，慈航倒駕。此過去正法，明如來，現前，觀世音菩薩之化迹也。惟佛法身，本離名相，然其應物，莫不現形，故有三十二應，普門示現也。奈衆生障重，既多欲而復多瞋。幸大士慈深，舒千手而張千眼，提携照顧，廣度凡愚，解難消灾，滅除困厄，齊蠲熱惱，普獲清凉，人人悟自在之音，個個入慈悲之境。弟子衆等久沐慈恩，常思上報，爲此，敬造末法衆生依怙最勝之大士千手千眼寶像一尊，永留本寺供養，聊表微誠，藉申宿願。亦俾農商侶至，睹之者生善而歸；漁獵人來，瞻之者斷惡而去。咸生歡喜之心，共植菩提之種，信士同修上善，貞珉并泐芳名。是爲記。

佛曆二五三七年歲次癸酉五月，公元一九九三年六月穀旦。

一三一　蓮山雙林禪寺修建牌樓半月池照壁碑

【碑刻名稱】蓮山雙林禪寺修建牌樓半月池照壁碑

【材　質】石材

【形　制】長方形立碑

【尺　寸】長二百一十七厘米、寬一百一十八厘米

【書　體】楷書

【碑　額】浮雕雙龍

【碑　題】蓮山雙林禪寺修建牌樓半月池照壁碑

【碑文撰者】無

【碑文書丹】許夢豐

【立 碑 者】雙林寺復原委員會

【立碑時間】二〇〇一

【存　佚】現存

【地　點】新加坡蓮山雙林禪寺

【碑刻録文】

蓮山雙林禪寺修建牌樓半月池照壁碑

宏觀飛鳳落原之地，端出聖明龍女送花之津，天假賢慧，怡山長慶，遠繼大潙宗風，石叻蓮峰，遥承百丈規誡。金人托夢布地，檀越劉公大德傳經，剋成雙林寶刹。寒来暑往，代有興樹琳宫；日居月諸，時至修營梵宇。厥有信士鍾金榜、鍾輝煌、鍾瓊林、鍾斌銓、鍾斌盛、鍾炯輝、鍾桑南、鍾桑榮諸昆仲，門承鍾鼎，族美珪璋，名望遍諸南洋，世禄聞於叻埠。勝緣具足，志慕良籌，爲報其先翁奕莊公之宏恩，遂率族衆喜捨净資，構建雙林牌樓、半月池及照壁，藉解脱之三門，求當来之妙果。願寶鐸恒摇，法輪常轉，慈風永扇，州邑甘露，普潤群生。今善業周圍，樓池輪象，福庭殊觀，畢現獅城。净域莊嚴，仁者施金之功德無量吉祥，宗族先親超升蓮邦極樂，子孫貴胄永享世代榮華。古德云：欲登菩提場，必由此門入。冀四達往来者，同沾法喜，共護壇場。是爲記。

佛曆二五四五年，公元二零零一年，歲次辛巳桂月穀旦，雙林寺復原委員會泐石，許夢豐敬書。

一三二　重修蓮山雙林禪寺二殿碑記

【碑刻名稱】重修蓮山雙林禪寺二殿碑記

【材　質】石材

【形　制】長方形立碑

【尺　寸】長二百一十七厘米、寬一百一十八厘米

【書　體】楷書

【碑　額】浮雕螭龍，篆題「蓮山雙林禪寺之碑」

【碑　題】重修蓮山雙林禪寺二殿碑記

【碑文撰者】吴立民

【碑文書丹】熊能祥

【立 碑 者】新加坡雙林寺復原委員會

【立碑時間】二〇〇一

【存　佚】現存

【地　點】新加坡蓮山雙林禪寺

【碑刻録文】

重修蓮山雙林禪寺二殿碑記

新加坡，位處歐亞交通中樞。開埠以來，商旅雲集，人文薈萃，多元民族建國，多元文化興邦。蓮山雙林寺，遠紹佛教文化之菁華，遥契中國傳統之精神，尤現華人文化之特色，爲獅城寺廟之典範。

星洲地接華南，華裔來自閩粤，其漢傳佛教亦多源於閩粤禪、净二宗。古刹雙林寺，薪傳福建怡山西禪寺法脉，開拓獅國第一禪宗叢林。福建叢林圭臬，福州西禪、福清萬福二寺，著名閩東；漳州南山、泉州開元，飲譽閩南。雙林寺總體布局，仿閩東叢林伽藍七堂之規模；單體風格，得閩南建築樣式之神髓。巧匠藝師，聘之閩粤；材物丹青，購於閩地。累世經營，體現南中國傳統建築之典雅優美。雙林寺既是古建典型，復爲第一叢林，是以政府列入國家古迹。

追溯禪寺之創建，因緣殊勝，不可思議。閩南僑領劉金榜及其子劉啓祥，均爲潛心學佛、樂善好施之居士。父子同夢海邊一片祥瑞之光，適逢福州怡山西禪寺賢慧禪師全家到臨，聯想須達多長者建祇洹精舍留佛故事，起念興建寺院供養禪師。劉氏父子遂倡建殿宇，獻地捐款，不遺餘力。大衆響應影從，共襄盛舉。一八九八年動工，歷十一載方告完成。緬懷世尊雙林示寂勝迹，佛陀遺教沾溉衆生，乃名爲蓮山雙林禪寺。於是恭迎賢慧禪師爲開山方丈。净土弘法，大衆共仰，百年叢林，禪燈高照，梵唱遐邇，法務興隆。

物换星移，時事多變，禪寺歷經三次修復，仍然難免頽相，亟需整修。我邦君子有鑒於此，遂於一九九一年組成雙林寺復原委員會，展開重修工程。從佛教歷史、建築藝術、文物保護、環境協調等領域，周密調查，精心研究，集思廣益，終於定案。然後鳩工庀材，落架大修，所有裝飾，載之記録，大小材料，存諸檔案，用以保留真相。於是據藍圖、循原貌，細心復護。更蒙檀越浄施，龍天護佑，復原得以順利開展。大雄寶殿、天王殿重修圓滿。閩粵建築風格賴以保存，中華叢林規模得以廣續。梵宇莊嚴，存古迹於獅國；雙林浄土，增勝景於蓮山。此後暮鼓晨鍾，警悟信衆；梵唱佛法，渡人迷津。傳釋迦之聖教，揚臨濟之宗風。常樂我浄，同圓種智。飲水思源，崇德報恩。如實叙述，以告來者。

佛曆二五四五年，歲次辛巳八月十八日，公元二零零一年十月四日，新加坡蓮山雙林寺復原委員會泐石。

一三三　新加坡蓮山雙林寺重修圓成匾

【碑刻名稱】新加坡蓮山雙林寺重修圓成匾
【材　　質】木材
【形　　制】長方形横匾
【尺　　寸】長四百三十厘米、寬九十厘米
【書　　體】題詞隸書，列名楷書
【碑　　額】無
【碑　　題】新加坡蓮山雙林寺重修圓成
【碑文撰者】無
【碑文書丹】無
【立 碑 者】世界佛教僧伽會等
【立碑時間】二〇〇一
【存　　佚】現存
【地　　點】新加坡蓮山雙林禪寺
【碑刻録文】

正法久住

新加坡蓮山雙林寺重修圓成，諸佛菩薩聖像開光志慶。

世界佛教僧伽會、香港佛教僧伽聯合會、大嶼山寶蓮禪寺、大嶼山寶林禪寺、大嶼山觀音寺、粉嶺觀宗寺、正覺蓮社、西方寺、妙法寺、天童寺、普門寺、鹿野苑、浄蓮精舍、天童精舍、楞嚴學處、古岩浄苑、志蓮浄苑、釋督梵、釋願炯、釋衍憨、余一德、泰孟瀟、許成彪；馬來西亞：釋寂晃、極樂寺、千佛寺、圓通寺、明覺蓮社、東蓮小築、居鑾三寶林、新山觀音堂、釋清亮、釋定發、釋妙清、釋智祥、釋能空、釋明空、釋弘源、釋唯心、釋日恒、釋唯悟、釋紹供、釋開界、釋當思、釋德念、釋聖慈；印尼：大叢山西禪寺、泗水曇香禪寺、侖里戒光禪寺、茂物普門寺、椰城法海寺、棉蘭西禪地藏寺、千佛寺、清音寺、關帝廟、寶蓮寺、先達廣福觀音寺、興福禪寺、萬隆協天宮、多答湖大叢山法禪寺、三板頭清山寺、洞天仙岩禪寺、南北廣化寺、合艾地藏林，同敬賀。

佛曆二五四五年八月十八日。

一三四　雙林寺重修落成志慶「華藏莊嚴」匾

【碑刻名稱】雙林寺重修落成志慶「華藏莊嚴」匾
【材　質】木材
【形　制】長方形横匾
【尺　寸】長四百三十厘米、寬九十厘米
【書　體】楷書
【碑　額】無
【碑　題】雙林寺重修落成志慶
【碑文撰者】無
【碑文書丹】海陵隆根
【立 碑 者】新加坡佛教總會等
【立碑時間】二〇〇一
【存　佚】現存
【地　點】新加坡蓮山雙林禪寺
【碑刻録文】

華藏莊嚴

佛元二五四五年夏曆八月十八日雙林寺重修落成志慶。
佛教總會、佛教施診所、佛教居士林、佛教青年弘法團、四馬路觀寺佛祖廟、正佛世界素食社、佛教碑韵文物閣、天笠山毗盧寺、新加坡靈峰般若佛堂、大悲佛教中心、海印寺佛覺院、廿九巷觀音宮、天壽空吕祖宮、南洋佛學書局、六和園素食館、如意素食中心、佛教廣化寺、護國金塔寺、大悲安老院、如切教音堂、般若念佛堂、中華佛教會、海印學佛會、觀音救苦會、净名佛學社、地藏行願會、少林國術總會、普覺禪寺、蓮池閣寺、龍華禪寺、海印古寺、海華禪寺、菩提佛院、福海禪院、菩提蘭若、愛道小苑、妙菩覺苑、福慧講堂、寶光佛堂、慧明講堂、法藏精舍、法喜精舍、蓮池精舍、佛光精舍、能仁精舍、慈净精舍、觀慈精舍、如是我聞、洛伽山莊、南海飛來、文珠中學、菩提學校、觀永貿易、普陀寺、普明寺、普濟寺、靈山寺、龍山寺、鳳山寺、觀音寺、大覺寺、正覺寺、香蓮寺、圓明寺、觀音山、自度庵、苦樂庵、福善庵、旃禮林、佛緑林、萬佛林、大悲院、菩提閣、三寶堂、天善堂、善福堂、善緑堂、坤德堂、天海堂、天祐堂、天德堂、法輪社、素食林、釋妙燈、釋性仁、釋妙華、釋法達、釋傳文、釋廣祥、釋宗一、釋妙基、釋法琿、釋圓振、釋妙尊、施龍現、鄭美容，同敬賀。
海陵隆根敬書。

一三五　惟儼大和尚榮任蓮山雙林寺方丈升座志慶「法輪常轉」匾

【碑刻名稱】惟儼大和尚榮任蓮山雙林寺方丈升座志慶「法輪常轉」匾

【材　　質】木材

【形　　制】長方形横匾

【尺　　寸】長二百五十厘米、寬八十五厘米

【書　　體】題詞隸書，列名楷書

【碑　　額】無

【碑　　題】法輪常轉

【碑文撰者】無

【碑文書丹】瑞龍

【立　碑　者】美國洛杉機海印寺等

【立碑時間】二〇〇三

【存　　佚】現存

【地　　點】新加坡蓮山雙林禪寺

【碑刻録文】

法輪常轉

惟儼大和尚榮任蓮山雙林寺方丈升座志慶。

瑞龍書。

美國：洛杉磯海印寺、三藩市慈恩寺、大覺蓮社、釋印海、釋聖雄；加拿大：湛山精舍、祇桓精舍、度母精舍；印尼：棉蘭關帝廟、寶蓮禪寺、先達觀音寺、興福禪寺、吧烟清音禪寺、三板頭清山禪寺，釋定海、釋定雄、釋達雄、釋學良；馬來西亞：佛教總會全體理事、檳城極樂禪寺、雙慶禪寺、竹林禪寺、梵音禪寺、香藏寺、玉佛寺、吉隆坡于佛寺、圓通寺、仙都觀音亭、萬勞萬佛寺、曇華苑、檀香基金會、大智圖書館、麻坡净業寺、吉打康寧寺、金馬侖三寶寺、新山慧林佛苑、加影東林小築、怡保東蓮小築、馬六甲明覺蓮社、居獲三寶林、新山觀音堂，同敬賀。

佛曆二五四七年十一月廿日。

一三六　惟儼大和尚榮任蓮山雙林寺方丈升座志慶「弘法利生」匾

【碑刻名稱】惟儼大和尚榮任蓮山雙林寺方丈升座志慶「弘法利生」匾

【材　　質】木材

【形　　制】長方形横匾

【尺　　寸】長二百五十厘米、寬八十五厘米

【書　　體】題詞篆書，列名楷書

【碑　　額】無

【碑　　題】弘法利生

【碑文撰者】無

【碑文書丹】瑞龍

【立　碑　者】香港釋覺光等

【立碑時間】二〇〇三

【存　　佚】現存

【地　　點】新加坡蓮山雙林禪寺

【碑刻録文】

弘法利生

惟儼大和尚榮任蓮山雙林寺方丈升座志慶。

瑞龍書。

香港：釋覺光、釋超塵、釋聖一、釋初慧、釋融靈、釋騰超、釋達道、釋永惺、釋了知、釋泉慧、釋智慧、釋健釗、釋妙光、釋妙忠、釋修智、釋願炯、釋果賢、釋果明、釋常覺、釋常義、釋净因、釋净雄、釋法亮、釋佛智、釋衍威、釋衍憨、釋衍嚴、釋宏勛、釋惟貞、釋惟積、釋惟徹、釋惟中、釋果德、釋心慧；馬來西亞：釋寂晃、釋清亮、釋定發、釋妙清、釋智祥、釋日恒、釋弘源、釋常恩、釋果華、釋紹供、釋傳超、釋成得、釋文賢、釋如慧、釋德念、釋妙勝，同敬賀。

佛曆二五四七年十一月廿日。

一三七　惟儼大和尚榮任蓮山雙林寺方丈升座志慶「續佛慧命」匾

【碑刻名稱】惟儼大和尚榮任蓮山雙林寺方丈升座志慶「續佛慧命」匾
【材　質】木材
【形　制】長方形横匾
【尺　寸】長二百五十厘米、寬八十五厘米
【書　體】題詞篆書，列名楷書
【碑　額】無
【碑　題】續佛慧命
【碑文撰者】無
【碑文書丹】瑞龍
【立　碑　者】菩提學校董事會等
【立碑時間】二〇〇三
【存　佚】現存
【地　點】新加坡蓮山雙林禪寺
【碑刻録文】

惟儼大和尚榮任蓮山雙林寺方丈升座志慶。

瑞龍書。

菩提學校董事會、菩提學校校友會、文殊中學董事會、大衆學佛研究會、南洋佛教雜志社、正佛世界素食社、佛教禪韵文物閣、長青私人有限公司、新加坡少林國術總會、少華山國術健身社、少雄山國術健身社、少衆山國術體育會、少竹山國術體育會、鴻閣素食館，釋隆根、釋性仁、釋妙燈、釋悟峰、釋妙華、釋宗聖、釋繼明、釋慧雄、釋宗一、釋廣品、釋達法、釋傳建、釋法達、釋法融、釋傳誼、釋真定、釋妙基、釋厚智、釋學航、釋繼光、釋普振、釋大振、釋圓振、釋恒男、釋繼聲、釋真圓、釋浩宇、釋慧遇、釋明彰、釋又明、釋一如、釋惟志、釋净潤、釋法權、釋普銓、釋能度、釋達仁、釋惟一、釋惟堅、釋惟圓、釋净聰、釋净燦、釋慧光、釋妙尊、釋嚴明、釋嚴偉、釋明量、釋真性、釋性善，同敬賀。

佛曆二五四七年十一月廿日。

一三八　吉隆楞伽山千佛寺碑記銅牌

【碑刻名稱】吉隆楞伽山千佛寺碑記銅牌

【材　質】銅材

【形　制】長方形横牌

【尺　寸】長一百零二厘米、寬七十六厘米

【書　體】楷書

【碑　額】無

【碑　題】吉隆楞伽山千佛寺碑記

【碑文撰者】閩侯劉孝祚

【碑文書丹】閩侯黄允中

【立 碑 者】吉隆楞伽山千佛寺住持

【立碑時間】民國二十五年（一九三六年）

【存　佚】現存

【地　點】馬來西亞吉隆坡楞伽山千佛寺

【碑刻録文】

吉隆楞伽山千佛寺碑記

近世佛法之弘敷，東漸南暨，日益昌明。挽劫運而振群迷，所以拯度衆生，誠有不可思議者。然猶賴佛子有戒行盛德，足以信悦檀越，而緻欽崇，則規復法幢，紹隆佛種，可後先媲美矣。香山開士觀修，自住持香港觀音山凌雲寺，重建大雄寶殿暨禪堂、地藏殿各工程，不辭勞瘁，卒使剎宇增輝，清規肅整。而弘願無已，飛錫南游，禮十地之名山，歷百城之參訪，隨方布教，説法應機。至吉隆楞伽山，見夫氣象雄奇，林木葱鬱，距兹勝景，運可鼎興。始莅之初，僅結茅蓬，聊蔽風雨。供奉觀音大士聖像，六時禮誦，一意精修。而善男信女來游覽者，咸以境地莊嚴，宜崇琳梵。乙亥春，有僑紳夫人等臨止，慨捨巨資，及善信捐助。在昔阿育女締構東川，須達多布金西域，有兹慧業，樂種福田。時有閩僧明妙，夙植靈根，涌泉受具，遍游海澨，净土皈誠，而律行深嚴，和合諧衆。遂舉明妙上人爲住持，與觀修開士同心黽勉，恢厥閎圖。倡建千佛寶殿，并七如來佛塔，旁及法堂、講堂、僧寮，上建地藏樓、養静樓，下爲天王殿、鍾鼓樓等。撥日披蒙，取局幽鍵，凌霄聳峙，聿奂丹青。經始於民國乙亥正月，越丙子季冬告成。勝緣普結，禮千佛之金經；功德難量，涌七僧之寶塔。非兩上人之戒行弘願仰契佛心，諸善信之欽悦護持闡揚聖教，曷克臻此！不朽盛業，將與楞伽山并壽千古。

民國廿五年丙子端陽，閩侯劉孝祚撰，閩侯黄允中書。

一三九　蓮林净院（蓮善堂）籌建融熙法師紀念塔捐緣銅牌

【碑刻名稱】蓮林净院（蓮善堂）籌建融熙法師紀念塔捐緣銅牌
【材　質】銅材
【形　制】長方形立牌
【尺　寸】長一百一十二厘米、寬五十六厘米
【書　體】楷書
【碑　額】無
【碑　題】籌建融熙法師紀念塔
【碑文撰者】無
【碑文書丹】無
【立 碑 者】蓮林净院釋蓮静
【立碑時間】一九六二
【存　佚】現存
【地　點】馬來西亞吉隆坡蓮林净院
【碑刻録文】

合共樂助工□銀伍佰捌拾元；廣藝良叁佰大元正；林星照、吕麗春、都鴻章遺産，各貳佰元正；永建築公司雲逢豪、龍學品共四拾元正；關星芳、謝鄧秀珍，各貳拾元正；蓮林净院釋蓮静敬送曠地一段四佰方尺；陳星達報效請柬四佰張；雲逢豪、龍學品報效黄泥貳拾貳車；陳少俠報效□椰樹四株；陳友報效井□鐵紙工料。

收支數列：進建塔銀四仟七佰四十叁元五角正，進建塔銘碑石銀伍佰八十元正，二條共銀伍仟叁佰貳拾叁元伍角正。

支灰砂磚石材料銀壹仟伍佰貳拾六元零貳分、支梁財建築工銀壹仟九佰貳拾七元正、支測量地圖劃仄共銀壹佰九拾元正、支胡漢記碑石塔銘工料銀伍佰四拾元正、支功德題名銅牌連鑲工料銀叁佰元正、支各項什用銀陸佰九拾伍元壹角正、支送蓮林净院香油銀壹佰貳拾五元叁角八分，柒條共銀伍仟叁佰貳拾叁元伍角正，收支相抵兩訖，倘有錯誤，希爲指示。

佛曆二仟五百零五年歲次辛丑孟秋元月吉日，門弟子等謹勒。

一四〇　蓮林净院（蓮善堂）修築紀念塔道路功德題名銅牌

【碑刻名稱】蓮林净院（蓮善堂）修築紀念塔道路功德題名銅牌
【材　質】銅材
【形　制】長方形立牌
【尺　寸】長一百一十八厘米、寬六十二厘米
【書　體】仿宋體
【碑　額】無
【碑　題】修築紀念塔道路功德題名
【碑文撰者】無
【碑文書丹】無
【立 碑 者】融熙法師門弟子等
【立碑時間】一九六二
【存　佚】現存
【地　點】馬來西亞吉隆坡蓮林净院
【碑刻録文】

修築紀念塔道路功德題名

尊稱恕略。

林星照捐銀貳佰元；馮耀祥、鄺藝良、龍裕源、黎星忠，以上各捐銀伍拾元；李占如捐銀肆拾元；梁金財捐銀叁拾元；楊星文、歐陽星義、岑星仁，以上各捐銀弍拾伍元；馮星容、黎光、李星煒、梁星祿、林文豹，以上各捐銀弍拾元；何星鑫、釋志航，各捐銀壹拾伍元；曾星嬌、廖星森、何星良、余星净、陳月娥、何星從、何勛、梁碧珊、譚斯忠、戴星滄、陳鳳惠、陳漢平、黃秀、謝星鎏、呂耀新、盧鴻植、陳恩、呂麗春、陳星炤、葉星芬、梁松柏、譚星薇、陳星達、蔡星容，以上各捐銀壹拾元；楊大省、區桂芳、吳星好、潘明炎、陳友、陸瓊玉、梁郭卿、梁焯桃、梁美儀、梁天池、張星棣、李澄江、廖一粟，以上各捐銀伍元；鍾星利、郭亞妹、雲星榮、李轉金、釋紹、釋晃、福勝堂、陸素玉，以上各捐銀三元；劉世根、釋敬真、何轉兒、星蓮、黃星嫦，以上各捐銀貳元；合共捐銀壹仟零壹拾四元正。

支付：梁才築路鑲銅牌工料銀玖佰元、生活電版公司製功德題名銅牌銀伍拾元、余天漢寫字筆金壹拾元，合共支付銀玖佰陸拾元正。除支存銀伍拾四元正，該銀撥去融熙法師遺著印刷費。

融熙法師門弟子等謹識，佛曆二千五百零六年歲次壬寅季春立。

一四一　曼谷永福寺重建珠志碑（華泰雙語）

【碑刻名稱】曼谷永福寺重建珠志碑（華泰雙語）

【材　質】石材

【形　制】長方形立碑

【尺　寸】長一百二十厘米、寬九十厘米

【書　體】隸書，泰文

【碑　額】無

【碑　題】重建珠志

【碑文撰者】永福寺值理住持□□達摩□真巴博仁□

【碑文書丹】無

【立 碑 者】永福寺住持等

【立碑時間】一九七五

【存　佚】現存

【地　點】泰國曼谷永福寺

【碑刻録文】

續行初祖，南渡來泰，發揚大乘，紹隆聖教，日益隆盛，開山本寺爲泰華宗首座佛寺。皇上大臣，商工黎民，咸恭照仰，五世皇陛下，特欽賜吉地，興建龍蓮寺，又蒙御封爲華宗尊長，從此尊長之職，傳至於今。但初祖圓寂後，繼□頽乏，寺務衰落，甚以本寺地出租建爲旅館，瞻觀所在，目睹心酸。現任華宗大尊長普公上師，恭發大願，重振宗風，興隆常住，於旅館租期滿後，即予收回。當此期間，關係復雜，層折無窮，困難爲甚，上師一一剋服，乃得如願，重修莊嚴。上師意志堅毅，畢生精力，興復經教，領導有方，宏迹騰輝，□業顯著，永垂不朽。祇恭略述，藉表志念焉。

永福寺值理住持□□達摩□真巴博仁□叩識，佛曆二五一八年歲次乙卯年吉月。

一四二　老撾萬象永珍善堂「八德全修」題辭

【碑刻名稱】老撾萬象永珍善堂「八德全修」題辭

【材　　質】紙質

【形　　制】長方形立牌

【尺　　寸】長六十八厘米、寬四十二厘米

【書　　體】楷書

【碑　　額】無

【碑　　題】無

【碑文撰者】無

【碑文書丹】無

【立　碑　者】老撾萬象永珍善堂

【立碑時間】不詳

【存　　佚】現存

【地　　點】老撾萬象永珍善堂

【碑刻録文】

八德全修善至誠，

仙界美境樂而登；
祖道古今人敬仰，
師尊指教謹守言。
永珍善堂。

一四三　老撾萬象永珍善堂「大德恩施」題辭

【碑刻名稱】老撾萬象永珍善堂「大德恩施」題辭
【材　質】紙質
【形　制】長方形立牌
【尺　寸】長六十八厘米、寬四十二厘米
【書　體】楷書
【碑　額】無
【碑　題】無
【碑文撰者】無
【碑文書丹】無
【立 碑 者】老撾萬象永珍善堂
【立碑時間】不詳
【存　佚】現存
【地　點】老撾萬象永珍善堂
【碑刻録文】

大德恩施惠貧黎，

峰植菩提蔭衆生；
佛光普照乾坤亮，
教導世民心向善。
永珍善堂。

一四四　老撾萬象永珍善堂「佛由心作」題辭

【碑刻名稱】老撾萬象永珍善堂「佛由心作」題辭
【材　質】紙質
【形　制】長方形立牌
【尺　寸】長六十八厘米、寬四十二厘米
【書　體】楷書
【碑　額】無
【碑　題】佛經警世
【碑文撰者】無
【碑文書丹】無
【立 碑 者】老撾萬象永珍善堂
【立碑時間】不詳
【存　佚】現存
【地　點】老撾萬象永珍善堂
【碑刻録文】

佛經警世

佛由心作，道由心學；
功由心修，德由心積；
福由心造，禍由心爲。
永珍善堂。

一四五　老撾萬象永珍善堂「弘揚中華文化」題辭

【碑刻名稱】老撾萬象永珍善堂弘揚中華文化題辭

【材　　質】紙質

【形　　制】長方形立牌

【尺　　寸】長六十八厘米、寬四十二厘米

【書　　體】楷書

【碑　　額】無

【碑　　題】無

【碑文撰者】無

【碑文書丹】無

【立 碑 者】老撾萬象永珍善堂

【立碑時間】不詳

【存　　佚】現存

【地　　點】老撾萬象永珍善堂

【碑刻録文】

弘揚中華文化，

提倡固有道德，
鼓勵忠孝節義，
啓發修身養性，
舉辦慈善事業。
永珍善堂。

一四六　老撾萬象永珍善堂「能忍能讓」題辭

【碑刻名稱】老撾萬象永珍善堂「能忍能讓」題辭
【材　質】紙質
【形　制】長方形立牌
【尺　寸】長六十八厘米、寬四十二厘米
【書　體】楷書
【碑　額】無
【碑　題】佛經警世
【碑文撰者】無
【碑文書丹】無
【立　碑　者】老撾萬象永珍善堂
【立碑時間】不詳
【存　佚】現存
【地　點】老撾萬象永珍善堂
【碑刻録文】

佛經警世

能忍能讓天賜福，
能饒能寬德自生；
爲善之家福報應，
回頭彼岸是天庭。
永珍善堂。

一四七　老撾萬象永珍善堂神誕節辰牌

【碑刻名稱】老撾萬象永珍善堂神誕節辰牌

【材　質】紙質

【形　制】長方形横牌

【尺　寸】長一百厘米、寬四十二厘米

【書　體】楷書

【碑　額】無

【碑　題】無

【碑文撰者】無

【碑文書丹】無

【立 碑 者】老撾萬象永珍善堂

【立碑時間】一九七四

【存　佚】現存

【地　點】老撾萬象永珍善堂

【碑刻録文】

正月初四日，衆神明回鑾；

正月初五日，宋大峰祖師開印吉日；
二月十九日，慈悲娘娘聖誕日；
三月廿三日，天后聖母聖誕日；
四月初八日，三千歲聖誕日；
四月十五日，漢鍾離祖師聖誕日；
四月十八日，華佗仙師聖誕日；
五月十三日，關平太子聖誕日；
六月十九日，慈悲娘娘聖誕日；
六月廿四日，關聖帝君聖誕日；
七月廿六日，永珍善堂周年紀念日（舉行儀式三天，廿四日儀式開始，廿五日早七時齋僧，廿六日下午二時普度）；
七月三十日，宋大峰祖師聖誕日；
八月初八日，八仙祖師過海吉日；
八月十八日，八仙祖師幽會聖日；
八月廿八日，八仙祖師宴會聖日；
九月初九日，九天玄女聖誕日、關聖帝君聖誕日；
九月十九日，慈悲娘娘聖誕日；
十月廿九日，宋大峰祖師成道吉日；
十月三十日，周倉將軍聖誕日；

十二月十六日，拜平安；

十二月廿四日，衆神明升天。

自十二月初辦理衆神明神袍，候至廿四日神明決定時間焚化；同時衆神爐金花紅綢全部換新。

甲寅年重書。

一四八　老撾萬象永珍善堂十八周年紀念題辭（一）

【碑刻名稱】老撾萬象永珍善堂十八周年紀念題辭（一）

【材　　質】紙質

【形　　制】長方形立牌

【尺　　寸】長六十八厘米、寬四十二厘米

【書　　體】楷書

【碑　　額】無

【碑　　題】無

【碑文撰者】永珍善堂總幹事楊金富

【碑文書丹】永珍善堂會計陳復厚

【立 碑 者】老撾萬象永珍善堂

【立碑時間】不詳

【存　　佚】現存

【地　　點】老撾萬象永珍善堂

【碑刻録文】

永珍善堂十八周年紀念

永修道德布施，普渡衆生歸極樂；
珍存良心濟世，渡己渡他超輪迴。
善哉回頭是岸，悔過愆尤成正覺；
堂友協同義舉，廣積陰功救苦難。
總幹事楊金富敬撰，會計陳復厚拜書。

一四九　老撾萬象永珍善堂十八周年紀念題辭（二）

【碑刻名稱】老撾萬象永珍善堂十八周年紀念題辭（二）

【材　質】紙質

【形　制】長方形立牌

【尺　寸】長六十八厘米、寬四十二厘米

【書　體】楷書

【碑　額】無

【碑　題】無

【碑文撰者】永珍善堂總幹事楊金富

【碑文書丹】永珍善堂會計陳復厚

【立 碑 者】老撾萬象永珍善堂

【立碑時間】不詳

【存　佚】現存

【地　點】老撾萬象永珍善堂

【碑刻録文】

永珍善堂十八周年紀念

永世修行忍辱，懺悔愆尤歸正道；
珍惜人生齋戒，誦經禮佛赴净土。
善哉慈悲爲懷，澤惠貧黎純博愛；
堂友忠誠盡職，常樂我净法斯仁。
總幹事楊金富敬撰，會計陳復厚拜書。

一五〇　老撾萬象永珍善堂十八周年紀念題辭（三）

【碑刻名稱】老撾萬象永珍善堂十八周年紀念題辭（三）
【材　　質】紙質
【形　　制】長方形立牌
【尺　　寸】長六十八厘米、寬四十二厘米
【書　　體】楷書
【碑　　額】無
【碑　　題】無
【碑文撰者】永珍善堂總幹事楊金富
【碑文書丹】永珍善堂會計陳復厚
【立　碑　者】老撾萬象永珍善堂
【立碑時間】不詳
【存　　佚】現存
【地　　點】老撾萬象永珍善堂
【碑刻録文】

永珍善堂十八周年紀念

永植菩提，廣蔭福緣修正果；
珍重品德，誦經禮佛種善根。
善心措事，爲衆服務應無私；
堂業繁多，協同群策立玄功。
總幹事楊金富敬撰，會計陳復厚拜書。

一五一　老撾萬象永珍善堂十八周年紀念題辭（四）

【碑刻名稱】老撾萬象永珍善堂十八周年紀念題辭（四）

【材　　質】紙質

【形　　制】長方形立牌

【尺　　寸】長六十八厘米、寬四十二厘米

【書　　體】楷書

【碑　　額】無

【碑　　題】無

【碑文撰者】永珍善堂總幹事楊金富

【碑文書丹】永珍善堂會計陳復厚

【立 碑 者】老撾萬象永珍善堂

【立碑時間】不詳

【存　　佚】現存

【地　　點】老撾萬象永珍善堂

【碑刻録文】

永珍善堂十八周年紀念

永積陰德，蔭子孫福壽綿長；
珍惜一生，勸修行齋戒誦經。
善緣廣結，應天心法輪常轉；
堂衆常臨，爲人道甘露頻施。

總幹事楊金富敬撰，會計陳復厚拜書。

一五二　老撾萬象永珍善堂「修善得安樂」題辭

【碑刻名稱】老撾萬象永珍善堂「修善得安樂」題辭
【材　　質】紙質
【形　　制】長方形立牌
【尺　　寸】長六十八厘米、寬四十二厘米
【書　　體】楷書
【碑　　額】無
【碑　　題】觀音菩薩警世
【碑文撰者】無
【碑文書丹】無
【立 碑 者】老撾萬象永珍善堂
【立碑時間】不詳
【存　　佚】現存
【地　　點】老撾萬象永珍善堂
【碑刻録文】

觀音菩薩警世

修善得安樂，
作惡受苦報。
一切善惡業，
皆是自己造。
永珍善堂。

一五三　老撾萬象永珍善堂簡介牌

【碑刻名稱】老撾萬象永珍善堂簡介牌
【材　質】紙質
【形　制】長方形横牌
【尺　寸】長九十厘米、寬六十厘米
【書　體】楷書
【碑　額】無
【碑　題】永珍善堂簡介
【碑文撰者】無
【碑文書丹】無
【立 碑 者】老撾萬象永珍善堂
【立碑時間】一九九七
【存　佚】現存
【地　點】老撾萬象永珍善堂
【碑刻録文】

永珍善堂簡介

六十年代位於市中區的義山，因社會發展需要搬遷，經廣大善信及泰國善信的協助，收集孤骨，先後兩次完成工作。當收孤功德圓滿後，鑒於須設立慈善機構爲廣大群衆服務，經大家醞釀，由當時中華會館慈善組的十八位善信作爲臨時理事人，負責組織創堂工作。在廣大善信的熱忱支持和扶助下，一九六七年八月在通刊堪路的簡單木屋創立了永珍善堂。

創業初期，一無所有，善堂也經歷了一番苦鬥的歷程。但獲廣大善信的支援，善堂的創辦得到了大的發展。原有舊地不能滿足需用，經廣大善信自願樂捐，點滴成流，七〇年集資購買了現址。同年將善堂遷來現址辦公。一九七三年八月十九日，在善信鄧頌鑫、羅瑶珍賢伉儷捐建的善堂主樓建成後，在永珍中華會館的領導下，正式成立了永珍善堂第一屆委員會，使善堂工作步入了正規化運行和管理的軌道。同年永珍善信及殷商又建贈後座四十間房，善堂千秋基業從此形成。九四年，萬象各階層善信及曾居萬象之海外善信集資捐建了大佛堂。九五年，善信鄧頌鑫先生又捐建了善堂主樓右側兩層樓衛生間。善堂又自籌資金補建了主樓左側的兩層樓衛生間和用房，使善堂布局趨於完善。爲擴大善堂的服務功能，創造觀光條件，九六年底善堂又着手新建齋堂和老人療養院，以逐步實現善堂原定之建堂規劃。

永珍善堂爲萬象中華理事會轄下的福利機構，系單獨的經濟核算單位。善堂現設有常委會進行日常工作的管理，常委會有正副主任、顧問、理事等義務工作人員五十多人，受薪工作人員十多人，大家分工合作，共同爲群衆服務。

善堂宗旨是實施人道，濟困濟貧。善堂的資金來源，全部爲各界善信資源捐獻。資金的使用，是按善信意願，用於施棺贈葬、施陰濟陽、救恤孤寡等方面。善堂之服務，爲向社會施棺，幫助喪家收殮治喪送葬等。善堂提供服務，不分國籍、界域、貧富，有求必應，先報先理。對社會遇有天灾人禍，善堂則量力給予救濟。從八十年代起，善堂收養了部分孤寡老人，新來謝世，互相交替。現住堂老小還有三十多位，他們在善堂過着普通的温飽生活，使小有所養，老有所歸。

善堂轄下，有華僑、鳳凰兩個山莊。山莊内設有甲、乙、丙及普通墓穴骨灰塔等，山莊按風水地理要求布局，牛眠福地，人杰地靈，供群衆選擇。

善堂每年都要舉辦年終謝神、拜平安、春節、周年施孤、普渡等大型祭祀活動。通過這些活動，增强僑胞之間交往和團結，從而發揚慎終追遠、不忘祖德的光榮傳統。廣大善信，同心向善，方有善堂善果業績，隨堂留芳。

一九九七年一月一日。

十五　弥勒佛

一五四　同善堂碑

【碑刻名稱】同善堂碑
【材　質】石材
【形　制】長方形立碑
【尺　寸】長一百六十五厘米、寬八十四厘米
【書　體】楷書
【碑　額】雙龍朝日
【碑　題】無
【碑文撰者】無
【碑文書丹】無

【立　碑　者】同善堂大總理陳錦祥等

【立碑時間】清光緒二十年（一八九四）

【存　　佚】現存

【地　　點】新加坡東陵同善堂

【碑刻録文】

大清光緒十年仲春之月吉，於石碑喜捐緣金標榜姓名開列廣種福田于左：

陳錦祥喜捐大銀柒佰伍拾員；宗源泰喜捐大銀柒佰員正；宋儀盛喜捐大銀貳佰壹拾員；無名氏喜捐大銀貳佰員正；陳振成喜捐大銀壹佰八拾員；林慶儀喜捐大銀壹佰二十四員；陳年盛喜捐大銀壹佰員正；振順公司喜捐大銀壹佰員正；宋洽摩喜捐大銀壹佰員正；無名氏喜捐大銀壹佰員正；萬豐號喜捐大銀柒拾員正；無名氏喜捐大銀六拾員正；陳豐興喜捐大銀六拾員正；許瑞霞喜捐大銀六拾員正；鴻源號喜捐大銀伍拾員正；無名氏喜捐大銀四拾員正；廖耀珍喜捐大銀四拾員正；李氏娘喜捐大銀四拾員正；豐發號喜捐大銀叁拾員正；香港元成喜捐大銀貳拾伍員；德源號喜捐大銀貳拾伍員；香港泰昌利喜捐大銀貳拾伍員；宗玉光喜捐大銀貳拾伍員；范生號喜捐大銀貳拾員正；山仰號喜捐大銀貳拾員正；曾芝奥喜捐大銀貳拾員正；永成號喜捐大銀貳拾員正；源和號喜捐大銀貳拾員正；順利公司喜捐大銀貳拾員正；許道林喜捐大銀貳拾員正；林珠娘喜捐大銀貳拾員正；黄氏娘喜捐大銀貳拾員正；梁鴻蘭喜捐大銀貳拾員正；李鈺瑞喜捐大銀貳拾員正；林氏娘喜捐大銀壹拾伍員；何向茂喜捐大銀壹拾伍員；無名氏喜捐大銀壹拾貳員；楊振福、薛順德、模生號、利記公司、萬安發、振源號、洪美福、怡源興、泰盛號、楊亞浩、蔡德豐、瑞昌號、恒春號、協安號、順和泰、裕成號、曾錦文、譚氏娘、陳金瑞、余威裕、合記公司、無名氏、德記號、朱桃娘、薛聯慶、陳瑞豐、陳明鍾、陳富珍、余氏娘、林德達、吴氏娘、黄月琴、彭順盛、吳義誠、蔡維本、隆源號、黃水霞、銘錢庄、楊氏娘、許學錦、曾秀華、邱金錫、陳氏娘、古時光、潘氏娘，以上合共四拾伍名，喜捐大銀拾員；陳濟峰、黃昔資、劉氏娘、陳氏娘、章氏娘，共伍名，每名各捐銀十員；王氏娘、無名氏、蔡林娘、無名氏、薛珍林，以上共伍名，每名題大銀八員；泰合號、無名氏、隆發號，以上共叁名，每名題大銀六員；楊潘氏、泰源號、陳文喜、林廣合、蕭祥英、邱鳳娘、保章英、黃文達、沈慶豐、玉龍雲、錦泰利、沈廣發、長春號、郭妙誠、陳氏娘、何龍瑕、洪豐吉、何保合、容峰號、林振與、陳炳成、吉發號、周月龍、宋振榮、宋振裕、陳裕成、曾氏娘、李氏娘、何江合、陳亞葉、悅來棧、和合號、陳氏娘、孫月枝、和發順、黃龍竈、薛氏娘、林英娘、陳必德、源美棧、黃蕊娘、楊悅盛，以上合共四拾貳名①，每名捐銀伍員；新榮利、曾氏娘、王氏娘、陳氏娘、許氏娘、利清泉、孫氏娘、楊氏娘、振興號、陳吉鴻、浴裕號、楊氏娘、黃振鎰、陳氏娘、鍾仲財，以上共拾伍名，每名捐銀四員；盧氏娘、陳亞發、陳經接，以上共三名，每名捐銀三員；陳明鏡喜捐大銀三員；高仕斗喜捐大銀三員；發興號、曾渭臣、陳佛貞、卓氏娘、周氏娘、陳沉娘、劉氏娘、許氏娘、楊氏娘、和瑞源、郭氏娘、曾喜合、宋氏娘、城錦發、陳氏娘、陳妙禮、林爲娘、林雲娘、陳壽娘、黃泰娘、許氏娘、品珍號、曾寶源、黃氏娘、孫氏娘、歸能號、源發號、協茂號、郭氏娘、洋泰號、楊氏娘、黃和成、吳賽枝、沈玉嬌、黃氏娘、范圓成、周菜根、謝合娘、林氏娘、利豐號、周春海、陳氏娘、謝氏娘、莊賽金、王氏娘、黃氏娘、陳順德、無名氏、陳長培、德成號、陳哲明、陳氏娘、吳氏娘、洪秀枝、謝鴻珍、德利號、利恒發、胡氏娘、永利成、孔氏娘、楊氏娘、陳孝茶、宋成順、林氏娘、莊賽珠、林氏娘、丰裕號、沈水鈞、宋坤木，以上六十九名，每名各捐銀貳員；周學友、林天龍、黃業鴻、高仕禮、許潭之、陳文利、

① 原碑文記爲「共四拾壹名」，實爲四拾貳名，徑改。

符大拔、林樹豐、高人爵、陳氏娘、謝亞橋、郭氏娘、洪氏娘、周學咸、鍾亞會、陳氏娘、曾氏娘、袁氏娘、盧氏娘，每名喜捐銀壹員。

觀音佛祖大陰陽。

以上一應合共二佰五十五名[①]，喜捐大銀四仟三佰乙十六元伍角。

竊思新嘉坡東龍山創建同善佛堂開基人馬純清立碑爲記，廟序本坡大千世界慈容覺開，各方年辰轉運，歲月更新，經商昌泰，財丁興旺，國泰民安，鑒上。

大總理：陳錦祥、錦協盛、佘源泰、振順公司、林慶善、宋儀盛；值事人：佘懷亮、佘懷忠、林慶儀、黃永富、馬純清。

一　計買地基大銀壹佰伍十元。
一　計造佛像合共大銀二佰二十四元五角。
一　計開地平費用大銀乙佰二十元〇九占。
一　計做床已龕什物大銀二佰二十八元。
一　計建厝身連包工料大銀二仟九佰〇一元二角九占。
一　計買枋料合共大銀伍十伍元柒角伍占。
一　計油漆合共大銀三佰八十四元。

---

① 原碑文記爲「合共一佰四十四名」，實爲二佰五十五名，徑改。

一　計堂內買什物大銀二佰玖拾八元二角四占。

通共八條費用便出大銀伍仟伍十二元六角六占正。

同善佛堂開列等諸位商翁信女祀站堂中長生祿位，永遠功德無量無邊創立。

一五五　同善堂衆善信喜捐緣金碑

【碑刻名稱】同善堂衆善信喜捐緣金碑
【材　　質】石材
【形　　制】長方形立碑
【尺　　寸】長一百六十五厘米、寬八十四厘米
【書　　體】楷書
【碑　　額】雙龍朝日
【碑　　題】無
【碑文撰者】無
【碑文書丹】無
【立 碑 者】同善堂大總理振順公司董事人佘懷亮等
【立碑時間】清光緒二十四年（一八九八）
【存　　佚】現存
【地　　點】新加坡東陵同善堂
【碑刻録文】

大清光緒貳拾肆年仲冬之月吉，衆善信喜捐緣金姓名開列標榜於石牌（廣種福田，萬古流芳）

佘懷亮喜捐銀壹仟貳佰元；陳振成公司喜捐銀壹仟元；謝龍砂喜捐銀肆百二十二元；黃祥達喜捐銀叁百大元；楊協源喜捐銀叁百大元；龔振源喜捐銀叁百大元；林長禧喜捐銀壹百二十六元；謝佛愛喜捐銀壹百大元；林慶儀喜捐銀壹百大元；佘振興喜捐銀壹百大元；宋儀盛喜捐銀壹百大元；蔡德豐喜捐銀陸拾大元；陳嬌娘喜捐銀伍拾大元；王坤基喜捐銀伍拾大元；沈榮發喜捐銀伍拾大元；王和豐喜捐銀肆拾大元；永順泰喜捐銀肆拾大元；陳和興喜捐銀肆拾大元；貴恰成喜捐銀肆拾大元；佘振泰喜捐銀肆拾大元；振榮豐喜捐銀肆拾大元；源和成喜捐銀肆拾大元；陳謙和喜捐銀肆拾大元；金德泰喜捐銀叁拾大元；黃福盛喜捐銀叁拾大元；佘金泰喜捐銀叁拾大元；佘延合喜捐銀叁拾大元；黃慣記喜捐銀叁拾大元；源盛昌喜捐銀貳拾伍元；張源和喜捐銀貳拾伍元；萬福源喜捐銀貳拾伍元；黃枝娘喜捐銀貳拾伍元；蔡慶池喜捐銀貳拾肆元；振成棧喜捐銀貳拾肆元；陳謙豐喜捐銀貳拾大元；萬利豐喜捐銀貳拾大元；永泰號喜捐銀貳拾大元；陳謙隆喜捐銀貳拾大元；源和號喜捐銀貳拾大元；山仰號喜捐銀貳拾大元；范合號喜捐銀貳拾大元；張豐源喜捐銀貳拾大元；佘振吉喜捐銀貳拾大元；陳宜豐喜捐銀貳拾大元；陳宜隆喜捐銀貳拾元；振利號喜捐銀貳拾元；曾德興喜捐銀貳拾元；陳德基喜捐銀貳拾元；翁德英喜捐銀貳拾元；福裕號喜捐銀貳拾元；楊玉娘喜捐銀拾伍元；笑盛號、卓接娘、宋枝娘、潘悟亭、鍾和成、王林氏、佘財裕、宋金水、李芳合、李閏娘、黃君新、李文玉、周鳳娘、忠成號、成興號、蕭鏗庶、沈氏娘、梁增麟、陳佘氏、陳氏娘、陳楊氏、滋德號、蔡安水、林德德、佘財合、蔡桂記、老萬成、潘潮合、古氏娘、和裕興、周氏娘、佘歸豐、洪玉和、盛合號、萬裕號、陳謙裕、沈英合，三十七名每名捐銀壹拾元；洪氏娘喜捐銀捌大元；佘劉氏、李克明、沈萬順、邱楊氏、沈和芳、陳兩順、吴存利，每名捐銀陸元；陳淡泉、合後號、陳炳芳、曾陳氏、成春號、陳興盛、謝自境、芳茂號、林清輝、謝变親、謝合娘、許李氏、黃孫氏、王君珠、長春號、楊龍娘、陳禎美、陳水娘、陳禎祥、陳利成、陳氏娘、何氏娘，每名捐銀伍元；劉潘氏、黃惜娘、林沈氏、口盛號、沈氏娘、歐氏娘、萬豐棧、陳桂合、廣合號、林氏娘、陳玉英、佘孫氏、陳瑞平、黄泰茂、和興號、潘氏娘、曾氏娘、吴氏娘、謝氏娘、林玉鳳、蔡必海、佘進謙、江氏娘、郭廷森，貳拾肆名每名捐肆元；許寶陽、黄春生、林林榮朗、梁龍娘、陳順祥、蔡文魁、胡朝福、陳英利、陳美興、炳利棧、陳金忠、許連汶、宋廣源、德興號、林錦德、胡順琴、黄春茂、歐陽源、馬米義、裕成號、林成興、佘長烈、蔡和興、姚永禄、乾利號，每名捐銀叁元；王源發、黄永捷、周如切、恒興號、龔漢忠、許瑞東、廣和昌、協成發、洪泰榮、佘亞鉀、榮興隆、南興號、佘敬標、張如香、源通號、陳潘氏、薛義吉、城記號、陳章氏、李桂娘、孔明齋、黄恭娘、陳杏娘、陳沈氏、林李氏、德勝魂、李氏娘、鄒錦德、和液號、廖陳氏、何氏娘、陳英娘、林玉蓮、陳心德、謝佛欲、陳備李、陳程英、李林氏、楊富堅、楊江娘、陳雪河、陳金水、曾氏娘、吴芝娘、楊素賢、林吴氏、陳忠發、許學處、劉鄭氏、佘林氏、陳忠如、邱李溥、林陳氏、豐發口、林鳳娘、萬興號、蔡雪娘、恒成號、林明風、張陳氏、李氏娘、蔡玉蓮、黄芝娘、林氏娘、楊氏娘、謝氏娘，陸拾陸名各捐銀貳元；許新娘、洪氏娘、謝安娘、吴米娘、薛義金、蕭叻金、李坤龍、陳振章、王山林、陳金雲、陳金利、謝朱友、陳添喜、陳德宫、林合娘、蔡氏娘、王信士、吴明暗、李月娘、黄止娘、邱層印、許萬珠、邱宋娘、邱容行、佘美貞、袁水娘、孫開笑、蔡氏娘、佘林氏、陳長林、黄發娘、陳氏娘、蔡明德、沈大娘、洪良娘，叁拾伍名每名捐銀壹元。

一應總共貳百陸拾捌名，計捐銀陸仟零柒拾捌元正。

開基人馬純清立牌爲記。

蓋自天地生人以來主立德，其次莫於立功，歷萬年而能樂善不倦，天之報施定然清爽。且恩天公思壇廟宇慈容覺開，國泰民安；本坡大千世界各方年辰轉運，經商昌泰，財丁興旺，福壽綿長矣。

大總理：振順公司、陳錦祥、宋儀盛、龔振源、佘源泰、林慶善、陳振成、謝仍發；董事人：佘懷亮、佘懷忠、宋基金、謝龍砂、林慶儀、宋基連、黃祥達、蔡慶池。

一　計木工甜果哖玉甲柴花芉什柴共銀叁佰伍拾貳元。

一　計慶工確无沙石連工色料共銀貳仟伍佰叁拾貳元。

一　計天恩公法相并神像什物工料共銀□仟元。

一　計油漆全座連工色料共銀伍佰陆拾陸元貳角。

一　計買銅鐵器并車稅石牌同共銀□□□□玖佰貳拾壹元；

以上五條合共使費出銀陸仟零陆拾陸元叁角壹占。

同善堂將各方商翁衆等諸位善男信女開列祀跕堂中長生禄位，永遠功德無量無邊創建。

一五六　同善堂重整觀音佛祖等佛像碑

【碑刻名稱】同善堂重整觀音佛祖等佛像碑
【材　質】石材
【形　制】長方形立碑
【尺　寸】長一百六十五厘米、寬八十四厘米
【書　體】隸書
【碑　額】雙龍朝日
【碑　題】無
【碑文撰者】無
【碑文書丹】無
【立　碑　者】同善堂開基人馬純清
【立碑時間】清光緒三十年（一九〇四）
【存　佚】現存
【地　點】新加坡東陵同善堂
【碑刻録文】

大清光緒三十年歲次甲辰季秋之月吉立，衆善信喜捐緣金姓名開列標榜於石牌（廣種福田，萬古流芳）

宗懷亮喜捐緣銀叁仟元；宋基金喜捐緣銀壹仟零四十五元；無名氏喜捐緣銀捌佰元；宗振興喜捐緣銀伍佰六十元；陳賢英喜捐緣銀伍佰五十元；陳青霓喜捐緣銀伍佰元；仍豐號喜捐緣銀肆佰元；陳振峰喜捐緣銀叁佰三十八元；王君子喜捐緣銀叁佰元；蔡三重喜捐緣銀貳佰元；王金田喜捐緣銀貳佰元；郭祥源喜捐緣銀貳佰元；源和成喜捐緣銀壹佰五十元；李世娘喜捐緣銀壹佰五十元；宋金榜喜捐緣銀壹佰三十元；列金榜喜捐緣銀壹佰二十元；黃文臣喜捐緣銀壹佰二十元；蔡四端喜捐緣銀壹佰一十元；源發棧喜捐緣銀壹佰元；榮豐號喜捐緣銀壹佰元；李深見喜捐緣銀壹佰元；豐福號喜捐緣銀壹佰元；吴裕琴喜捐緣銀壹佰元；宋振鏞喜捐緣銀壹佰元；宋洽峰喜捐緣銀壹佰元；陳門李氏捐緣銀壹佰元；李氏娘喜捐緣銀壹佰元；林真祥喜捐緣銀壹佰元；陳豐興喜捐緣銀八十四元；楊吉成喜捐緣銀六十元；王坤喜捐緣銀五十五元；錦茂號喜捐緣銀五十元；李德樹喜捐緣銀五十元；李錫琅喜捐緣銀五十元；許聯義喜捐緣銀五十元；黃長娇喜捐緣銀五十元；黃佳祥喜捐緣銀四十元；邱戍娘喜捐緣銀三十五元；李阿初、葉天生、黎氏娘、陳氏娘，以上四名每名喜捐緣銀貳拾五元；成利興、淑源號、黃瑞源、黃柏福、源和號、成興號、豐裕號、鄭清花、林順斐、陳心倍，以上十名每名喜捐緣銀二十元；吉名氏喜捐緣銀拾七元；添順豐喜捐緣銀拾五元；福昌號喜捐緣銀拾五元；林氏娘喜捐緣銀拾五元；盧萬□喜捐緣銀拾四元；宗應林、福茂號、永利成、林天德、振成號、宋連娇、炳利號、王坤琦、振源號、盧氏娘、泰裕昌、邱陸娘，以上一十二名，每名喜捐銀拾元；傅長榮、方未芳、王三龍、楊慶全、黃景源、王聚秀、黃六文、關氏娘、潘氏娘，以上九名每名喜捐緣銀拾元；餘外合共六十九名，喜捐緣銀共叁佰叁拾元；以上暨合共壹佰伍拾壹名，喜捐來緣銀合共壹萬壹仟伍佰貳拾柒元正。

計買右邊空地大銀貳仟玖佰四拾元正；整一暨木料紅磚灰沙土石以及牛計修車稅油漆灰工柴工并內外達近合共費出大銀壹萬七仟八佰八拾〇一角；合共貳條開用費出去大銀貳萬零八佰貳拾五元壹角。再計馬純清自己手賣去嗚哩沙律空地一遍大銀陸仟元正。
大總理：振順公司、陳錦祥、佘源奉、林慶善、宋儀盛；董事人：佘懷忠、佘懷亮、馬純清。
重整觀音佛祖大陰陽、十八羅漢；廟序本坡大千世界萬容覺開，各方年辰轉運，歲月更新，經商昌泰，財丁興旺，國泰民安，福壽綿長。開基人馬純清立碑爲記，重修同善佛堂。
茲將各方商翁善男信女衆等開列標榜於祀跕堂中長生祿位，永遠功德無量無邊。
創立。

一五七　重修同善堂碑記（一九一九年）

【碑刻名稱】重修同善堂碑記
【材　　質】石材
【形　　制】長方形立碑
【尺　　寸】長一百七十二厘米、寬七十七厘米
【書　　體】楷書
【碑　　額】雙龍朝日
【碑　　題】重修同善堂碑記
【碑文撰者】無
【碑文書丹】無
【立　碑　者】同善堂主持馬純清等
【立碑時間】民國八年（一九一九）
【存　　佚】現存
【地　　點】新加坡東陵同善堂
【碑刻録文】

重修同善堂碑記

中華民國八年歲次己未六月吉旦興工重修本堂，兹將衆善信樂助緣金芳名開列于左：

本堂主持：馬純清。大總理：王長順、阮添成、方慶成。大協理：葉耀德、陳清鋭、陳振武、盧克千、謝德財、宗源泰、戴元吉、林慶善。

王長順喜捐銀陸百九十叁員壹角五，又送鐵通壹條；陳清鋭喜捐銀貳仟員；戴元吉喜捐銀貳仟員；謝德財喜捐銀壹仟員；波泰宗應盛喜捐銀壹仟員；鄭雨生喜捐銀伍百五拾員；盧克千喜捐銀五百員；傅清池喜捐銀五百員；□善林振益喜捐銀五百員；陳振武喜捐銀五百員；宗萬成喜捐銀五百員；宋月娘喜捐銀五百員；黄通寶喜捐銀五百員；方淵象喜捐銀五百員；陳德全喜捐銀五百員；陳春德喜捐銀叁百員；陳德枝喜捐銀叁百員；陳金河喜捐銀叁百員；陳貴華喜捐銀貳百五十員；阮添成喜捐銀貳佰員；吴克儉喜捐銀貳百員；楊昭河喜捐銀貳百員；葉耀德喜捐銀貳百員；阮添鉛喜捐銀貳百員；陳鴻池喜捐銀貳百員；宗門陳氏喜捐銀貳百員；陳春喜喜捐銀貳百員；許子枝、陳貴連、王水斗、德裕號、黄潤明、林秉祥夫人、王坤吉、陳四美、林瑞源、郭明秋、謝豐和、朱門馬燕娘、謝德海、王君子、宗應琳、李深見、陳興誼、黄慶和、洪志成、林育光、萬德豐、曾生茂、黄禄金、興發公司陳福茂，以上貳十四名各喜捐銀壹百大員；振源興喜捐銀捌拾員；鄭金炎、陳連清、吴兄弟、陳門宗氏、鳴順盛、吴祥發、宗万孚、宗慶謹、黄豐記、許宗宫、黄永清、林紹裘、楊昭炎、和豐輪船公司、黄振源、鄭永隆、源順豐、再興陳長、葉玉桑、顏克莊、蘇淑蓮、陳珍娘、馮士、王順智、王門周清彪，以上貳十五名各喜捐銀五十大員；曾錦順、劉門宗氏、陳門許氏、陳門楊氏、陳門柯氏、沈嘉雙，以上六名各喜捐銀四拾大員；盧源泉、嘉豐號、佘應璋、陳門佘氏、潘宗珍、陳雲祥，以上六名各喜捐銀三十大員；紅毛人峇道路耳喜捐銀貳拾五員；陳文泰喜捐銀貳拾五大員；謝德明、萬成順、黃萬興、郭联裕、存利棧、劉炳安、吳祥和、劉和美、黃山珍、林和發興、應吉奶、榮源號、黃沙吟、張玉水、潮源泰、新萬成、萬裕興、侯順昌、柯金福、邱門朱氏、邱武藝、蔡金鼎、劉炳南、裕慶、佘慶堅、佘應光、趙門陳氏、陳門黃氏、黃坤錡、呂友經、朱鳳池、陳坤鎮、陳源成、蔡門朱金嬌、黎淍生、孟碩玉、林蓮妹、憶立似，以上共三十八名各喜捐銀貳拾元正；紀氏壽坤喜捐銀壹拾四員；陳成宗、盧廷興、存振成、福安號、萬德昌、新萬昌、振發興、謝成河、劉炳松、謝清江、黃德泰、慶俄、萬利豐、利源號、永生元、恒成棧、成昌號、永振豐、李錦財、振利興、新興號、新萬興、榮昌號、恒順成、護昌號、信盛號、楊慶全、劉金爐、黃穆淵、林清江、王合慶、黃清娟、商業號、協得號、炳如、李捷錦、德裕興、榮豐關氏、源春號、謝門劉氏、侯福山、劉門陳氏、馮清吉、曹新興、叶東昌、郭門鈺英、永南成、黃清建、邱漢標、唐氏、陳清培、李門郭氏、永盛興、徐音服、林秉來、葉清水、甘蜜公司、陳來昌、柯萬順、洵成號，以上共六十名各喜捐銀壹拾大員；吳榮成喜捐銀捌員；佘應東喜捐銀陸員；金和美喜捐銀陸員；益隆號、葉源隆、蕭火炎、林源成、曾紀成、盧里宜、洪振盛、楊金鋪、霍金全、蔡仁如、春和號、許東元、林春芳、合祥泰、佘昭業、洪德興、許金龍、陳永昌、傅和淑，振祥興、新萬發、馬錫榮、萬發成、林添壽、張秀蘭、蕭清波、通合、林瑞文、蔡文安、文盛印務公司、盛合號、陳士榜、利豐號、蔡源泉、添俄、茂隆號、楊六便、蕭壽嵩、許高升、泰祥號、姚兆元、蔡登科、霍華森、吳合念、佘應南、陳恩德、陳門李氏、蘇門葉氏、李柏福、何順豐、陳金豐、張明錦、蘇順隆，以上共五十三名各喜捐銀伍大員；洪仁衡、郭門生、吳門佘氏，以上三名各喜捐銀四員；陳成發、蔡來福、林開春、許金林、許總紀、劉氏，以上六名各喜捐銀三員；曾永合、萬發利、楊禄三、吳氏、佘氏、蔡氏、阿嬌、韋良、吳門灶明、陳有興、吳照明、彭秀珍、吳平興、楊明經、曾氏財發、劉門李氏、歐門林氏、歐門黃氏、李門鍾氏、韓興準，以上共貳十名各喜捐銀貳大員；何登雲、周燕娟、王祈壽、劉榮豐、陳好雲、阿堅、謝門陳氏、黃氏、陳氏女、劉門曾氏、楊門陳氏、無名氏二名，以上共十四名各喜捐銀壹員。中華民國己未年六月興工重修本堂，衆善信捐題緣銀乙應合總共收來大銀貳拾叁千叁百壹拾壹元四角。

玆將重修本堂工料費用登明于左：

一　付辦買一切材木料押搭合總共大銀叁千七百零貳元九角九占。

一　付辦買灰磚瓦沙石合總共大銀叁千六百貳拾元零叁角九占。

一　付木匠工泥水工小工車租辛金各總共大銀八千壹百四拾七元零三占。

一　付金漆油色料連工金合總共大銀貳千叁百零零貳角四占。

一　付裝佛神像金漆色料連工金各共大銀叁千五百壹拾六元四角九。

一　付辦買鐵器砂玻璃雜物費用合總共大銀壹千四百貳拾四元乙角八占。

以上六條合總共乙應付出大銀貳拾貳千九百乙拾乙元叁角貳。

乙暨總收來緣銀除抵後仍存大銀六百大元零零八占歸入本堂爲奉神油香。

中華民國庚申年冬月吉旦，主持人馬純清謹啓。

一五八　重修同善堂碑記（一九九五年）

【碑刻名稱】重修同善堂碑記
【材　質】銅材
【形　制】長方形立牌
【尺　寸】長一百四十五厘米、寬六十五厘米
【書　體】楷書
【碑　額】無
【碑　題】無
【碑文撰者】無
【碑文書丹】無
【立 碑 者】同善堂大總理陳錦祥等
【立碑時間】一九九五
【存　佚】現存
【地　點】新加坡東陵同善堂
【碑刻録文】

重修同善堂碑記

公元一九九〇年興工重修本堂，兹將衆善信樂助緣金芳名開列于左：

KHOO TECK PUAT、MARIE KHOO、ERIC KHOO、MAVIS KHOO OEI、EL I ZABETH KHOO、ESTATE OF CHEE、CHEE SWEE CHENG、郭芳楓、何心明、張泗川、張昌隆、羅振春、如切觀音堂、九龍宫、林和、蔡宏達、翁文輝、符碧娥、嚴崇漢、鄭瑞琴、蔡文安、楊子本、李麗瓊、鄭亮、陳月捐、葉美皇、郭亮新、黃美珠、何鉅、周秀容、蔡延丰、徐福成、PSL、符太豪、藍仁昌、林維妮、SHARON QUEK、方惠生、吴珠官、蘇秀雲、王書權、王任亮、蘇小堡、王紹成、游滄洲、任茂霖、張淑珍、李强義、賴玉蘭、鄭南洋、林雨青、陳文治、許伍娘、張文良、蔣正美、朱賽風、杜貴珍、莊炳順、陳錫財。

公元一九九五年夏月吉旦立，同善堂主持人林和暨信托人柳添梅、張天發、冼福全、李進發謹啓。

十六　觀音菩薩

一五九　青雲亭甲必丹李公濟博懋勛頌德碑

【碑刻名稱】青雲亭甲必丹李公濟博懋勛頌德碑

【材　質】石材

【形　制】長方形立碑

【尺　寸】長一百六十八厘米、寬八十二厘米

【書　體】楷書

【碑　額】雙龍朝日

【碑　題】甲必丹李公濟博懋勛頌德碑

【碑文撰者】無

【碑文書丹】無

【立 碑 者】青雲亭林芳開等
【立碑時間】清康熙二十四年（一六八五）
【存　　佚】現存
【地　　點】馬來西亞馬六甲青雲亭
【碑刻録文】

甲必丹李公濟博懋勛頌德碑

公諱爲經，别號君常，銀同之鷺江人也。因明季國祚滄桑，遂航海而南行。懸車此國，領袖澄清。保障著勛，斯土是慶。撫綏寬慈，饑溺是兢。捐金置地，澤及幽冥。休休有容，蕩蕩無名，用勒片石，垂芳永永。

林芳開、陳王豪、洪盤庚、曾是賢、李弘錫、林中秀、黄顯春、吴賨、龔偉、曾新穎、曾廷錦、徐德勝、謝士俊、黄光福、周冬、鄭登貴、鄭偉蕚、曾朝、丘兆奇、曾寅、鄭士杰、康待、張沛、李長茂、陳珀、曾欽讓、王全、黄國球、陳元魁、陳鑒、林瑞墀、陳瑞鴻、陳敬瑞、黄士、鄭全吉、林惠、曾繼榮，時龍飛乙丑年月日穀旦，同勒石。

一六〇　青雲亭大功德主曾公頌祝碑

【碑刻名稱】青雲亭大功德主曾公頌祝碑
【材　　質】石材
【形　　制】長方形立碑
【尺　　寸】長二百一十六厘米、寬八十八厘米
【書　　體】楷書
【碑　　額】曾公德頌碑
【碑　　題】大功德主曾公頌祝碑
【碑文撰者】賜進士吏部觀政年家眷弟陳大賓
【碑文書丹】無
【立 碑 者】青雲亭蔡期昌、郭士俊等
【立碑時間】清康熙四十五年（一七〇六）
【存　　佚】現存
【地　　點】馬來西亞馬六甲青雲亭
【碑刻録文】

聞之乾父坤母，人生其間，胞與相屬，所謂仁也。世之乘權利濟者無論已。次則輕財樂施、拯危救國，苟存心於愛物，于事必有所濟，又何間乎州閭與四裔也！晚近世風少偷矣。以余所聞，曾公有足稱者。公諱其祿，號耀及，吾同之鷺島曾家灣人也。邑距島尚一水，余未熟悉公之生平。客自甲來者，沐其惠，思垂永久，求所以文之，因具爲余言。公少有大志，卓犖不群，遭滄桑，故避地甲邦，解紛息争，咸取平焉，以故華裔樂就之。遂秉甲政，章程規畫，動有成績，未易更僕數。請言其加惠我人者：我人之流寓于甲也，或善賈而囊空，則資之財；或務農而室罄，則勸之力；或賭博而忘反，則設禁爲之防；或死喪而無依，則買山爲之葬。至于甲爲西洋所經，舟楫往來，不苛其征，商旅説而出其塗，東西朔南暨矣，寧特吾鄉戚屬爲然哉。余聞之瞿然曰：「有是哉，公之仁也！夫仁者必有壽。」客從而祝曰：「願公飲食宴衎，萬壽無疆。」且仁者必有後，客又祝曰：「願公芝蘭挺秀，奕葉蟬貂。」余笑而應之曰：「此皆公之仁所取之若券者，何足以頌公。然吾得子之言，而知公之德而入人深矣。因紀之付於貞珉，以傳於後，俾旅斯土者，咸以爲勸云。」

賜進士吏部觀政年家眷弟陳大賓頓首拜撰。

蔡期昌、郭士俊、林中萃、趙時、郭天柱、吴維聰、辛廷機、林元仁、黄肇瑞、張惠連、陳瑞完、吴廷麟、曾以忠、黄愈、陳開霽、郭維誠、吴協觀、謝鴻漸、吴時恩、曾立博、僧真輝、鄭際龍、曾繼棨、曾文定、楊廷撰、陳世相、曾經國、陳戀玉仝立。龍飛歲在丙戌臘月穀旦。

一六一　重興青雲亭碑記

【碑刻名稱】重興青雲亭碑記
【材　質】石材
【形　制】長方形立碑
【尺　寸】長一百八十厘米、寬六十八厘米
【書　體】楷書
【碑　額】無
【碑　題】重興青雲亭碑記
【碑文撰者】信士邱華金
【碑文書丹】無
【立 碑 者】甲必丹蔡士章等
【立碑時間】清嘉慶六年（一八〇一）
【存　佚】現存
【地　點】馬來西亞馬六甲青雲亭
【碑刻録文】

重興青雲亭碑記

青雲亭何爲而作也？蓋自吾儕行貨爲商，不憚逾河蹈海來游此邦，争希陶猗，其志可謂高矣。而所賴清晏呈祥，得占大川利涉者，莫非神佛有默佑焉？此亭之興，所由來矣。且夫亭之興，以表佛之靈；而亭之名，以勵人之志。吾想夫通貨積財，應自始有，而臻富有莫大之崇高，有凌霄直上之勢，如青雲之得路焉，獲利固無兼於得名也。故額斯亭曰「青雲亭」。獨是作於前者，既有吉士，而修於後者，寧無偉人？歷歲月之久遠，蠹朽堪虞；經風雨之飄飄，傾頽可慮。覧斯亭也，未始不觸目興懷，徘徊而浩嘆者矣！幸也而有甲必丹大蔡諱士章在，慨然首倡，爰督同海關諸同人等，議舉重修，擇吉興工，不數旬而告竣。噫！微斯人，而青雲亭何由儼然巨觀也哉！甲必丹大誠哉，其英偉人也！不惜重貲鼎力議舉，勞心神以董勸，而經始成終。後之覧斯亭者，能不幸然高望，追念舊宇之所由新，而相與仰慕夫甲必丹大蔡君等之共樂修此亭耶！宜乎神默而佑之，人頌而美之。自此議問宣昭，將與青雲亭并垂不朽也已。於是乎記。

海關公司開列芳名：

甲必丹大蔡諱士章、邱諧觀、李侃觀、蘇隆盛、邱賞觀、何要觀、邱猛觀、陳賜福、厦門合成洋行題進來鵤、蔡棟觀交金壹百員；船主葉和觀捐金壹百員；葉底觀捐金叁拾員；陳沛觀、陳三全、陳長觀，各捐金貳拾元；張佛觀捐金拾貳元；板主林桂觀捐金拾大元；曾壹觀、邱允漏、蔡瑞富、邱俊明、謝通喜、許士觀、李管觀、蔡梅觀、曾模觀、李昂觀，各捐金拾元。

時龍飛辛酉年月日信士邱華金敬撰。

僧悦成。

一六二　青雲亭李士堅配享木牌

【碑刻名稱】青雲亭李士堅配享木牌
【材　質】木材
【形　制】長方形立牌
【尺　寸】長七十八厘米、寬四十六厘米
【書　體】楷書
【碑　額】無
【碑　題】無
【碑文撰者】無
【碑文書丹】無
【立 碑 者】蔡文清等
【立碑時間】清道光六年（一八二六）
【存　佚】現存
【地　點】馬來西亞馬六甲青雲亭
【碑刻録文】

蓋聞尊祖敬宗，原屬孫子之分，創業垂統，貴爲遠大之圖。惟我考妣謚士堅，經營櫛沐，振作家聲，貽謀燕翼，微燦乎昭垂。則罔極深恩，生前既無涓埃之報，而明禋巨典，身後或少追遠之誠，致使歲時伏臘之祭間或有缺。特子職多虧，抑且人倫有變，千載之下，猶留餘憾焉！第思華夷遠隔，往來莫續，雖有志也而未逮焉，兹有蔡文清官，承內室邱寧娘前年囑托父母之禋祀，懷報追遠之誅。邇者爰請年長眷戚，公議遵循舊典，原有配享之事，議將考妣神位配入青雲亭內，與曾六官同龕祭祀。撥出厝壹座，并公班衙厝字一紙交值年爐主充公爲業。住址和蘭街，將逐年所收厝稅，抽出呷錢□□文，以供壹年祭費；所剩若干，交逐年爐主收存，以爲修舉之資。上承下接，相延罔替，則東隅已逝，桑榆非晚。庶幾親心可亦慰於九京，而子職可少補於萬一。是爲序。

道光丙戌年伍月初壹日吉置。

一六三　青雲亭邱興隆配享木牌

【碑刻名稱】青雲亭邱興隆配享木牌
【材　質】木材
【形　制】長方形立牌
【尺　寸】長七十八厘米、寬四十六厘米
【書　體】楷書
【碑　額】無
【碑　題】興隆邱公牌記
【碑文撰者】無
【碑文書丹】無
【立 碑 者】薛佛記
【立碑時間】清道光二十三年（一八四三）
【存　佚】現存
【地　點】馬來西亞馬六甲青雲亭
【碑刻録文】

興隆邱公牌記

公，邱府之苗裔也，諱興隆，世居榕城新安。少倜儻有遠志，賈于呷國，遂族焉，以爲源遠流長之計。詎意偕妻王氏諱三娘弃世，不得蘭孫桂子。綿綿葛垂，森森竹立，竟成伯道之痛，傷如之何！幸有生下三女：長曰鸞娘，次曰鳳娘，三曰養娘，即余之母親也。余雖屬外孫，寧不目擊心悲！欲從祖祔食，議非其倫。欲等祝以孝告，後恐難繼。第爲此事，寸衷耿耿，莫可明言！爰請呷中列位諸耆老，仝同公議配享之事，蒙其許諾，而外祖考妣之神，有所憑依，實余之厚幸也。今將外祖二位神主配入青雲亭内，與曾諱六官同龕。即備出呷錢壹仟文銀盾充公爲業，以便上下相承，代爲生息，聊備四時祭祀之需；庶乎籩豆鉶羹，世世得充其實，禴祀蒸嘗，時時勿替其典。因爲之序，勒牌以美崇祀，永垂不朽云爾。

道光廿三年歲次癸卯端月拾三日，漳郡浦邑東山營社薛佛記謹立。

一六四　馬六甲敬修青雲亭序碑

【碑刻名稱】馬六甲敬修青雲亭序碑

【材　　質】石材

【形　　制】長方形横碑

【尺　　寸】長一百二十六厘米、寬六十八厘米

【書　　體】隸書

【碑　　額】無

【碑　　題】敬修青雲亭序

【碑文撰者】圭海陳俊卿

【碑文書丹】無

【立 碑 者】漳郡浦邑亭主薛文舟

【立碑時間】清道光二十五年（一八四五）

【存　　佚】現存

【地　　點】馬來西亞馬六甲青雲亭

【碑刻録文】

敬修青雲亭序

竊惟鴻基垂世，先哲之弘謨堪稱，緯業咸新，後生之素抱有在。粵稽我亭，自明季間鄭李二公南行，懸車於斯，德尊望重，爲世所欽，上人推爲民牧。于龍飛癸丑歲，始建此亭，香花頂盛，冠于別州。民豐物阜，共仰神靈之所庇；猗歟休哉，皆賴先代之善作者也。厥後曾、陳諸公相踵莅任，仁義居心，化行俗美，芳聲丕著，政績可嘉，兼不憚勞捐金鳩工，營蓋蘭若，尊崇佛國，此誠美舉，效之固宜。第人以代遷，物以日蔽，青雲景色，祇見榛棘含烟，禪舍僧堂，惟有鼯鼠栖棟而已。幸有甲必丹大蔡君，卓爾邁衆，繼秉呷政，廣發善心，不惜重貲義舉首倡。爰督海關諸同人，重興斯亭。於嘉慶辛酉歲，告厥成功，美輪美奐，令人敬仰。計今道光廿五年，將有四十餘載矣，歷多年所，瓦木廢頹。舟既推爲主治，往來於斯，巡檐趨階，睹此香界幾化荒庭，觸目關心，不能忘懷，捨我誰咎！感佛光之普照攸遠，念先賢之創造維艱，一旦任其自傾，深負前哲之功，欲行捐題，殊費周章。舟不忍坐視，願爲仔肩之任，鳩匠仍貫，雖無畫棟雕甍之巨觀，却免棟折榱崩之貽患。不特舟一人實受其福，定見閤呷降福，孔多于無疆耳。特此敬序。

圭海陳俊卿撰文。

道光廿五歲乙巳季冬吉旦，漳郡浦邑亭主薛文舟謹志。

一六五　青雲亭奉祀鄭芳揚禄位碑

【碑刻名稱】青雲亭奉祀鄭芳揚禄位碑
【材　質】石材
【形　制】長方形横碑
【尺　寸】長一百一十二厘米、寬五十八厘米
【書　體】隸書
【碑　額】無
【碑　題】無
【碑文撰者】無
【碑文書丹】無
【立 碑 者】亭主薛文舟
【立碑時間】清道光二十六年（一八四六）
【存　佚】現存
【地　點】馬來西亞馬六甲青雲亭
【碑刻録文】

舟於丙午冬，謹諏良辰，奉請李公禄位，配享青雲亭内。忽廛鄭公諱芳揚，乃先代之英賢，實傳世之豪俊也。故

能開基呷國，始莅蘭城，善政早播于閭閻，芳名久載於史册。斯誠亘古之高風，足慰當今之雅望，則公之禄位，入於祀典宜矣！惜乎祭業無徵，雖有禘嘗之義，豈足令公快於九原乎？然舟既任亭主，睹此哲人已往，典型猶在，於心有戚戚焉。爰是因此達彼，再備白金貳佰大員，充爲公業，上承下接，代爲生息，以示春秋匪解，享祀不忒，永垂不朽云爾。

道光丙午歲季冬吉旦，亭主薛文舟甫謹志。

一六六　青雲亭奉祀李爲經禄位碑

【碑刻名稱】青雲亭奉祀李爲經禄位碑
【材　質】石材
【形　制】長方形橫碑
【尺　寸】長一百二十六厘米、寬六十八厘米
【書　體】隸書
【碑　額】無
【碑　題】無
【碑文撰者】圭海陳俊卿
【碑文書丹】無
【立 碑 者】漳郡浦邑亭主薛文舟
【立碑時間】清道光二十六年（一八四六）
【存　佚】現存
【地　點】馬來西亞馬六甲青雲亭
【碑刻録文】

古之所謂豪杰之士者，必有過人之節。方其少也，既有超世之高才，及其壯也，又有避世之遠見。展如之人兮，

粤稽李公諱爲經，別號君常，銀同之鷺江人也。因明季國祚滄桑，遂航海而南，懸車於蘭城間。嘗有族焉，然不自知。其容貌端嚴，温良儉讓，言可爲表，行可爲坊，閤呷之人，咸欽其雅度，堪繼鄭公之任而主持風化者也。故行自鄭公天禄永終，上人推爲民牧，別無可旁貸。道德齊禮，慈祥愷惻，宏功既創造於前，偉業自垂統於後。故行商坐賈，共樂升平之慶，民胞物與，咸仰雍和之風，猗歟休哉，皆賴李公之承宣布化者也。所謂不競不絿，不剛不柔，敷政優優，百禄是遒，殆可爲斯人咏歟。噫！公有是德，宜有是福，則當箕裘罔墜，蘭桂聯芳，此天之所佑善人者然也。孰意承祧延嗣繼，繩繩漸徵，春露秋霜，左昭右穆，其誰與歸，千載下公有餘憾焉！舟偶任亭主，概聞政績，深慕高風，幸得壽圖於邂逅，宛見儀型之在目。第考其富有日新，迄今未泯，誠令人感慨係之矣。爰向其盛族僉議，已皆欣然，奉公之禄位，配入青雲亭内，與列位先甲同龕。舟願備元黄貳佰大員，充公爲業，上承下接，代爲生息，聊備禴祠蒸嘗之需，庶乎勿替長引，乃爲之序云爾。

道光二十六年歲丙午葭月穀旦，漳郡浦邑亭主薛文舟謹志，圭海陳俊卿拜撰。

邦之彦也。

一六七　青雲亭薛文舟紀夢立李仲堅神位碑

【碑刻名稱】青雲亭薛文舟紀夢立李仲堅神位碑

【材　質】石材

【形　制】長方形橫碑

【尺　寸】長一百三十厘米、寬七十六厘米

【書　體】隸書

【碑　額】無

【碑　題】無

【碑文撰者】澄邑陳廷選

【碑文書丹】無

【立 碑 者】漳郡浦邑亭主薛文舟

【立碑時間】清道光二十六年（一八四六）

【存　佚】現存

【地　點】馬來西亞馬六甲青雲亭

【碑刻録文】

舟因晝夢，而序其略。

予方晝而寢，夢見一儒雅之士，玄冠縞衣，輕文尚質，恂恂朴實，威儀堪仰，昂然直入，向予而嘆曰：「嗟呼！世風之不古也，子其知之乎？」予應之曰：「未也。」「今將語汝。夫鄭、李二公之初莅呷政也，化行俗美，家室和平，謳歌弗厭，訟獄無聞，實前輩所不能語，後進靡得而言。故其豐功盛烈，足以垂休，光照後世者，莫不由此始矣。弟年歷悠遠，踵起之人，其績屢遷，遂至泯滅，耿介之意莫伸，抑鬱之懷靡訴，斯亦九原之遺憾者也。幸子之任于斯，則有慈祥愷惻，欲稽古而記今，以成一世之美。故鄭、李二公，政績丕顯，是皆子之力也。雖冥冥之中亦有少補焉，子其勉之！」予恍然問其姓，則曰李，問其名，則俯而不答，飄然顧笑。將束整衣冠，若虛左以待，渺無踪迹。予亦驚悟，但見斜紅將墜，憑几而坐，遂有深思遠慮，仿佛予懷，未易形言，殊有結繩係之矣。忽焉，予姻翁李義育官，偶刊門庭，陳乃李爲經公令嗣二舍諱芳號仲堅之事，若符所夢。噫！予知之蓋爲鄭、李二公之祀典有徵，而仲堅公之神牌，獨點點不語，故托予夢而將爲之安乎？予撫膺自問，誠哉英偉人也！詢其來由，亦職授甲必丹。然宏懿明敏，世載其英，故得任理呷政，循聲遠播，爲國所器，舟亦概聞其作述咸著，纘緒并驅，盖亦廖廖罕睹矣。故修德行仁之事既設，温恭允塞之道尤備，所以德隆業廣，令人揄揚不置，豈虛語哉！而今而後，乃知公橋梓，明德惟馨，咸在於此。應其神位，再入祀典，同爲經公配享，使神各有所憑依，庶乎典祀無荒于昵，是或一道也。舟是以再備壹佰大員，充爲公業，仍依前規，上下相承，如貫珠可也。因夢并記云爾。

道光廿六年歲丙午臘月吉旦，漳郡浦邑亭主薛文舟再志，澄邑陳廷選敬撰。

一六八　青雲亭梁美吉功德碑

【碑刻名稱】青雲亭梁美吉功德碑
【材　質】石材
【形　制】長方形橫碑
【尺　寸】長一百一十八厘米、寬六十二厘米
【書　體】隸書
【碑　額】無
【碑　題】無
【碑文撰者】姻眷弟黄位卿
【碑文書丹】無
【立　碑　者】福建會館主徐炎泉同耆老等
【立碑時間】清道光二十八年（一八四八）
【存　佚】現存
【地　點】馬來西亞馬六甲青雲亭
【碑刻録文】

言水者必探滄海，言山者必陟岱宗，言人者必究勛績。粵稽開基亭主梁公諱美吉，生而岐嶷，素抱大志，殖貨財

而追猗頓,數分金以效叔牙。拯弱扶孱,令聞久欽于昔日;排難解紛,仗義夙稱乎當時。是以偉望孔彰,嘉猷丕著，童叟懷其豪俠，士商服其才幹，咸以亭主推之。而公猶卑以自牧，無如衆議已定，因是而受其任也。且自下車以來，革奸除弊，勸善戒惡，俗有仁讓之風，世無夸詐之習。雖有一二狡猾不法之輩，亦自斂其迹而不敢肆其爲，豈非公之盛德以化之乎！然不但此也，更有纍次勛猷之可考者，猶在吾人耳目所共見。青雲亭原爲吾儕保障之靈刹，墻圍有度，歷年久遠，突聞上令欲毁垣廣道，而公力能挽回其議。三寶山亦是華人瘞玉之古冢，原隰得宜，抔土連絡，忽見隸役曾掘土傷墳，而公躬親曷止其鋒。夫若是，較古人之作，爲其功不更偉哉！至其修葺寶山亭，與夫捐題不吝者，則又公所樂爲矣。碑文之作，惡可已也。俾後之覽者，知名識氏，亦將有感於斯文。是爲序。

姻眷弟黄位卿拜撰。

大清道光歲次戊申年仲秋月穀旦，福建會館主徐炎泉同耆老等謹立。

一六九　青雲亭許永占酬神碑（一）

【碑刻名稱】青雲亭許永占酬神碑（一）

【材　質】石材

【形　制】長方形橫碑

【尺　寸】長一百一十厘米、寬五十八厘米

【書　體】隸書

【碑　額】無

【碑　題】無

【碑文撰者】無

【碑文書丹】無

【立 碑 者】信商許永占

【立碑時間】清咸豐二年（一八五二）

【存　佚】現存

【地　點】馬來西亞馬六甲青雲亭

【碑刻録文】

竊思求而必應，神之靈也，沐而必報，人之心也。今青雲亭大衆爺，固我唐人陰靈之所聚也。中間英雄俊杰之魄，聰明知略之魂，纍纍叠叠，赫赫明明，而其威靈響應，筆難贅舉。闔甲蒙恩，通埠賴庇，故往來之祈禱無窮，春秋之享祀不忒，占商斯土，屢沐恩風，時沾化雨。但無以記之，不見神迹靈顯，不有以彰之。切占初承錫商，往禱佛祖，聯游壇前，見香燈寂寥，觸目有感，遂議同人樂從，許以蔭份。厥後果獲奇利，此皆神力默佑焉。兹值錫僞更易會算，計得利銀伍佰大元，即交亭主收管生息以爲供奉香燈，永垂久遠之需。願後之人，守而勿替。庶神祇之威靈永著，而吾等亦得以少伸其報答之志。是爲序。

咸豐二年歲次壬子孟夏吉日，信商許永占敬立。

一七〇　青雲亭許永占酬神碑（二）

【碑刻名稱】青雲亭許永占酬神碑（二）

【材　質】石材

【形　制】長方形横碑

【尺　寸】長一百二十厘米、寬六十八厘米

【書　體】隸書

【碑　額】無

【碑　題】無

【碑文撰者】無

【碑文書丹】無

【立　碑　者】沐恩弟子許永占

【立碑時間】清咸豐二年（一八五二）

【存　佚】現存

【地　點】馬來西亞馬六甲青雲亭

【碑刻録文】

竊思錫祥降福，群戴英靈之恩；崇德報功，用著明烟之典，既沐庥于昔日，宜報德于今朝。恭惟佛祖，寶筏宏施，商賈咸沾化日，慈帆廣布，士女共沐光天。前因弟子許永占初承錫商，經在案前許下蔭份，議知同人，俱皆忻從。數年來獲得美利，實賴靈庇，際茲錫僞更易，爰集同人會計，自丙午年至壬子春，合得利大銀壹仟六佰元，即將此銀建置厝屋，交亭主逐年收税，以爲佛前香燈之需。願後之司事，恰守而勿替，則佛祖之威靈永著，而占等亦得無愧于厥衷云爾。

計開：

一　置鷄場街厝一間，銀四百九拾大元。

一　置寶錫街厝一間，銀四百九拾大元。

一　置武望籃厝五間，銀伍百拾大元。

一　置厝扣外尚伸，銀壹百拾大元。

即日將厝字共叁紙并銀交亭主收管，一百一十元交過。

咸豐二年歲次壬子孟夏吉旦，沐恩弟子許永占敬立。

一七一　重修青雲亭碑記

【碑刻名稱】重修青雲亭碑記
【材　　質】石材
【形　　制】長方形立碑
【尺　　寸】長一百九十八厘米、寬八十六厘米
【書　　體】楷書
【碑　　額】雙龍朝日
【碑　　題】重修青雲亭碑記
【碑文撰者】浦邑陳五行
【碑文書丹】無
【立　碑　者】大董事大總理等
【立碑時間】清同治六年（一八六七）
【存　　佚】現存
【地　　點】馬來西亞馬六甲青雲亭
【碑刻録文】

重修青雲亭碑記

蓋聞青雲亭之建也，積于今貳百有餘歲。原其始經營者有人，結構者有人，亦可謂同寅協恭，後先濟美，肇啓其宇矣。自是以來，輪奐聿新，神靈永妥。觀音佛祖，列聖尊神，赫厥聲而濯厥靈。俾我呷人，春秋享祀，朝夕祈求，農安隴畝，賈安市廛，千祥雲集，百福駢臻，此青雲亭之所由昉也。夫莫爲之前，雖美弗彰，莫爲之後，雖盛弗傳。今斯亭也，歷年多而爲日久，風搖雨漂，勢將使前人之所經營結構者，幾欲中墜。苟非及早重修，何以免傾頹之患哉！第費用浩繁，其事雖修，而工則倍於作，作者難，而修者尤難，從可知纂修之功，不在始作之下也。幸有陳君巨川繼爲亭主，首董厥事。於是酌議通坡，再爲潤飾，爰僉舉董事總理人等，自捐多金，以勵衆志，莫不齊堅奉佛之誠，并效敬神之篤。於壬戌年肆月興工，至甲子年正月落成。椎輪爲輅，集腋成裘，外而規模較之前人爲尤固，内而節目合諸舊制益加詳。向所謂傾頹之患，吾知免矣。且斯亭之建，固藉乎人爲，而亦有資於地勢也。前有平原，後有大海，左槐曝布水，右延升旗山。有此勝地，自有靈神，將見雲行雨施，渡苦海而沾甘霖；革故鼎新，蒙慈光而被聖德，孰不從此重修青雲亭來哉！後列捐資諸芳名，以垂不朽。

大董事：陳巨川捐金叁仟貳佰元、徐炎泉捐金貳仟有大元、蔡延發捐金壹仟貳佰大元、許永占捐金壹仟貳佰元、薛茂元捐金捌佰大元、曾佛霖捐金捌佰大元、薛文仲捐金捌佰大元、許升雲捐金捌佰大元。大總理：陳振生捐金陸佰元、黄水□捐金肆佰元、李珍元捐金肆佰元、許行雲捐金肆佰元、薛榮山捐金肆佰元、李桂林捐金肆佰元、蔡發雲捐金肆佰元。信士：楊佛應捐金壹仟元；梁文良捐金貳佰元；黄源捐金壹佰六拾六元；王九河捐金壹佰六黃元和捐金拾六元；曾梅生捐金壹佰貳拾元；林先瑗捐金壹佰貳拾元；楊宗蔭捐金壹佰元；陳金殿捐金壹佰元；謝安祥捐金陸拾元；許元生捐金陸拾元；黃茂生捐金陸拾元；許新卿捐金陸拾元；曾拱照捐金陸拾元；陳振捌拾元；侯清水捐金肆拾捌元；陳羅星捐金肆拾捌元；陳桂蘭捐金陸拾元；李文明捐金陸拾元；李紫燕、林小蓋、陳德月、郭周連、侯清勛、詹恂愿、林端榮、楊贊盛、林成嘉、陳順法、黃發成、梁順風，以上各捐叁拾六元；薛榮茂、邱嘉客叁拾元；海、徐欽三、陳傳生、陳文英、陳魚觀、陳俊善、蔡文琴、鍾安然，以上各捐叁拾貳元；廿四元；王廣勛廿四元；許清雲拾六元；蔡習禮拾六元；沈福星拾四元；洪金木拾四元。

浦邑陳五行敬撰。

時同治陸年歲次丁卯季夏月穀旦吉立。

一七二　重修青雲亭續上碑記

【碑刻名稱】重修青雲亭續上碑記

【材　質】石材

【形　制】長方形横碑

【尺　寸】長一百一十二厘米、寬六十七厘米

【書　體】楷書

【碑　額】無

【碑　題】重修青雲亭續上碑記

【碑文撰者】浦邑陳五行

【碑文書丹】無

【立 碑 者】大董事大總理等

【立碑時間】清同治六年（一八六七）

【存　佚】現存

【地　點】馬來西亞馬六甲青雲亭

【碑刻録文】

重修青雲亭續上碑記

承首碑共收捐金壹萬柒仟壹佰捌拾陸元；林光報、楊源水、鄭天德、余郡、唐朝榮、李榮、同鎰號、鄭清、曾昂永、曾成武、陳發星、陳仕吉、蕭從蜜、許瑞明、陳清添，以上各捐拾二元；王琛英、林長福、陳德安，以上各拾元；王長壽八元；陳孟雲、吳永乾、林德芳、李保春、魏玉承、李士庚、陳武發、吳溪基、蕭坤山，以上各六元；黃福榮、林嘉譽、林發松、莊振文、黃良恩、阮可義、陳端儀、謝光順、楊光寧、楊贊興、張市、蔡長葛、劉秋水、林合元、李芳源、尤雲片、楊榮喬、林禮通、余乖生、林醮、林登醒、陳啓彪、蔡子儀、林清旺、李温柔、楊源珍、余西水、許允廷、葉麗水、陳淵然、黃純仁、薛明柳、阮順興、邱嘉轉、李榮發、吳維周、洪花王、薛搭、余西山、余西水、王萬德、蔡紫薇、林田元、周喜麗，以上各四元；張正和、林楓，以上各貳元；蔡總秀一元。總共計收捐金壹萬柒仟陸佰叁拾伍元。

開買大小楹柴去銀貳仟壹佰肆拾貳元零柒占、開買圬桷雜柴去銀肆佰壹拾四元玖角捌占、開買灰沙并鐵器去銀捌佰零柒元叁角壹占、開買磚瓦礦仔去銀壹仟貳佰捌拾肆元四角叁占、開買淡綯并雜件去銀陸佰陸拾壹元捌角四占、開還包做花木工并金漆去銀陸仟九百貳拾叁元叁角七占、開還柴工一概去銀肆佰叁拾叁元柒角伍占、開還土木工一概去銀壹仟玖佰零肆元叁角、開還各料夯工傭位雜費去銀玖佰叁拾壹元伍角玖占、開還督工人辛金去銀伍佰肆拾壹元叁角壹占、開做慶成各費去銀壹仟肆佰陸拾玖元伍角叁占、開做石碑横碑等費去銀壹佰貳拾元零伍角貳占，總共需費去銀壹萬柒仟陸佰叁拾伍元。

同治丁卯歲季夏穀旦立。

一七三　青雲亭建置路燈木牌

【碑刻名稱】青雲亭建置路燈木牌
【材　質】木材
【形　制】長方形横牌
【尺　寸】長九十六厘米、寬六十八厘米
【書　體】楷書
【碑　額】無
【碑　題】無
【碑文撰者】無
【碑文書丹】無
【立 碑 者】青雲亭董事等
【立碑時間】清光緒二十年（一八九四）
【存　佚】現存
【地　點】馬來西亞馬六甲青雲亭
【碑刻録文】

蓋聞恭佛禮神，用著明烟之典；頌功紀迹，爲昭誠敬之衷。既沐庥于昔日，宜報德於今朝。願伸謝以告虔，當勒碑以表敬。兹直等信士，叨佛祖英靈護佑之恩，思無酬報，爰發微虔，各有喜捐。建置諸燈火除以外，尚大銀陸佰伍拾元，盡爲存充公款交青雲亭董事人收掌，將此項以爲應用集支路燈之需，則佛祖之慧光可以永遠，而直等之勛猷亦可以長昭矣。謹將捐緣名次列左：

陳合盛、王順利、蘇輝臨、陳清池、曾清江、陳若鏞、陳合水、王坤桓、李慶直、王錦田、胡祈全、林締美、蔡金吉、李俊源、陳緑池、陳若鋒、黄慶和、陳合隆、薛連錫、大原居士。

光緒貳拾年歲次甲午荔月穀旦立。

一七四　重修青雲亭碑記

【碑刻名稱】重修青雲亭碑記
【材　　質】石材
【形　　制】長方形立碑
【尺　　寸】長一百九十六厘米、寬八十六厘米
【書　　體】楷書
【碑　　額】無
【碑　　題】重修青雲亭碑記
【碑文撰者】無
【碑文書丹】無
【立 碑 者】青雲亭大董事陳篤恭、大理事李慶烈、大總理蔡錫胤等
【立碑時間】清光緒二十年（一八九四）
【存　　佚】現存
【地　　點】馬來西亞馬六甲青雲亭
【碑刻録文】

重修青雲亭碑記

亭以青雲名，意有在也。想其青眼曠觀，隨在尋聲救苦，慈雲遠被，到處拯厄扶危，而因以取之乎。夫自南海飛來，寺亭創建，蓮炬長輝，香烟弗替。微論水旱凶荒，有求必應，即癘疫困苦，無禱不靈，猗歟休哉，何神光之浩蕩歟！不謂年湮世遠，風雨飄摇，楹桷之丹刻已廢，節棁之山藻無存。棟折榱崩，垣頹瓦毁，非興修焉不可。我亭主陳公篤恭翁，字明岩，號奉玉，念乃父巨川公、乃兄憲章公均受秉鈞之任，咸建補修葺之勛，繼述心誠，經營念切。遂不惜重貲，倡首登捐。舉凡甲中善信，外埠商人，聞之靡不争先向募。爰大興土木，斯佛寺重修，而禪房新築焉。兩稔之外，告厥成功。微夫人之力不及此，謹將同志喜捐諸芳名，勒之白石，以垂不朽云。

大董事陳篤恭；副董事曾德璋、徐雲夢；大理事李慶烈；大總理蔡錫胤。

亭主陳篤恭捐金三千二百元；信士王慶雲捐金二千一百二十元；陳明月捐金二千大元；劉源水捐金一千二百二十元；曾廷珪捐金一千大元；王步月捐金一千大元；陳若淮捐金八百大元；陳若錦捐金八百大元；曾西聘捐金六百大元；陳金鍾捐金五百大元；李慶烈捐金四百大元；徐雲夢捐金四百大元；顏永成捐金四百大元；曾龍發捐金四百大元；陳温昌捐金三百大元；陳温源捐金三百大元；蔡錫胤捐金三百大元；陳德源捐金三百大元；陳山仰捐金三百大元；陳清□捐金三百大元；陳若炎捐金三百大元；陳若松捐金二百大元；陳若珠捐金二百大元；徐永清捐金二百大元；姚元樟捐金二百大元；謝安祥捐金二百大元；姚永斜捐金一百六十元；瑞泰號捐金一百五十元；李慶熙捐金一百五十元；薛長泉捐金一百二十四元；王有海捐金一百二十元；李清輝捐金一百二十元；梁鴻籌捐金一百零八元；徐霖夢捐金壹百大元；徐桂夢捐金壹百大元；陳温興捐金壹百大元；薛祈安捐金壹百大元；王聚秀

捐金壹百大元；余觀連捐金壹百大元；張章考捐金壹百大元；曾煥宙捐金壹百大元；蔡紫微捐金壹百大元；王廣勛捐金壹百大元；曾金福捐金壹百大元；曾金鳳捐金壹百大元；歐源興捐金壹百大元；陳根源捐金壹百大元；王源通捐金壹百大元；蔡三重捐金壹百大元；蘇芳泉捐金壹百大元；陳秋生捐金壹百大元；黃榮成捐金壹百大元；陳德日捐金六十大元；陳長順捐金六十大元；郭觀賢捐金五十大元；薛慶錫捐金五十大元；曾文富捐金五十大元；許山泉捐金五十大元；陳登松捐金五十大元；吴榮發捐金五十大元；蔡立志捐金五十大元；蔡立地捐金五十大元；陳恭安捐金五十大元；侯卓水捐金五十大元；侯順吉捐金五十大元；徐泰清捐金五十大元；邱振曾捐金五十大元；曾永可捐金五十大元；義和棧捐金五十大元；徐芳清捐金五十大元；張正和捐金五十大元；余德祥捐金五十大元；何内茂捐金五十大元；何織雲捐金五十大元；林長華捐金五十大元；林壽福捐金五十大元；范榮吉捐金五十大元；黃廷昭捐金五十大元；胡瑞吉捐金五十大元；薛源水捐金五十大元；余泉源捐金五十大元；楊振昌捐金五十大元；楊振登捐金五十大元；陳冬生捐金五十大元；楊鎮海捐金二十六元；黃繼祥二十五元；邱允吉二十五元；陳瑞金二十五元；黃合利二十五元；陳恭賀二十五元；邱崇成二十五元；蔡文藝二十五元；李仲建二十五元；陳丁蘭二十五元；葉清倫二十五元；蘇若成二十五元；生豐美公司二十四元；李文昆二十四元；余光源二十四元；李秀仁二十四元；萬美棧二十四元；曾文旦二十四元；蔡開泰二十四元；陳江淮二十四元；余光漢二十四元；陳恭敬二十四元；徐香清二十四元；曾新星興二十四元；劉嘉會二十三元；劉嘉盛二十三元；劉金發二十二元；劉金和二十二元；李佛昌捐金二十元；葉興棧二十元；曾實恭二十元；豐源號一十三元；源興號、怡美號、張正斗、許石泉、許山寅、林祈興、林成玉、曾龍川、蔡正道、郭紹珍、陳振成、黎添福、陳如經、余瑞興、鍾金福、何玉燮、龔國政、豐美號、楊壽安，以上各一十二元；楊壽美、合德號、林公蔭、新成德、豐萬號、林忠升、曾永傳、羅光耀、陳金元、謝觀珠、連玉炳、宋壬雲、蔡子文、林玉貳，以上各十元；楊水作、曾龍池、林祈發、林榮受、林榮水、黃文慶、高泮水、吳添吉、陳群生、陳苑興、陳貴興、林瑞吉、邱建焰、曾長培、陳桂林、曾懷足、榮裕號、龍興號、薛武略、楊江生，以上各六元；姚永貞、王烏石、楊源珍、黃恒然、梁鴻祥、蕭萬成、蔡谷蓮、周清容、王慶忠、郭肇基、蔡文瑄、陳金煊、伍寬海、吕尚奪、蔡文友、李永英、許仕良、曾清秀、曾總和、林瑞文、王文元、蔡清□、羅文安、黃廷泰、王清洗、卓本蔭、王欽文、許長壽、葉瑞興、黃贊紹、林傳永、新泉茂、孟裕興、張正春、金宜發、龍山號、葉興號、劉德宗、卜金忠、曾清合、合茂號、振興棧、福成號、金泰成、新真春、吳存興、□美號、金振興、英吉號、成順號、洪順堂、壽記號、美裕號、黃登海、陳慶祿、成源號、白添基、王金合、張清彩、嚴位盛、峰發號、陳錫施、榮變號、瑞福號、金源興、成豐號、廣成號、新葉順、曾煥廣、王清抱、鄭寶來、郭本貴、曾□□、陳文鋪、開成穗、集泰號、王清凹、鄭保發、允發號、瑞源號、同成春、臺源號、和順興、東益興、萬振益、王清號、陳順成、金順興、興盛棧、葉裕號、合美號、成興號、均發號、李榮發、曾燭、何文智、裕成泰、榮隆號、瑞成號、陳如篤、黃榮發、謝廷□、再發號、侯卓生、和順成、瑞美號、集裕號、瑞益號、蔡金水、温昌評、葉發號、萬隆號、泰美號，以上各五元。

零緣文名計壹拾元。收捐金總共大銀二萬四千。

開費磚瓦灰油金什費等及慶成費壹拾元大銀，石五千三百零。

再合收緣。

大清光緒甲午年小陽穀旦，董事暨理事等立。

一七五　青雲亭亭主陳公憲章德政碑

【碑刻名稱】青雲亭亭主陳公憲章德政碑

【材　　質】石材

【形　　制】長方形立碑

【尺　　寸】長一百八十六厘米、寬七十八厘米

【書　　體】楷書

【碑　　額】無

【碑　　題】頌德牌記

【碑文撰者】廣東即補同知魏建勛

【碑文書丹】無

【立 碑 者】青雲亭董事總理等

【立碑時間】清光緒二十三年（一八九七）

【存　　佚】現存

【地　　點】馬來西亞馬六甲青雲亭

【碑刻録文】

頌德牌記

亭主陳公憲章德政碑

古來凡有功德道義之美者，懼後世之不知，必以碑銘傳之。然歌頌於生前，或謂其諛，而追維於死後，益徵其實，斯美名方得與斗山同垂不朽也。

溯夫亭主陳公憲章，字明水，號如玉。幼承庭訓，孝親睦族，志趣言行爲隣里鄉黨所欽，迨先亭主巨川封翁捐館，衆失依歸，僉議非公莫屬，遂舉焉。公聞，自謙才德弗勝，堅辭再四，奈群論翕然，萬難固却，不得已從之。由是公修業承志之忱，昕夕無間矣。念公生平，積德纍功，仁民愛物，披心腹見情愫，孚衆望，施厚德，誠難僕數。姑就榮膺鄉祭酒以來，恩膏德惠，覃敷甲人者，撮要而識之。

南洋各島，惟麻六甲埠最先，華人之旅居流寓，日增月盛，生齒既繁，貧富不一。如席豐履厚，則易延師置塾，依然中國遺風；細屋窮檐，尚憂粗食牛衣，奚暇培植子弟，雖有一目十行之聰穎，究竟終辱於泥塗。文教不興，英才從何杰出？公有鑒於此，實爲世道深憂，當即創設豐順義學，以恤寒俊，培千百年後之始基，實他人所不能及也。泰西風俗，鑿山填海，有以爲常。吾甲有三寶山，乃華人叢葬之地，英人砌路取土，挖傷墓道，物議沸騰。公智量過人，胸有成竹，立謁英官，婉陳枯骨摧殘之慘，欲請易地取土，因道遠費鉅見辭。復堅持不拔之志，亟捐資津貼并購一山，以聽英人取用，立約爲據，卒底於成。非公極力周旋，則許多坟塋，何堪設想，西伯深仁，惟公繼之。麻六甲地方，雖商賈充斥，民風尚稱質樸，廿年前家置時鍾蓋鮮，每有問夜待旦之苦。公於是不惜重貲，築臺置鍾，俾遠近共聞，受益無窮，公之仁義大矣哉。

青雲亭爲闔甲崇奉香火，神靈顯赫，凡捍灾禦患，有感遂通，故酬答演劇時有。然支搭蓬棚，微特無以壯觀瞻，而且最足兆火患。公時時語及，彌留之際，尚諄囑其哲嗣，深以戲臺未建爲念。厥後若錦少君，即善承父志，鳩工庀材，起造完妥。公之心血可想見矣。外給孤獨，恤孀嫠，慘貧苦，賑灾黎，勇於爲善，惟恐人知。民胞物與之懷，誠爲不世出之人也。總之，兩大間雖有如公之智量，不能如公之德澤；有公之德澤，不能如公之始終不懈，公其可謂完人矣。於是題碑。

光緒廿三年丁酉歲冬月吉旦，辦理拱北口通商税務廣東即補同知魏建勛敬撰。

一七六　青雲亭紹蘭會大伯公碑記

【碑刻名稱】青雲亭紹蘭會大伯公碑記
【材　質】石材
【形　制】長方形横碑
【尺　寸】長一百二十六厘米、寬六十八厘米
【書　體】隸書
【碑　額】無
【碑　題】紹蘭會大伯公碑記
【碑文撰者】無
【碑文書丹】無
【立 碑 者】青雲亭董事總理等
【立碑時間】清光緒三十年（一九〇四）
【存　佚】現存
【地　點】馬來西亞馬六甲青雲亭
【碑刻録文】

紹蘭會大伯公碑記

蓋聞神鬼爲德，聖贊其盛。君子之祭也，七戒三齋，用是以照其敬者，正所以邀遐福也。矧中元乃地官赦罪之秋，超渡孤幽，脱離苦海，共登彼岸。種種皆福緣善慶，猶宜虔誠普施。故吾先輩昔有設立童子普，後改爲峇峇普，曾有捐集公項生息，以爲普度之需。第因公項無多，所入不足以供所出，致至拾年前已被盡用其公項。嗣每逢普度之際，值年爐主雖有捐資，亦不得以足費需。則每年常被侵用佛祖多少公項。此乃實未盡善，然今宜其更者，必須有可開費之機，爰此我同人竭力捐集公項，交與佛祖坐還利息，每年所得之利，以爲普度之需，庶幾相承，以垂永遠於勿替。

後列同志捐資諸芳名以垂不朽云。

陳敏政喜捐金壹佰元、李慶烈喜捐金壹佰元、陳温昌喜捐金壹佰元、陳若錦喜捐金壹佰元、陳温源喜捐金壹佰元、曾西聘喜捐金壹佰元、徐雲夢喜捐金壹佰元、李清淵喜捐金壹佰元、陳若林喜捐金壹佰元、陳温興喜捐金壹佰元、徐霖夢喜捐金壹佰元、徐永清喜捐金壹佰元、徐芳清喜捐金壹佰元、曾萬興號喜捐金壹佰元、振裕興公司喜捐金壹佰元、郭紹珍喜捐金壹佰元、蔡立地喜捐金壹佰元、姚利裕喜捐金壹佰元、姚金水喜捐金壹佰元、劉嘉會喜捐金壹佰元、劉嘉盛喜捐金壹佰元、王東源喜捐金壹佰元、余光漢喜捐金壹佰元、甘福財喜捐金壹佰元、孟功成喜捐金壹佰元、王慶雲喜捐金伍拾元、陳若銓喜捐金伍拾元、陳若炎喜捐金伍拾元、陳若寶喜捐金伍拾元、陳若珠喜捐金伍拾元、姚金木喜捐金伍拾元、王聚秀喜捐金伍拾元、陳如章喜捐金伍拾元、蔡立家喜捐金伍拾元、余振谷喜捐金伍拾元、李慶鏞喜捐金貳拾元、薛祈安喜捐金貳拾元、陳瑞金喜捐金壹拾元、余德祥喜捐金壹拾元、余光源喜捐金壹拾元、蔡開泰喜捐金伍大元、何文智喜捐金伍大元、彭金泉喜捐金伍大元、薛塵錫喜捐金伍大元、零緣計卅二名捐金叁拾叁元。總共收捐金計銀叁仟壹佰貳拾叁元。

大清光緒三十年歲次甲辰孟春穀旦立。

一七七　青雲亭陳温源獻金酬神碑

【碑刻名稱】青雲亭陳温源獻金酬神碑
【材　　質】石材
【形　　制】長方形横碑
【尺　　寸】長九十八厘米、寬五十六厘米
【書　　體】隸書
【碑　　額】無
【碑　　題】無
【碑文撰者】無
【碑文書丹】無
【立　碑　者】副亭主陳温源
【立碑時間】清宣統元年（一九〇九）
【存　　佚】現存
【地　　點】馬來西亞馬六甲青雲亭
【碑刻録文】

蓋聞佛性光明，昭英靈於六甲；祖恩浩蕩，沛德澤夫三州。慈航濟世，錫以福而降以祥；慧眼觀人，禦厥灾而捍厥患。法水洒紅塵，救苦救難；祥雲凌紫竹，大慈大悲。開呷以來，固未有若青雲亭佛祖之赫赫厥聲、濯濯厥靈，爲此邦之人，仰其顯化之昭著，而賴其保護以安寧者也。茲信士陳温源言，念襄年曾向佛祖座前，懇投一願，果蒙神光垂照，默庇鑒格，一一遂意，事事從心。念夙愿既已獲酬，而慈恩尚未圖報，此心深歉然。思欲建設齋醮，獻香花而薦馨；演誦經文，焚楮帛以致敬。此特爲時之小祀，而不足以立永世之規模，何得云報我佛祖之鴻恩乎！是故源夙夜思維，願將大銀壹萬大圓，充入青雲亭内，交與正亭主掌理，歷年生息，長作香火之資，永垂久遠之典。庶幾上承下接，不滅慧照之光輝；日往月來，不斷香雲之繚繞。所願後進之司事人等，不忘舊章，恪遂遺緒，長昭千古而勿替云耳。

宣統元年歲次己酉仲秋穀旦，副亭主陳温源敬立。

一七八　青雲亭梁薛陳陳四亭主及陳副亭主功德碑

【碑刻名稱】青雲亭梁薛陳陳四亭主及陳副亭主功德碑
【材　　質】石材
【形　　制】長方形橫碑
【尺　　寸】長一百一十八厘米、寬六十二厘米
【書　　體】楷書
【碑　　額】無
【碑　　題】無
【碑文撰者】無
【碑文書丹】無
【立　碑　者】亭主陳敏政暨諸耆老
【立碑時間】清宣統二年（一九一〇）
【存　　佚】現存
【地　　點】馬來西亞馬六甲青雲亭
【碑刻録文】

蓋聞慎終追遠，享俎豆於千秋；崇德報功，祝馨香者萬古。故越土留遺，范子有黃金之像；峴山訪古，羊公有勒

石之碑。矧德及此邦，功施後世，尤令人景仰而不忘者也。先亭主美吉梁公，握斯亭之篆，當政府控地之年，欲頽毀斯亭墻垣，而公極力挽回，使百年古刹至今猶存。繼而傭役欲鑿及三寶山公冢，公獨躬親喝止。外方髑髏，賴以無傷。繼斯任者，薛君文舟，道光二十五年見斯亭將壞，自輸己金修葺，至今輪奐聿臻於善者，公之力也。後巨川陳公復掌斯亭厥事，獨割日落洞山地，充作公冢，俾羈旅征人，埋骨有土。捐館後，憲章陳公承其業，爲亭之主席。適國家議掘三寶山冢地，公赴政府再三婉商，陳及華人埋葬遷移利害。復出資買山，俾政府作挖土之需，而斯山遂以保全。迨彌留時，復念斯亭每有演劇，戲臺未築，亦惟一憾，乃囑其少君捐資建造戲臺。之四公者，有功德於此，都已嘖嘖乎人口矣。而今陳君温源居斯亭副席，繼先代宗風，因其亭中諸事咸備，惟日落洞冢山，歷年已久，滿目荆榛，而且行徑崎嶇，營葬者艱於跋涉，故出爲倡首，修道路，伐荆林。奈所捐無幾，公願輸己資，湊足萬數，備存生息，以充該山之費。其慷慨樂施，功德巍巍，尤足垂諸久遠。於是今春花月晦日，集衆公議，論功奬德之餘，思有以報之。爰卜吉日，就本亭爲四公安奉牌位，并爲陳君温源恭進長生禄位，配入青雲亭内，與列位先甲同龕，四時享祭，春秋紀念，俾後人知前人之賢，仰望而步趨焉。遂將是事勒之石，以垂不朽云爾。

宣統二年歲次庚戌梅月吉日，亭主陳敏政暨諸耆老仝立。

一七九　井里汶重修汶亭碑記（一）

【碑刻名稱】井里汶重修汶亭碑記（一）

【材　　質】石材

【形　　制】長方形立碑

【尺　　寸】長一百五十二厘米、寬七十六厘米

【書　　體】楷書

【碑　　額】無

【碑　　題】重修汶亭碑記

【碑文撰者】甲必丹陳曰英

【碑文書丹】無

【立 碑 者】潮覺寺董事等

【立碑時間】清乾隆五十五年（一七九〇）

【存　　佚】現存

【地　　點】印度尼西亞西爪哇井里汶潮覺寺

【碑刻録文】

汶有觀音亭焉，創之自昔，原非苟安，垂之自今，尤當鄭重。第延年久遠不無［頹］壞。英登堂顧瞻，能無感慨，爰商同人募緣修建。已然者仍舊而新，未□者再舉而築，又於亭之左，更置萬善堂一座，今已告竣，而蓮座長青□□□□□，皆衆善士施捨之力也。謹將姓氏勒石，以志不忘焉耳。

甲必丹陳諱曰英捐金肆佰文；信士陳梗觀捐壹佰貳拾文；奉政大夫陳諱國柱捐金壹佰廿文；雷珍蘭林諱光綽捐金壹佰文；吧陳綢舍捐金玖拾文；雷珍蘭林諱可得捐金捌拾文；雷珍蘭李諱永芳捐金捌拾文；廣川、王讀觀、郭啓福、王池郎，各捐金捌拾文；武直迷陳諱國贊捐金陸拾文；陳來觀、陳奇觀、莊□觀、陳錫老，各捐陸拾文；南旺甲必丹林諱時煥捐伍拾文；龍顏曰爺捐金伍拾文；陳康觀、葉耀觀、陳請觀、林天慈、張高周、黃侃觀、陳妹觀、傅宗□、曾述觀、唐□老、陳夏觀、胡瑞克、陳㔶觀，各捐金伍拾文；黃華觀、陳謂觀、郭傍觀、黃冗觀、許來觀、許萬觀、施神祐、黃偕老、黃碧郎，各捐肆拾文；瓏甲必丹鄭諱潔觀捐金叁拾文；嚨陳猛觀捐金叁拾文；直葛林顯觀捐叁拾文；黃朝觀、賴砌觀、陳志老、楊次觀、唐悅水、徐典觀、周次觀、林坎輝、陳清蹇、戴備觀、黃葛喜、陳芳良、黃澤光、陳少波，各捐叁拾文；由頭甲必丹陳諱心生捐廿五文；亞林甲必丹莊諱順光捐廿伍文；陳從觀、林申觀、連三元、陳文仲、陳創生、陳怡光、施心觀、林造觀、陳意觀、蘇乾觀、林南窗、黃喜光、薛送觀、蔡定光、王碧山、林禧觀、陳思泮、陳苟完、陳文生、柯滿觀、傅憲邦、林立觀、許宗禮、林邊觀、陳景光、曾待老、何□觀、□□□、張三元、連榮光、林漢三、王達觀、陳高育，各捐貳拾伍文；陳同喜、□緝觀、郭壇觀、黃禄觀、□□□、陳婆觀、陳賀郎、林申廷、林光廷、盧玉觀、胡儀觀、林獅觀、傅法觀、戴就觀、林啓觀、陳扶觀、陳□觀、□□觀、張池郎、林舊觀、傅溪觀、柳理觀、黃監觀、方海生、陳傳丁、黃將興、林□觀、董事陳表觀、住持僧奕［魚］、黃成光、徐蘭觀、黃又□、葉寧觀、黃又□、胡宗興、張弦觀、莊總觀、余成光、江葉觀、襲金，各捐金貳拾文；嘮森韓肖來捐拾伍文；林□觀、□卯觀、王日觀、陳看觀、史成祖，各捐金拾伍文；望加錫謝汝□捐金拾文。

乾隆五十五年歲次庚戌蒲月　日立石。

一八〇　井里汶重修汶亭碑記（二）

【碑刻名稱】井里汶重修汶亭碑記（二）

【材　　質】木材

【形　　制】長方形立牌

【尺　　寸】長一百六十二厘米、寬六十八厘米

【書　　體】楷書

【碑　　額】無

【碑　　題】重修汶亭碑記

【碑文撰者】甲必丹陳曰英

【碑文書丹】無

【立 碑 者】潮覺寺董事等

【立碑時間】清乾隆五十五年（一七九〇）

【存　　佚】現存

【地　　點】印度尼西亞西爪哇井里汶潮覺寺

【碑刻録文】

重修汶亭碑記

汶亭重興，工力告竣。經勒石立碑，以志不忘。助緣衆善，難以悉載，爰立木牌，績記姓氏，均爲不朽焉。

由頭甲必丹林諱桂官捐銀壹員；黄南生、陳葉生、洪淩雲、詹語觀、陳□生、王潭觀、許柏觀、林衍觀、黄躍觀、黄成光、陳洋觀、陳生觀、黄平安、余天佑、林□觀、陳範興、黄誦觀、薛升觀、蔡茂觀、沈典觀、李生觀、黄榮觀、胡寶應、鄭水觀、周繹觀、黄民觀、黄儒生、郭刑觀、謝雙觀、陳談觀、高東海、陳董郎、連宗潘，捐銀各陸員；林結觀、陳目修、陳鵠娜、蔡水觀，捐銀伍員；黄鹿水、魏萃觀、林周旋、林執觀、黄天一、戴志山，捐銀各肆員；葉成觀、黄廣泰、陳德怡，捐銀各叁員；連宗英、陳君觀、林洗郎、陳皆觀、陳仁觀、黄近觀、陳秉觀、洪春觀、陳元興、翁興觀、李養觀、陳從觀、陳戾天、郭王觀、黄文金、蔡汶生、葉滿觀、陳宇觀、陳向觀、林楊觀、黄厚觀、陳滔觀、陳潺觀、陳馬□、林衛觀、黄溪觀、胡答觀、胡直觀、方廉觀、謝惠觀、朱田觀、周珠觀、黄耀觀、林捎觀、高松觀、周旦觀、郭節觀、謝柳觀、歐秋觀、周亂官、陳疇觀、林爽觀、張元觀、陳夏觀、鄭芳江、吴賀東、陳洋觀、林締觀、康志珠、陳德興、温儒觀、陳淡觀、陳廣明、張時光、陳隴觀、洪寬觀、陳芳荐、陳池郎、傅勤觀、蘇血觀、蘇計觀、黄注老、林高奢、曾建生、楊桐觀、江湛觀、謝文觀、沈膻觀、郭泗謨、章旦觀、傅喜生、楊文觀、林若水、周總觀、陳仙鶴、歐次觀、洪商觀、林道觀、黄捷魁、洪蘭觀、周賢觀、鄧蒼觀、陳武光、胡三哥、張庵觀、曾君觀、陳他孝、李雄觀、洪誼謙、洪松觀、薛吉觀、曹六觀、林賢觀、戴章杞、陳順光、陳伫觀、林一艮、鍾孟龍、黄抱桂、翁遠生、陳賽觀、林佼觀、鄭傍觀、林孝觀、謝簡觀、王衍觀、連天扶、張每觀、林長觀、郭實芳，捐銀各壹員；黄襁觀、許永觀、顔斟觀、李涌觀、石盾明、葉宇觀、巫輔觀、王正觀、施聘觀、盧昌觀、黃泰觀、陳成光、許涓觀、李□力、連春觀、陳芳漸、戴再後、林玉觀、王富觀、張標觀、葉衍觀、林德興、薛田觀、林燕郎、連安祥、胡雙觀、許嫣生、張社觀、郭啓明、薛洒觀、黃淡生、林建生、黃昆仑、薛開觀、戴环觀、林旋觀、高光燦、何就觀、張得財、唐天送、陳瑶觀、傅躍觀、汪法生、詹典郎、黃郎觀、雍达觀、王鹿水、陳莫章、余玉龍、吴定觀、張茂水、陳茂盛、唐霸觀、施世觀、林賀觀、林維觀、楊笑觀、魏寅觀、李佛慶、許錦宗、劉拾觀、王祝觀、李球觀、王泉觀、黃詩觀、顔覽觀、胡秀觀，捐中釼各壹員；陳心詳捐吧錢捌文；陳擁觀捐吧錢肆文；康盛觀、陳鐵元、曾元觀、江坤觀，捐吧錢貳文三錢四鈕；鄭結老、謝日觀、林塘觀、林古觀、林毛觀、林箋觀、林杏觀、楊友朋、林穆觀、鄭遜讓、陳周觀、陳恁宗、陳四美、陳天賜、李題觀、陳簪觀、林維觀、陳文華、陳溪觀、陳賞觀、林慷觀、戴商觀、薛鑒宗、蘇開觀、王料觀、林侃觀、施温明、陳亦昭、陳忠觀、盧文瑞、林丹桂、張維和、陳開端、王祐觀、連順光，捐吧錢各貳文貳鈸；許奇觀、楊壳觀、林赤觀、康純觀、陳海生、温仁興、劉漢章、林天觀、許進觀、林元觀、傅愛觀、莊評生、王誦觀、蔡三溪、連羅觀、許胤觀，捐吧錢各貳文；陳成觀、莊銓觀、黃其觀、陳曲觀、林道觀、盧嫣喜、陳興觀、柯雪觀、林葩觀、陳達觀、楊光輝、陳登達，捐吧錢各壹文；賴余觀、林保生、楊穆觀、黃遠觀、黃錦觀、陳禧觀、林富觀、鄭元信、林答郎、陳蔣觀、黃懷觀、陳温良、楊現觀、陳斌觀、黃爵治、黃泮英、陳月老、李子烈、蔡柏孝、王慨然、李淇水、施文魁、趙伴觀、朱元壽、歐成觀、郭寧生、林三奇，捐錢各貳員；林恭觀捐盾貳員；黃東觀、薛轄觀、薛楚觀、傅漂觀、唐普山、薛郭觀、許潤觀、盧三雄、張理文、黃順助、曾朝品、游岐山、張聞觀、張者觀、李周生、黃鞍娘，捐盾各壹員。共收緣金陸仟壹佰捌拾玖文壹鈸肆鈁，共收禮罰公項共錢捌佰伍拾壹文貳鈸肆鈁。

一　買公班衙抽，共去吧錢叁佰捌拾文零壹鈸壹鈁半。

一 買尾壹萬叁仟柒佰，共去吧錢壹佰捌拾文貳鈑叁鈁半。

一 倚泥匠工錢，共去吧錢叁佰捌拾伍文貳鈑叁鈁。

一 買坊大小，共去吧錢捌拾壹文叁鈑壹鈁。

一 買鐵器，共去吧錢伍拾玖文貳鈑壹鈁。

一 借唐人小工共壹仟陸佰捌拾捌工，共去吧錢肆佰貳拾貳文。

一 買門枕梢仔口橋船内坊，共去吧錢叁佰伍拾叁文零伍鈁。

一 大衆祠祠主神主三座并派工，共去吧錢壹拾壹文貳鈑四鈁。

一 倩番人小工壹仟伍佰拾捌工，共去吧錢壹佰玖拾柒文貳鈑肆鈁。

一 買五寸磚二十萬四千二百五十五，共去吧錢陸佰捌拾文叁鈑貳鈁半。

一 石碑石匠工錢并扛工，共去吧錢貳佰玖拾五文零五鈁。

一 牙福并雜費，共費去吧錢貳佰壹拾伍文零伍鈁半。

一 買大油面磚一千三百十四塊，共去吧錢壹佰伍拾玖文貳鈑肆鈁半。

一 買和蘭油桐油，共去吧錢玖拾文零叁鈁。

一 漆亭漆籠漆桌，共去吧錢叁佰叁拾陸文貳鈑肆鈁。

一 買尺仔磚六千一百十六塊，共去吧錢壹佰肆拾壹文壹鈑壹鈁半。

一 買漆三千三百十二并辰漆一百七十八，共去吧錢陸拾文壹鈑肆鈁。

一 柒碑刻字，共去吧錢肆拾柒文壹鈑零半鈁。

一 買壳灰一千四百十九籠，共去吧錢壹仟柒佰柒拾叁文零叁鈁。

一　買包料金若，共去吧錢貳佰肆拾柒文貳鈸零半鈁。

一　增補抹壁竪磚漆碑油料磚灰并工資雜費，共吧錢捌拾玖文叁鈸伍鈁。

一　買尾陳灰一萬八千二百四十五斤，共去吧錢柒拾壹文貳鈸貳鈁半。

一　倚木匠工錢，共去吧錢柒佰陸拾壹文貳鈸肆鈁。

總共費錢柒仟零肆拾叁文零叁鈁。

乾隆伍拾伍年歲次庚戌蒲月　日穀旦。

一八一　井里汶重建潮覺寺牌（一）

【碑刻名稱】井里汶重建潮覺寺牌（一）
【材　　質】木材
【形　　制】長方形立牌
【尺　　寸】長一百六十二厘米、寬六十八厘米
【書　　體】楷書
【碑　　額】無
【碑　　題】重建潮覺寺
【碑文撰者】潮覺寺董事人
【碑文書丹】無
【立 碑 者】潮覺寺董事等
【立碑時間】清道光九年（一八二九）
【存　　佚】現存
【地　　點】印度尼西亞西爪哇井里汶潮覺寺
【碑刻録文】

蓋聞莫爲之前，雖美弗彰，莫爲之後，雖盛弗傳。我汶前賢審山川之形勝，左海右山，始建寺於斯焉，後人繼而名之曰「潮覺寺」。賴慈悲之影響，庇我民康，祐我物阜，一片婆心，其功可謂偉矣。緣亭宇歷年久遠，遭風雨之頽壞，莫可仰觀焉。維癸未年，甲必丹陳思齊首倡，率諸董事耆老公議，協力募緣，重修廟貌。謹涓於甲申年興工，未竣。後甲必丹陳光燦竭力贊襄，於是乎告成。雖無珠欄玉砌之美，然而畫棟雕梁，亦足以酬神息之萬一。茲將諸公士女姓氏勒載于左，庶以垂千秋之不朽耳。

甲必丹大陳諱光燦觀捐金柒佰捌拾盾；信士陳胤觀捐金柒佰捌拾盾；林宇觀、鄭汶觀、林長泰，各捐金肆佰肆拾盾；陳遜即捐金肆佰貳拾盾；甲必丹大陳諱思齊觀捐金叁佰壹拾叁盾；曹悦觀、黄科老、傅沃光，各捐金叁佰貳拾盾；林光榮捐金叁佰盾；姚永觀、陳子强、林文學、林應順，各捐金貳佰捌拾盾；陳森觀捐金貳佰肆拾盾；黄子賢捐金貳佰貳拾盾；李文觀、林光彩，各捐金貳佰盾；黄高觀捐金壹佰玖拾盾；薛廷禄、柯對觀、黄鳳山，各捐壹佰捌拾盾；陳環觀、陳香觀、陳婚抵、林佛觀、王景觀、陳滿郎，各捐金壹佰陸拾盾；王謹生捐金壹佰伍拾貳盾；薛紳長捐金壹佰伍拾盾；王文銀捐金壹佰肆拾肆盾；吴管仲、林香觀，各捐金壹佰肆拾盾；陳思觀捐金壹佰叁拾盾；吧城陳水觀捐金壹佰貳拾捌盾；林雙蝶捐金壹佰貳拾肆盾；林金郎、張細貳、謝和觀、黄玉璘、陳佛篆、鄭竈光、陳松茂、曾天球，各捐金壹佰貳拾盾；郭迎觀捐金壹佰零捌盾；游岐山捐金壹佰零肆盾；方東觀、柯怡老、林珠觀、姚變生、北茄浪、陳甲通老、陳鐵觀、陳錦郎，各捐金壹佰盾；黄漢洪捐金玖拾肆盾貳角；賴瞿觀、王珠生、侯道老，各捐金玖拾盾；黄冬水捐金捌拾柒盾柒角半；陳浴沂、王廖化、陳青松、林文堯、黄福山、徐典觀、陳明限、北茄浪文錦亞片公司，各捐金捌拾盾；連佛嘆捐金柒拾叁盾；林政營捐金柒拾貳盾；曾賢生、王計生，各捐金柒拾盾；楊蘭觀捐金陸拾捌盾；蔡璽觀捐金陸拾陸盾；林成君、傅池郎、曾相觀，各捐金陸拾肆盾；陳送觀、林備觀、陳專觀、謝蕃觀、謝窩水、陳五秉、招怡陳天賜、蘇九老、賴宗建、林建生、莊扒觀，各捐金陸拾盾；劉勉觀捐金伍拾陸盾；林文厚捐金伍拾貳盾；郭開俊捐金伍拾盾零貳角；曾鑾生、林伯隆、許著欝、許著□、許春觀，各捐金伍拾盾；黃天川、陳鴻猷、林研觀、宋庵觀、許隨觀，各捐金肆拾捌盾；施長發、詹平生、傅建生，各捐金肆拾肆盾；曾隴奇、王音觀，各捐金肆拾貳盾；王泰觀、陳坤山、陳浜盛、胡江漢、林筆觀、許文山、陳陽春、雍潑觀、碧源亞片公司、陳汶水、陳亞禄、陳苗觀、謝亞相、黃朝喜、黃天賞、黃鮮觀、徐友郎、陳文龍、戴禹郎、郭華觀、金玉泰鵬，各捐金肆拾盾；吴沐觀捐金叁拾柒盾；傅雁觀、傅衆觀、黃得三，各捐金叁拾陸盾；戴考觀、曾掌觀、柯雪觀、李淳芳、高宙觀、黃懷觀、林道觀、曾圓觀、傅利貞、詹典觀、李塘觀、賴振生、黃別觀、張宗興、陳鑽觀、黃高奢、陳鵶觀，各捐金叁拾貳盾；陳淡生、陳文泉、陳逢源、郭栽觀、陳武光、謝光夜、莊盛觀、林亞赤、陳池郎、林登科、王天榮、陳盛德、薛廷福、郭嫣力、陳世觀、陳深淵，各捐金叁拾盾；林團觀、吴元生、陳進觀、林新觀，各捐金貳拾捌盾；高良和捐金貳拾陸盾；鄭益觀、高梓府、陳官墻、李明德、黃鑿觀、傅光珍、許二雷、王挺觀、林光魁、吴亞爻、李桂觀、王諧觀，各捐金貳拾肆盾。

道光己丑年臘月穀旦立。

一八二 井里汶重建潮覺寺牌（二）

【碑刻名稱】井里汶重建潮覺寺牌（二）

【材　質】木材

【形　制】長方形立牌

【尺　寸】長一百六十二厘米、寬六十八厘米

【書　體】楷書

【碑　額】無

【碑　題】重建潮覺寺

【碑文撰者】潮覺寺董事人

【碑文書丹】無

【立 碑 者】潮覺寺董事等

【立碑時間】清道光九年（一八二九）

【存　佚】現存

【地　點】印度尼西亞西爪哇井里汶潮覺寺

【碑刻録文】

信士黃甘淑、薛光玖、傅榮官、德源公司、陳五成、鄭讀觀、陳天成、姚抛觀，各捐金貳拾肆盾；陳綠波、林四美，各捐金貳拾貳盾；陳廷達、戴容觀、高閏生、王海生、蘇籠寧、傅三全、曾滑容、陳□觀、沈連郎、陳亞源、黃肇昌、黃茂觀、陳輔水、林壇觀、石長庚、林甲生、黃光晴、高昂觀、林谷觀、薛廷科、賴蓮招、傅增老、林三才、陳媽恩、陳松柏、張委觀、張偉元、傅大吉、薛場觀、黃暖觀、陳茂觀、葉爵觀、王首觀、林銀觀、周慨然、温典柏、陳大旁、甘沃水、王文也、吴亞泰、曾才觀、黃正山、陳天和、黃雪觀，各捐金壹拾捌盾；楊哥忠捐金壹拾柒盾；張士宗、鄭欽明、陳擠郎、王進興、黃快觀、莊合觀、陳漾觀、高珍觀、周淡望、王榜觀、李臺觀、郭全觀、郭章觀、涂仕杰、楊正老、許尚觀、黃南靖、曾恒觀、李聲觀、陳天乙、黃間觀、曾秀觀、劉鳳秀、陳焕觀、吴大乾、陳伯玉、曾杰水、柯胡觀、柯夏觀、李文雅、林令觀、陳永南、楊春觀、曾文山、賴福山、曾三奇、施光邦、林啓昭、黃景成、林允觀、陳賓卿、吴沉觀、張茂觀、黃肇雄、姚陸觀、張寅生、陳時茂、陳少塘、吴傳觀，各捐金壹拾陸盾；吴榮觀捐金壹拾伍盾；連洗觀、雲薛禄生，各捐金壹拾肆盾；詹養生、林文觀、陳瑞祥、黃汶觀、蕭愛光、楊坤觀、陳順兒、黃爽觀、鄭福生、陳題觀、陳亞堂、柯超觀、陳和登、陳清爵、涂仕喜、蕭德光、林乾坤、林四茂、羅亞興、莊所觀、郭萬山、黃沃水、黃光集、陳茂盛、蕭隆觀、陳容觀、謝蘇元、黃光振、劉登財、陳文淵、陳偶然、陳永成、孫邦彦、陳桂觀、歐英和、傅幹才、陳仁成、林雹觀、張腫觀、李漂觀、謝鴻觀、黃猛觀、薛羅觀、楊孫觀、吴亞芝、吴廣觀、胡直觀、曾世觀、蔡國觀、周富觀、許朵觀、楊籃觀、陳媽撰、陳胡護、林天送、永興號，各捐金壹拾貳盾；邱却川、陳諶觀、陳忠寧，各捐金壹拾壹盾；林大裕、陳遜水，各捐金拾盾零肆角；黃注觀、謝世觀、黃湛觀、傅杰琳、方相觀、陳仕芳、傅玉水、吳亞光、林茂山、黃□□、黃并觀、源利公司、李寅申、陳感和、王聘觀、黃影順、黃振利、蔡明質、黃三臺、黃達觀、陳思謙、黃壬合、林垂名、郭顯觀、林泰觀、陳建合、陳□合、蔡祥合、林兌合、陳□□、王聞觀、陳寶泉、黃淵觀、陳岱山、黃永翰、林□觀、林登堅、陳東泰、曾堂觀、鄭垂觀，各捐金壹拾盾；許啓觀、涂四期，各捐金玖盾肆鈁；蔡芹觀、顏協興、姚□觀，各捐金玖盾；朱亞貳、鄭裕觀、鄭茂生、林桂觀、戴漂觀、施尊賢、葉文福、許葛觀、鄧亞土、陳敏觀、楊記觀、沈標觀、邱月里、吳縛觀、薛行義、黃燕觀、王友恭、顏白溪、施弼觀、莊拱觀、楊奇謀、陳流生、莊陸壹、余得勝、鄧邦華、張亞成、鄭潛觀、陳長庚、陳應觀、林情兵、黃夙載、馮四海甲、楊穆昌、黃碑然、郭文童、陳商觀、柯綿觀、陳天成、曾亞昌、林安觀、游洪珠、林光斷、王漢德、葉然觀、陳羅觀、鄭井里、宋禄觀、賴滿司、曾玉贊、蘇信觀、柯九觀、莊整觀、李□生、陳津郎、陳木生、李變桂，各捐金捌盾；郭來觀捐金柒盾半；陳貳郎、林贊觀、劉評秀、陳珠開、何拱文、蘇成章、郭勝觀、陳泰山、陳金生、黃亞祐、林亞哉、吳春生、謝但觀、馮秉觀、莊畫觀、蔡哲生、黃仁觀、余奎保、黃約觀、朱金山、要曾述、謝初觀、黃南陽、蔡會生、黃温强、洪足觀、郭引觀、涂静觀、王田觀、李亞茂、翁籌觀、邱活觀、薛烹觀、陳振棧、唐俊郎、唐池郎、鄭慶觀、陳鐮觀、唐宏舟、陳高觀、林河東、陳倉觀、林思觀、林冷觀、曾王匹、楊聚會、姚光伴、曾請觀、林丕觀，各捐金陸盾；羅亞王、架陳徹、陳茂忍、黃清河、王神助、葉溪觀、蔣天雨、黃明良，各捐金伍盾；王江觀捐金肆盾肆角；陳珍觀、黃研觀、徐廣觀、辛興泉、劉清吉、陳雅南、林松德、王壬生、郭顏生、李丁郎、林國司、陳北觀、唐經觀、林夢僧、曾進生、陳忠觀、曾賢觀、陳景山、葉前勛、曾□觀、林元法、鄭雙桂、蔡金江、鄭協水、蔡啓茂、黃顯祖、謝振成、黃察光、施禄觀、林理寶、陳霞村、劉蘭觀、施天賜、林瑞明、林塘觀、陳水生、周成都、李鳴觀、薛拱陳水觀、陳天福、陳天禄、黄遠祖、王金利、張安合、陳貴合、鄭糾合、李管東、蔡斐合、吳哪合、柯建觀、柯發老、曾渲揚、吳温觀、林利觀、陳信友、黄江水、楊然觀、林寶郎、林裕生、薛光炎、黄光草、吳招生、黄觀、陳意觀、陳果觀、黄杰觀，各捐金肆盾；林寧觀、李良山、黄九連、林讀觀、陳福寧、林潤觀、陳塘觀、各捐金貳泰□、胡丕□、何戟觀、楊佛觀、張大籐、何光紀，各捐金叁盾；曾秀五、黄儒生、蔡雙泉、曾三高，張才盾捌；古仁司、陳麒麟、黄文山，各捐金貳盾肆鈁；黄芳宗、楊宗觀、陳碧觀、劉炳三、藍華柏、賴士章、蔡長柏、謝珠觀、張心静、陳朱池、陳擒岩、黄溪水、戴景成、沈□□、胡廷峰、黄貴美、黄曲生、連壹香、許沛、連延觀、曾戎觀、林艷觀、李標觀、許元和，各捐金貳盾；王才觀、陳保郎、陳其若、陳若生、陳成仕、順雨、林芳觀、林淇生、陳超忽、郭上合、戴謀觀，各捐金壹盾。

一　本埠及外商諸信士捐緣金共收來銀貳萬壹仟肆佰叁拾壹盾叁角半。

一　義祠公項支用來銀壹仟玖佰壹拾盾零柒角叁占。

一　本亭做慶成存來緣金柒佰柒拾肆盾捌角肆。

一　修理亭所剩器類對象共花來銀肆拾柒盾伍角。

計四條總共花來銀貳萬肆仟壹佰肆拾肆盾伍角。

一　總開工料及諸償計共出去銀貳萬肆仟壹［佰肆拾肆盾伍角］。

道光玖年歲次己丑臘月穀旦立。

一八三　井里汶重建潮覺寺碑記

【碑刻名稱】井里汶重建潮覺寺碑記

【材　質】木材

【形　制】長方形立牌

【尺　寸】長一百六十二厘米、寬六十八厘米

【書　體】楷書

【碑　額】無

【碑　題】重建潮覺寺碑記

【碑文撰者】董事甲必丹陳望勳

【碑文書丹】無

【立 碑 者】潮覺寺董事等

【立碑時間】清光緒十五年（一八八九）

【存　佚】現存

【地　點】印度尼西亞西爪哇井里汶潮覺寺

【碑刻録文】

重建潮覺寺碑記

原自白馬馱經，南土闡菩提之教；青鴛戢宇，西方來貝葉之文。厥後慈航普濟，德挽三途，覺路宏開，恩全四大，此祇陀太子精舍獨開、武帝梁皇浮圖廣建者也。潮覺寺者，供養我佛之所也，左海右山，頗饒形勝。至今數百年，仗神光而庇我邦人者，尚有餘驗焉。

乾隆五十五年，甲必丹陳曰英倡捐重修，壯麗輝煌，規模美修。至道光三年，精形剥落，甲必丹陳思齊，雖有募修，而未遂。越年，家曾祖甲必丹陳光燦直踵成其事。之數公者，其功德誠有在人耳目間也。迄今歲遠年湮，風銷雨蝕，昔之寺院巍峨者，今則垣墉頽敗矣。昔之榱題丹雘者，今則楹梁朽腐矣。不特無以妥我佛之英靈，并無以紹我前人之光烈也。兹丁亥秋，甲必丹鄭益源，有志克修前業，恢復舊觀，不謂土木之工方興，而竟弗伸其志願。事雖未成，而功亦甚偉歟。望勛世受國恩，屢蒙佛蔭。是冬忝叨晋秩之命，立承董理，其權規模，悉仍舊貫，資用亦本勸捐。無如數年來商風不振，所捐之緣資有限，公項又竭盡而無餘。然修理之事，費用浩大，苟不設法，安見其不日成之？於是，爰請我邦人耆老，僉議悉妥，因將公業擇其一二，權且變出該項，庶可助其贊襄。兹當落成之日，誠恐前輩巨功，與夫捐緣善士，泯没不彰，誠爲足惜。用是歷舉緣由，并陳即事，特付剞劂，以壽貞珉，庶我佛之寶刹，永耀山河，而善士之芳名，亦常昭日月矣。是爲序。

董事甲必丹景美號陳望勛捐緣銀壹仟盾正；雷珍蘭郭源美捐緣銀叁佰盾正；雷珍蘭鄭逢源捐緣銀叁佰盾正；鄭煥章捐緣銀肆佰盾正；陳光文捐緣銀叁佰盾正；謝振成、林文喜、林金蘭，以上捐緣銀貳佰盾正；實叻山仰棧捐緣銀壹佰陸拾盾正；黄述信、鄭珍鴻，俱捐緣銀壹佰伍拾盾正；鄭文君、鄭茂生，俱捐緣銀壹佰肆拾盾正；黄江泉、鄭丙丁、鄭肉萱、薛櫃官、曾媽和、平安堂、陳炳南、李榮德，以上俱捐緣銀壹佰盾正；陳自求、林綽官、黄蕃薯、黄旺建成棧，以上俱捐緣銀捌拾盾正；芝光山雷珍蘭黄錦順捐緣銀陸拾盾正；楊井泉、和順源洋船、黄蕃薯、黄旺官、李渭淼、呂水雹、呂貴越、林贊榮、黄春泰、□文祥、張文山、合盛棧、邱應萬、陳取生、郭文隆、蔡咸亨，以上俱捐緣銀伍拾盾正；吴石生捐緣銀肆拾盾正；蔡源猷捐緣銀叁拾伍盾正；陳壬寅、陳果能、建美號、章南昌、鄭清禄、洪炳耀、陳滄濤、吴意綿、陳勝蛟、鄭芳扭、鄭錐官、楊神助、吴榮財、蔡自得，以上俱捐緣銀叁拾盾正。

大清光緒己丑年桂月穀旦立。

一八四　井里汶潮覺寺重修碑記

【碑刻名稱】井里汶潮覺寺重修碑記
【材　質】木材
【形　制】長方形立牌
【尺　寸】長一百六十二厘米、寬六十八厘米
【書　體】楷書
【碑　額】無
【碑　題】潮覺寺重修碑記
【碑文撰者】董事甲必丹陳望勛
【碑文書丹】無
【立 碑 者】潮覺寺董事、總理等
【立碑時間】清光緒十五年（一八八九）
【存　佚】現存
【地　點】印度尼西亞西爪哇井里汶潮覺寺
【碑刻録文】

潮覺寺重修碑記

潮覺寺重修出入諸費開列：

一　收公規例一萬一千四百二十四盾。

一　收大櫃銀八千九百二十七盾五十五。

一　收賣加美萬邊厝一間一千九百盾。

一　收捐金八千一百八十四盾五。

一　收林朝水還公七十五盾。

一　收賣舊柴鐵器二百二十八盾零八。

一　收蘇富禮還公五百盾。

一　收張文才厝租八十四盾。

一　收賣八之蘭厝一間二千六百盾。

一　收陳文武還公二千二百七十一盾八五。

一　收潤洋振和還公四百五十盾。

一　收捐壁畫七百十七盾。

計十二條三萬七千二百九十四。

所有應用諸費開列：

一　買噁汶油四千四百四十四盾四。
一　開買石沙一百十九盾一八一。
一　買紀磚七百五十四盾零五。
一　買星瓦二百三十一盾八四。
一　買碌磁器一百二十三盾七。
一　買□□籐竹器九百八十一盾九。
一　買油漆料一千三百九十五盾二。
一　倩傭工六千三百六十四盾五五。
一　鋸柴抽工六百八十四盾一二五。
一　千刀釣買三百三十六盾。
一　鐵器餉三百五十四盾八。
一　匠人往返船租四百八十九盾四。
一　先生四人筆資二百三盾。
一　買石灰一千三百三十二盾一三五。
一　買石玲二百三十五盾三。
一　買油面磚六百三十四盾四五。
一　買銅鐵器三百四十六盾八二。
一　買燒磁危子一百三十八盾一五。

一　買金範一百三十六盾七二二五。
一　買土木匠一千五百九十六盾八二。
一　油漆工七百三十七盾五。
一　裝神像一千盾。
一　土木匠花工二百五十三盾三三。
一　開飯食一千七百二十盾一八五。
一　鐫磚二片工一千一百七十二盾八五。
計二十五條銀三萬七千三百一十九盾四。
上下對除外通符明白。
另録捐金諸名次于左補前牌所未備：
吴永源、鄭三坤、鄭源成、徐長美、陳章看、陳朱援、柯德福、郭瓊堀、高朝官、自成號，以上各四十盾，計四百盾；歐泰山、林榮木、鄭天輝、邱源貞、宋鴻義、楊神助、黄紅蜻、陳源盛、連七官、林鎮官、林木生、林苣官、鄭國珍、曾慧官、郭西連、蕭長命、許百意、許百軍、劉富文、吴音聯、黄來春、陳榮發、陳遠水，以上各捐金卅盾，計六百九十盾；陳金來、葉天祐、陳光臨、黄松柏、吴高山、陳鞠良、陳思文、歐合順、鄭清泉、林玉俱、吴汀官，以上各捐金二十五盾，計二百七十五盾；陳長順二十五盾；吴正禮、吴鴻章、吴福長、吴榮時、楊錫籌、蔡瓊芳、劉萬宣、李茂官、楊宋泰、楊采官、蔡盆官、張文才、陳道平、鄭大成、林黨官、甘應龍、黄梓官，以上各二十盾，計三百四十盾；陳基照、蔡鵬官，以上各十五盾，計三十盾；林金沙、楊九爐、黄成官，以上各十二盾，計三十六盾；陳清標、陳忠源、陳有安、陳有財、陳三哥、陳助官、陳湘如、陳加興、陳江山、陳文映、陳文溪、陳有民、陳貴德、陳啓泰、陳清謙、陳春郎、陳肇祚、黄高生、黄璋官、黄晋鄉、黄順興、黄漢安、黄紅桃、黄景福、黄隻喜、黄奇官、黄嗎智、黄再喜、吴堆美、吴亞讀、吴福忠、吴福生、林三多、林贊禮、林其全、林長興、林國才、林天文、林源水、林榮齊、李真柏、李泰山、李主惠、王扶老、王信專、王錦祥、王春蒲、王福章、蘇瓊官、蘇振武、蘇成周、鄭耀講、鄭竿官、鄭錦紳、鄭雁官、鄭康三、鄭芳竈、鄭神祐、鄭醉官、薛景美、薛景篇、邱泰山、邱選娘、蔡宋賓、蔡金國、謝文質、徐榮仁、曾振禮、曾甲生、楊英官、楊秉坤、許逸生、石振富、趙阿軒、洪樹官、范福二、藍清港、懷德居、莊長芳、柯文美、施布官、葉天隆、連萍官、方添財、張寬盛、鍾和勝、鍾阿□、鄭生官，以上各十盾，計八百八十盾；三合號、鄭鑒官、鄭厚官、黄選官、許存轉、鄭開官、康烏□、吴温甫，以上各三盾，計二十四盾；歐春榮、林文福、蔡燒官、林連生，以上各二盾，計八盾。

大清光緒十三年丁亥興工，至己丑年　月　日竣工。

董事甲必丹大陳望勛，總理陳尊賢、林金沙仝立。

一八五　創建廣福宮捐金碑記

【碑刻名稱】創建廣福宮捐金碑記
【材　質】石材
【形　制】長方形立碑
【尺　寸】長二百二十六厘米、寬九十八厘米
【書　體】楷書
【碑　額】無
【碑　題】創建廣福宮捐金碑記
【碑文撰者】無
【碑文書丹】無
【立 碑 者】廣福宮董事人黄金鑾等
【立碑時間】清嘉慶五年（一八〇〇）
【存　佚】現存
【地　點】馬來西亞檳城廣福宮
【碑刻録文】

創建廣福宮捐金碑記

昔先王以神道設教，其有功斯世者，雖山陬海澨，舟車所至者莫不立廟，以祀其神。今我檳榔嶼開基以來，日新月盛，商賈雲集，得非地靈人杰，神之惠歟！於是萃議創建廣福宮，而名商巨賈，僑旅諸人咸欣喜悦，相即起庫解囊，争先樂助。卜吉迎祥，矯工興建。不數月而落成，廟貌焕然可觀，胥賴神靈默助，其德澤宏敷遐邇，同沾樂利，廣福攸歸，遂謹其始肇，記諸芳名，以垂不朽焉。

董事人黄金鑾、曾青雲。嘉慶五年歲次庚申一陽吉旦立石。

各信助金開列：

吴甲必丹大捐金貳百大員；蔡甲必丹捐金貳百大員；曾青雲壹百貳十七大員零八錢；胡永茂酒廊壹百貳十大員；賭公司捐金壹百大員；烟景公司捐金壹百大員；胡德壽捐金壹百大員；曾朝官捐金壹百大員；褚艷官捐金壹百大員；辜懽官捐金壹百大員；高瑧官捐金陸拾貳大員；曾天貫捐金陸拾貳大員；葉和官捐金陸拾大員；曾淵官捐金五拾七大員；王攀桂捐金五拾大員；會合班捐金五拾大員；楊魴官捐金五拾大員；陳送官捐金五拾大員；邱來官捐金四拾六大員；張琶官捐金四拾大員；吴等官捐金叁拾大員；周斐文官捐金叁拾大員；劉鐵官捐金叁拾大員；陳閏官捐金叁拾大員；陳如圭官捐金叁拾大員；林高升官捐金叁拾大員；陳記娘捐金叁拾大員；王翰官捐金貳拾五大員；黄宰官捐金貳拾五大員；謝立官捐金貳拾五大員；吴佳和官捐金貳拾五大員；邱堯官捐金貳拾五大員；黄媽生官捐金貳拾大員；許訓官捐金貳拾大員；邱益官捐金貳拾大員；邱篤官捐金貳拾大員；邱旁官捐金貳拾大員；謝仰官捐金貳拾大員；林企官捐金貳拾大員；謝坎官捐金貳拾大員；謝仁杰捐金貳拾大員；曾大輝捐金貳拾

大員；蔡泰官捐金貳拾大員；蔡壬癸捐金貳拾大員；黃田官捐金貳拾大員；曾合官捐金貳拾大員；江成官捐金貳拾大員；曾仲官捐金拾六大員；廣和公司捐金拾五大員；陳盼官捐金拾五大員；江審官捐金拾五大員；楊帝官捐金拾五大員；楊喜官捐金拾四大員；鄭阿來捐金拾叁大員；張聯生捐金拾貳大員；陳漢官捐金拾貳大員；謝成官捐金拾貳大員；林紹記官捐金拾貳大員；林恒官捐金拾貳大員；林粟官捐金拾貳大員；林綸官捐金拾貳大員；林海官捐金壹拾大員；林嵩官捐金壹拾大員；邱乾官捐金壹拾大員；朱岩官捐金壹拾大員；林仕仿官捐金壹拾大員；余廣官捐金壹拾大員；江偕官捐金壹拾大員；蘇隆贊官捐金拾大員；陳紹官捐金壹拾大員；周音官捐金壹拾大員；石忠官捐金壹拾大員；陳創官捐金壹拾大員；黃北源官捐金拾大員；吴天成官捐金拾大員；陳秀參官捐金拾大員；曾樹德官捐壹拾大員；蔡紹官捐金壹拾大員；薛世官捐金壹拾大員；謝水生捐金壹拾大員；王瑞官捐金壹拾大員；林象官捐金壹拾大員；甘等官拾員；謝志官拾員；曾評官、吴建智、何盛官，已上捌員；林立官、謝汝官、謝奕官，已上七員；周趙官、謝如官、謝翰官、邱前官、蔡茂官、蔡堅官、蔡莪官、謝耀官、湯斷官、蔡三官、蔡及官、連光官、顏記官、黃獺官、邱登官、史項官、史牽官、周納官，已上六員；朱錦官、楊調官、周俊官、王霸官、黃林官、朱源官、朱隆官、陳必壽、羅昌禮、黃新增、吴子陽、陳阿知、黃盛官、謝信官、蔡鳳池、林昭清、蘇溪官、林掌官、劉賽官、陳鞍官、楊順官、馬漏官、蘇嫣思、陳絨官、黃談官、藍燕全、楊捧官，已上五員；曾候官四員六錢；胡勛官、李恭官、楊陽貨、許豐隆、邱冷官、詹塞官、林天后、葉珍官、曾現官、楊瑞宏、邱炳官、柯松如、柯光柄、蔡昭夥、林興宗、曾迪官、邱細官、陳彩鳳、郭水官、謝光蔭、王有理、邱再官、謝敢胡、史頂真、胡篤官、朱金官、吴胡官、林妙官、江三貴、邱强官、曾炙官、吴金拔、黃蟾官、林益官，已上四員；藍朝清叁大員半；陳良玉、陳慶雲、羅周官、胡益孚、饒俊林、陳紅魁、張阿勛、陳盛桂、嚴福元、羅鰲遠、王雨水、曾廩官、曾全官、謝勇官、李然官、程偕官、林博官、林等官、林衛官、江松官、劉蘭官、張光贊、甘眼官、盧光前、謝天送、吳思慶、葉華官、魏朱軒、曾愈官、郭煥官，已上叁員；黃元捷、陳阿保，已上貳大員半；王聲利貳大員二錢半；陳細妹、羅熊周、陳宗秀、饒桂芳、羅瑶周、廖文鵠、黃文添、藍崇會、羅廷海、藍繼會、朱贊隆、陳可彩、楊學桂、張阿松、唐三元、陳來秀、孫阿華、李瑞和、陳可資、楊桂官、陳可亨、胡益光、吳訓香、唐憲庭、羅賚肇、曾聯應、張和壽、羅昌登、羅秀發、羅純周、饒宗茂、羅珍彩、陳元清、李采瑜、古考芳、饒獻麟、張位才、羅昌華、胡益時、陳樹會、鄧德新、賴阿文、張常輝、余元進、羅昌儒、宋作森、賴居順、莊鍾官、謝捧官、石碧官、林欣宇、方升官、黃沐官、羅標官、江海官、邱藝官、陳嫣德、陳有官、林厚官、王心官、曾玉官、陳錦盛、蔡省官、楊鳳官、曾路官、林右官、邱漢官、徐聰明、陳迫榮、陳添水、蔡游官、何續水、謝狗官、楊皇官、林如圭、吳旦官、沈昭駒、陳催官、林簾官、徐協齊、曾狀官、葉默官、曾槊官、陳清水、高珠官、吳悟官、曾潤官、林全官、林俊官、吳興贊、甘怡官、曾咏官、蔡南官、王智官、許尊官、陳國官、林基官、陳稚意、楊聯芳、陳顒官、周清官、何彩官、陳泠官、黃欽官、葉底官、楊報官、楊右官、黃天宋、蔡宅官、饒慶芳，已上貳員；羅門謝氏娘貳員；黃興官、羅日周、冼君寬、陳燕華、陳代官、張安茂、邱茂生、陳習戊、胡元奇、宋仁連、張奎秀、邱就官、曾嫣官、曾娘官、黃塔官、蔡明官、王麗水、邱怨官、曾水官、余秀官、謝咏官、洪鞍官、邱水官、林甘官、梁叫官、嘔候官、邱德昌、陳麟官、謝充官、蘇抱官、葉斗官、曾滔官、曾沛官、林岑官、柯佛生、邱蘭官、謝次官、謝蔡官、余立官、林乾元、甘光斷、陳株官、温湖官、高臥官、陳慨官、甘勝官、游請官、曾丕官、謝阿袍、廖阿貴、孫有亮、傅扶興、嚴宗福、彭昌文、鄧德構、鄭有進、陳光明、謝阿富、巫昌美、藍造文、余阿進、陳麟書、張殿浩、曾開進、余璉周、徐接光、翁奕梅、羅俊愷、陳玉川、翁喜振、陳國忠、古阿茂、高瑞雲、黎禮貴、楊回章、葉奕標、葉發元、羅啓遠、潘廷惠、張才昌、黃阿龍、趙細五、黎有盛、陳聲鳴、楊東元、張運

興、温裕仁、饒槐林、劉德華、廖阿三、藍奏文、黃振通、曾皇仁、林元富、陳阿通、羅加遠、張燕帷、王作
華、羅昭彩、羅昌祥、陳旭慶、陳允禄、羅裔遠、鍾禎幹、廖僯生、羅讀周、胡斌撰、羅攀遠、蘇焕述、廣豐
號、陳景仁、陳允信、楊瑞喜、胡接昌、羅誦周、胡抱仁、羅奇周、陳捷善、胡堯謙、羅往遠、陳廷柱、杜德
榮、曹增興、鄭祖建、朱朝貴、陳永發、羅才官、謝及泰、黎阿貴、羅俊彩、陳英明、蘇雙秀、饒寧基、蘇文
昌、朱福生、李阿朴、魏毓就、廖品輝、鍾振波，已上壹員。

一八六　重建廣福宮碑記（前碑）

【碑刻名稱】重建廣福宮碑記（前碑）
【材　質】石材
【形　制】長方形立碑
【尺　寸】長一百六十厘米、寬六十八厘米
【書　體】楷書
【碑　額】雙龍朝日
【碑　題】重建廣福宮碑記
【碑文撰者】無
【碑文書丹】無
【立 碑 者】廣福宮董事
【立碑時間】清道光四年（一八二四）
【存　佚】現存
【地　點】馬來西亞檳城廣福宮
【碑刻録文】

重建廣福宮碑記

檳榔嶼之麓，有廣福宮者，閩粵人販商此地，建祀觀音佛祖者也，以故宮名「廣福」。初之時，相陰陽立基址，美輪美奐，前落慶成，亦見經營締造已，而規模未廣也。夫臨上質旁，非潔清不足顯慈光之普照，非宏敞不足尊神聖之莊嚴。甲申歲，乃募勸題，各捐所願，運材琢石，不惜資費，重建後進一座。告成後，載祀列聖之像于中，旁築舍以住僧而整頓之。當斯時也，來禱祝者，庭階霧靄，壯觀瞻者，棟宇雲連，明禋永奠，肅然穆然，非重建者之與有勞也哉！且夫前人樂建斯宮，今增而麗之，則慕乎今而更恢其量者，亦事之有必然也。可無預以動之與？故列叙捐題諸姓名，泐之于石，非炫美也，以俟將來同心者相觀而感勸云爾。誠如是，廣福宮歷萬古而長新矣。

梁美吉捐銀壹仟大元；林嵩泮捐銀捌佰大元；甘時雨捐銀肆佰捌拾元；李獺捐銀貳佰陸拾元；胡阿聯喜助地一所；邱明山捐銀壹佰陸拾元；周叠興捐銀壹佰陸拾元；劉美利捐銀壹佰貳拾元；謝歲捐銀壹佰貳拾元；王雨水捐銀壹佰貳拾元；陳抱宇捐銀壹佰貳拾元；鄭昭保捐銀壹佰貳拾元；李磚捐銀壹佰大元；謝龍、林東、温紫雲、林高生、方焕、王仲仕，各捐銀捌拾元；吴昭間、邱漢候、李上智、曾昭輅、黄昭道、曾昭賜、李起、林感、曾相、黄夏、林鳳娘，各捐銀陸拾元；戴汶娘捐銀伍拾大元；陳萬壽捐銀肆拾捌元；邱意成、胡蔚、陳叁、陳太岩、王羨、邱月照、林媽禧、謝振昌、邱華習、黄阿懊、黄阿順、林任信、辜國彩、謝致中、李祥，各捐銀肆拾大元；顔添澐、陳阿酣、謝阿鐵、李添成、陳成交、沐如賢、謝藕水、陳權，各捐銀叁拾貳元；何道、邱埈整、邱文沙、馬德、周天機、陳天福、文阿科，各捐銀叁拾元，邱閭鳳捐銀叁拾大元；梁壬癸捐銀貳拾伍元；王弁、陳霜、蘇子交、邱昭取、李青龍、陳秀超、謝長金、邱元琴、謝波郎、謝宜纓、張萬玉、李清機、謝賢、孫幸遇、周斉、邱雙春、甘四教、羅阿芬，各捐銀貳拾肆大元。

一八七　重建廣福宮碑記（後碑）

【碑刻名稱】重建廣福宮碑記（後碑）

【材　質】石材

【形　制】長方形立碑

【尺　寸】長一百六十厘米、寬六十八厘米

【書　體】楷書

【碑　額】雙龍朝日

【碑　題】重建廣福宮碑記

【碑文撰者】無

【碑文書丹】無

【立 碑 者】廣福宮董事

【立碑時間】清道光四年（一八二四）

【存　佚】現存

【地　點】馬來西亞檳城廣福宮

【碑刻録文】

李阿敏、李儘，各捐銀貳拾肆大元；林士滚、謝宗武、尤彪、謝述、阿孫、黄怡文、李咸、甘怡、陳播、林嫣爽、鄭阿寬、曾昭保、鄭阿昌、王芳園、林化、邱福財，各捐銀貳拾元；謝應時、施章、洪連枝、陳布、陳三宗，各捐銀拾陸元；曾提、邱華注、李記、何盞、邱宗炮、林郡、邱書田、李朗、蔡金生、李岳、許球、陳阿洪、謝宏、林辨、戴阿洪，各捐銀拾貳元；蔡元素、馬邊、林艷、何象、葉岌、顔鈎、吴湖、謝來、林雪、邱水、邱如嵩、邱科、邱彼南、周初學、甘遠、林可、葉琛、邱亦章、謝英、李天意、王紹熊、謝有生、伍識文、康阿全、李文秀、甘蘋、林祖惜、謝仲、林響、林磚、林馬三、蔡其美、陳擠、邱埈王、邱香、葉參、鍾茂鑒、徐德兼、尤賢、蔡應扶、莊資深、周四一、楊金水、賴隆生、王喬、徐阿六、謝敦、謝保、葉香、廖傳歡、胡浩中、陸阿智、伍阿經、劉阿厚，各捐銀拾大元。

道光四年歲次甲申臘月吉旦，董事邱明山、林嵩泮、何道、謝歲、梁美吉、甘時雨、邱埈整、謝清恩仝立。

一八八　重修廣福宮碑記（前碑）

【碑刻名稱】重修廣福宮碑記（前碑）

【材　　質】石材

【形　　制】長方形立碑

【尺　　寸】長一百六十八厘米、寬七十二厘米

【書　　體】楷書

【碑　　額】無

【碑　　題】重修廣福宮碑記

【碑文撰者】無

【碑文書丹】無

【立　碑　者】廣福宮董事

【立碑時間】清同治元年（一八六二）

【存　　佚】現存

【地　　點】馬來西亞檳城廣福宮

【碑刻録文】

重修廣福宮碑記

檳嶼之有廣福宮者，固兩省都人士所建，於以寧旅人而供香火也，其所由來舊矣。乃年代久遠，日就傾頹，歲在辛酉，欲從而更新之。爰集家長宣衆議，僉曰：「有基勿壞宜仍其舊；但榱桷之撓折廢壞者，從而易之；磚瓦之漫漶不鮮者，因而輯之。毋侈前人，毋廢後觀。」衆皆曰「善」。於是勸題議捐，因集腋以成裘，鳩工庀材，藉和衷以濟事。閱十二月而宮成。是役也，取材多，用物繁，使非都人士之捐金恐後，何以克倡美舉，以共成厥功。因欲志其事於貞珉，以垂永久。遂屬其序於予，予曰：「指困解囊，斯人之高誼也。增華踵事，家長之良圖也，其陰輔翼，使之踴躍捐輸者，則列聖之聲靈赫濯，有以誘其衷而觀厥成也。是宮既成，商民樂業。居常則祈福延禧，共遂家庭之樂，有事則解紛排難，同消雀角之爭，將見忠信篤敬，可行於蠻貊；睦姻任恤，旋睹於他邦。其所係者，又豈止寧旅人而供香火也。」是爲序。

嶙唧郡主許泗漳捐銀壹千大元正；伍積賀捐銀壹千大元正；邱昭修捐銀叁百貳拾元；邱四方捐銀叁百貳拾元；同知胡寧捐銀叁百大元正；陳中養捐銀貳百大元正；楊一潛捐銀貳百大元正；邱石泉捐銀貳百大元正；都司黃進德捐銀壹百伍拾元；李揚勝捐銀壹百叁拾元；劉如茂捐銀壹百貳拾元；李丕顯捐銀壹百貳拾元；國學涂繼昌捐銀壹百貳拾元；李丕承捐銀壹百貳拾元；謝昭盼捐銀壹百貳拾元；胡泰興捐銀壹百貳拾元；伍積春捐銀壹百大元正；貢元白齡捐銀壹百大元正；邱天養捐銀壹百大元正；張舉捐銀壹百大元正；職員邱心菊捐銀壹百大元正；黃新永捐銀壹百大元正；李成都捐銀壹百大元正；陳起光捐銀壹百大元正；林孝友捐銀壹百大元正；許栳合捐銀壹百大元正；黃遇捐銀壹百大元；廖五捐銀壹百大元；林奇賞捐銀柒拾元；黃陳慶捐銀陸拾大元；林秩音捐銀陸拾大

元；陳良堯捐銀陸拾大元；林光草捐銀陸拾大元；楊雙滔捐銀陸拾大元；林光瑶捐銀陸拾大元；康光蛋捐銀陸拾大元；潘營捐銀陸拾大元；胡圍棋捐銀伍拾貳元；盛記班捐銀伍拾大元；李滿捐銀伍拾大元；羅廣生捐銀伍拾大元；陳銀合捐銀肆拾大元；林墀郡捐銀肆拾大元；貢元黄城柏捐銀肆拾大元；邱柳幼捐銀肆拾大元；陳昭計捐銀肆拾大元；陳宏賢捐銀叁拾柒元；楊一田捐銀叁拾陸元；邱天德捐銀叁拾陸元；陳昭淡捐銀叁拾肆元；謝允協捐銀叁拾貳元；何金瓶捐銀叁拾貳元；林百德捐銀叁拾大元；李遇賢捐銀叁拾大元；職員邱玉磬捐銀叁拾大元；郭勝捐銀叁拾大元；謝伯夷捐銀叁拾大元；毛七潤捐銀叁拾大元；謝允佛、金發裝、金興裝、監生陳益三，各捐銀叁拾元；梅耀廣捐銀貳拾陸元；國學馮登桂、阮仁備，布政司理問羅訓長，陳安裝、陳勝裝，捐銀貳拾伍元；謝紹科、吴源信、陳合水、雍壽、林鳴鳳、黄元亨、林百甜、蘇三忍、楊兆熊、葉昭海、林順倚、會正元、温顔、顔元咸、周天賜、朱神祐、李清吉、楊竞贊、王文慶、潘安，各捐銀貳拾肆元；國學梅遠湛、許相待、官群益、徐漏、陳元光、許清機、鮑秩昌、陳鶴算、劉玉、李光柳、郭炳隆、林光都、劉三、莊粒、陳棟宏、邱天棟、王武昌、陳媽文、林平心、鄧謀發、周初、廖積，各捐銀貳拾元；林仁德捐銀肆大元；吴正輝捐銀叁大元。

一八九　重修廣福宮碑記（後碑）

【碑刻名稱】重修廣福宮碑記（後碑）

【材　　質】石材

【形　　制】長方形立碑

【尺　　寸】長一百六十八厘米、寬七十二厘米

【書　　體】楷書

【碑　　額】無

【碑　　題】重修廣福宮碑記

【碑文撰者】無

【碑文書丹】無

【立 碑 者】廣福宮董事

【立碑時間】清同治元年（一八六二）

【存　　佚】現存

【地　　點】馬來西亞檳城廣福宮

【碑刻録文】

邱瑞安、陳萬德、同發裝、金義泰裝，各捐銀貳拾元；郭八秀、陳嫣杏、鄭貴，各捐銀拾陸元；卓興、林子優、

鍾壯、孫廣林、陳才勝、陳潤德、徐元貴、梅元英、陳應祥、徐福全、梅南瑞、陳起煜、曹公歡、童壬、仁愛堂、新順裝、新興裝，各捐銀拾伍元；李連順捐銀拾叁大元；梅燦遠、葉嫣意、曹壽芝、楊開殿、廖庚發、陳赫、簡帶、謝鳥淡、陸金全、葉源成、張正淵、蔡紫初、楊書房、謝同生、陳奢、黃順昌、林正川、林三奇、謝揖瑞、謝振發、楊峰榮、林漏禧、謝有榮、甘秋波、林本春、陳玉貌、謝椗、邱如疆、甘金榜、謝得水、邱蛟、楊章學、謝愿、楊章華、謝柿、楊昭從、饒昭元、李普鎂、蘇老遷、謝楝、辜登春、邱源美、楊嘉禄、蘇木來、盧小學，各捐銀拾貳元；鄧洪耀、梅社祐、伍昌寬、黃丙，各捐銀拾壹元；梅秤輔捐銀拾元伍毫；鄭信明、吳邦基、陳尊球、邱源捷、梅遠淋、楊鋒潭、陳遲偉、楊四美、梅郁遠、林紫荊、國學梅杰、林香泉、梅錦瑞、翁聚吉、梅九成、陳能、梅熾耀、尤得意、梅乃贊、林天球、梅戊子、莊温柔、梅聖仰、李宇宙、梅有萬、周壬水、梅長好、謝和尚、梅逢茂、周外、梅神顧、楊宇宙、陳熾昌、楊智、陳見穩、陳天送、陳帝享、陳金發、陳昭老、陳殿聲、柯汝梅、陳春林、甘文藻、陳有志、柯四吉、陳興財、邱耀芳、陳日利、邱埈文、陳戊、許棋豹、陳瓊文、許妹、伍高明、蔡江發、伍積四、楊兩、伍文寶、林光啓、伍耀宗、林乙金、伍積齊、林長蘇、伍如祐、陳有預、伍文貞、林聰淵、伍百携、江光源、朱秀振、蔡有德、黃振豪、黃佛梅、黃進聰、黃廣波、黃長盛、黃燦怡、廖遇、阮天申、阮奇秀、阮有才、阮四、譚長先、鄧才貴、梁扶、梁文錫、梁名杰、胡里兆、何義壽、胡瑞蘭、朱基榮、胡俊福、蔡猪、胡才勛、朱雲秀、鄺觀沂、李英華、曹遲發、孫化、鄺静由、張盤殿、朱公活、唐根、楊源順、吕會榜、王什、張五妹、國學羅元豪、葉忠、趙宗兆、傅龍、昌連、鄢石先、梁日棠、李源大、李公安、李社寬、周聲豪、邱福龍、廖臣廉、劉顯文、巢豐、吴金妹、鍾松、張昌、譚元恩、羅指曾、劉光名、謝結、陳祐尊、林啓發、阮德、泗昌店、瓊聯興裝、伍舍强、黃求升、黃四、黃成志、羅聯曾、周仲鋼，各捐銀拾大元；胡腰娘捐銀貳百大元；胡門陳駕彩娘捐銀壹百大元；伍門陳玉娘捐銀伍拾大元；王心娘捐銀肆拾大元；李門房錦娘捐銀叁拾伍元；王清娘捐銀貳拾肆元；林墀郡、陳玉貌、杜宏謨、黃門鄧珠愛娘、謝瑞娘、陳門王氏蘭娘、戴居霧娘、梅門梁棠婆娘、辜朝霞娘、張門梁氏玳娘、梁細娘、周門邱氏玉娘、林準玉娘、郭門吴氏順娘、黃五娘，各捐銀拾大元；阮大振、伍百貴、李辛酉，各捐銀拾大元。

同治元年歲次壬戌臘月吉旦，董事楊一潛、梅遠湛、馮登桂、林啓發、黃進德、謝昭盼、梅耀廣、陳玉貌、邱石泉、黃百齡、林墀郡、杜宏謨仝立。

一九〇　廣福宫捐緣金銅板刻文

【碑刻名稱】廣福宫捐緣金銅板刻文

【材　質】銅材

【形　制】長方形横牌

【尺　寸】長一百零二厘米、寬三十六厘米

【書　體】楷書

【碑　額】無

【碑　題】無

【碑文撰者】無

【碑文書丹】無

【立 碑 者】廣福宫董事等

【立碑時間】民國十二年（一九二三）

【存　佚】現存

【地　點】馬來西亞檳城廣福宫

【碑刻録文】

廣福宮捐緣金銅板刻文

近觀本宮佛殿墻宇、匾額楹聯、鸞駕供桌，等等，盡被香烟常薰，實在不堪。兼之年久未曾修理，目睹不忍。今將各善信所奉獻之供桌、匾額等物以及佛殿門前各處，一概添金油漆。爲奈需款項甚巨，竟欲再將善男信女刻名供獻之物，開名報誠，惟有一時難以周知。故而謹擬暫將各善信發心捐資樂助各佛前長壽香花一款，移在大殿佛前添金油漆，莊嚴菩薩價土之較之長壽香花功德百分不及一。即如七寶所成，而此福德勝前福德，决定無疑。仰賴觀音佛祖，静光常照。各善男信女身體康健，人人平安，户户吉祥，福禄綏之。是序。

各善信按月敬捐緣金開列於後，中華民國癸亥歲次十二年十二月修整。

廣道和尚敬捐銀捌元；林有忠敬捐銀柒元；盛愷師敬捐銀叁元玖毛；林文進敬捐銀叁元伍毛；林英發敬捐銀叁元伍毛；陳氏馬娥敬捐銀叁元；王富娘敬捐銀叁元；盛恩師敬捐銀貳元伍毛；譚氏月生敬捐貳元；通禎師敬捐銀壹元；林氏月霞敬捐銀廿五毛；林準敬敬捐銀廿五毛；林明春敬捐銀伍毛；TVESOMASUNDARAM；CHETTIAR MONTHLY $1.50；PISPRAMANATHAN $1.50；ARRMSKASINATHAN $1.50；ALRMMMPALANIAPA $1.50；SVKKATHIRASEN $1.50。

打銅街三和號刻牌敬送。

一九一　倡修金德院、明誠書院前道路碑記及樂捐名銘

【碑刻名稱】倡修金德院、明誠書院前道路碑記及樂捐名銘

【材　質】石材

【形　制】長方形横碑

【尺　寸】長一百九十八厘米、寬五十六厘米

【書　體】楷書

【碑　額】無

【碑　題】無

【碑文撰者】陳一譽

【碑文書丹】無

【立 碑 者】吧國媽腰陳一譽等

【立碑時間】清道光二十六年（一八四六）

【存　佚】現存

【地　點】印度尼西亞雅加達金德院

【碑刻録文】

考先王建置街衢溝渠，以濟行人之艱，而又修除道路，仁惠廣布，萬民歌功頌德焉。我吧先人創立金德院、明誠

書院，以及造橋鋪路，無非爲吧人整齊風範計也。故每逢朔望之期，男婦老幼，文人學士，拈香禮神，必由此道以行。現際路途崩壞，崎嶇險阻，不獨乘輿有脱輻之嗟，而且徒步有褰裳之苦。譽目擊心傷，思夫家庭禍轉爲福，必望佛祖以相庇護。子孫目能識丁，必藉文公以爲提撕。意欲請工修理，以便吧人之來往，然家無千金之積，有其心而無其力。於是遍勸吧人欣心幫助，聚毛成裘，以成其事。如有不及費用者，余願承之。今則低者補之，壞者修之，道路平坦，行走無虞矣。是前人創之於前，而後人修之於後。有一點之善心，神明諒亦必報應之。余願望後人修心積德，凡此路中，若有崩壞之處，亦樂捐修理，神人共鑒，未必無少補云。是爲序。

同人樂捐名次并銀員開列于左：

媽腰陳一譽捐鐳壹佰貳拾盾；黄仲潤舍捐雷一百二十盾；欽賜甲必丹陳日郎官捐雷一百盾；王元隆官捐雷一百盾；陳令官捐雷一百盾；洪六律官捐雷一百盾；欽賜雷珍蘭李長官捐雷七十五盾；饒金官捐雷七十五盾；饒亞仕官捐雷六十盾；楊如松官捐雷五十二盾；欽賜雷珍蘭楊定光官、簡敬忠官、連鳳池官、楊成章官、鍾清泗官、陳正隆官、林三水舍、陳濬哲官、張木厚官、李文生官、陳雙春官、張勝鰲官、沈玉成官、雍傅光官、熊享彝官、藍奇杰官、葉成寶官、林霞官、劉弼官、蔡糧官、葉旋官、鍾煌二官、陳權官、張文官、伍淮官、吴麟官、江龍官、陳柳官、鍾興官，以上各捐雷五十盾；葉好官、林文仲官，各捐雷四十二盾；韓青山官、湯吾道官、陳光瑞官、涂亞盛官、蒲遠昌官，以上各捐雷三十盾；甲必丹黄永禄官、甲必丹黄燈光舍、雷珍蘭吴昭陽舍、武直迷林懷德官、陳梓培官、黄長安官、陳益郎官，以上各捐雷二十六盾；欽賜雷珍蘭陳奎炳官、欽賜雷珍蘭李伯泰舍、欽賜雷珍蘭陳永秀官、武直迷陳哲明舍、陳鑒昌官、鄭朝基官、施有長官、梁待老官、陳亞清官、陳學詩官、陳金水官、陳丹方官、林冉鑾官、吴江水官、許竹苞官、郭江漢官、李雲霞官、蘇天庇官、黄清秀官、李英川官、劉永南官、陳悦德官、李長茂官、范亞傳官、葉丁五官、陳金生官、源豐寶號、何才三官、劉桂合官、葉亞二仁心官、謝亞四官、葉廷瑞官、楊一生官、鄒全生官、陳長溪官、陳元生官、江楊柳官、陳逢春官、陳應旺官、張藥鋪、許龍官、李燮官、詹皆官、劉海方官、楊廣生官、陳朱盛官、陳駿官、葉柴官、黄清源官、徐有記官、張磯官、張才官、林啓雲舍、李子福舍、張癸光官、黄權官、蔡潤官、謝陶官、蔣燈光官、陳元生官、陳文達官、陳敏官、沈擁官、吴南陽舍、蔡宏覺官、林道生官，以上各捐雷二十五盾；黄伯適官、朱深官、林實官，以上各捐雷二十盾；雷珍蘭鄭若思官、武直迷徐金爐官、朱葛礁陳榮益官、雷珍蘭高俊杰舍、雷珍蘭陳啓淮舍、林秉茂官、林仕元官、黄石官，以上各捐雷十五盾；王壬癸官、文錦寶棧，以上各捐雷十二盾；朱葛礁陳三元官、黄永快官、林焕彩官、陳敦生官、蔡朝宗官、高淵齊官、陳水生官、陳得水官、施成美官、楊奎炳官、王光榮官、林江漢官、鍾亞新官、黄溶江官、嚴清水官、吴雲深官、陳篤官、林奇生官，以上各捐雷十盾；黄日進官、陳英發官、陳文瑞官、吕泰興官、林楝官、王大四官、韓石山官、陳席珍官、伍亞福官、蔡金水官，各捐雷五盾。共收緣雷四千八百四十七盾正。

開費列于左：

開修路包工雷、開石碑包工雷、開買氈四領雷、開直油包工雷、開燭臺酌雷、開買帳四領雷，以上共費四千八百四十七盾正。

大清道光二十六年歲次丙午蒲月吉旦，吧國媽腰陳一譽。

一九二　倡修觀音亭廟所得緣金碑文（一）

【碑刻名稱】倡修觀音亭廟所得緣金碑文（一）

【材　質】石材

【形　制】長方形立碑

【尺　寸】長一百五十八厘米、寬八十二厘米

【書　體】楷書

【碑　額】無

【碑　題】無

【碑文撰者】無

【碑文書丹】無

【立 碑 者】董事特授瑪腰李子鳳舍、甲必丹許金竇舍等

【立碑時間】清光緒十六年（一八九〇）

【存　佚】現存

【地　點】印度尼西亞雅加達金德院

【碑刻録文】

光緒十六年庚寅歲即和一八九〇年吧國公堂倡修觀音亭廟

吧城府轄所得緣金并開用諸費列左：

吧國公堂湊足來銀貳萬三千〇三盾；特授瑪腰李子鳳舍捐銀叁百盾；欽賜雷珍蘭李子昌舍捐銀叁百盾；欽賜雷珍蘭蘇紹宗舍捐銀壹百盾；張裕和號捐銀壹百盾；美色甘甲必丹林長生官捐銀五拾盾；特授雷珍蘭黃玉昆舍捐銀五拾盾；欽賜雷珍蘭陳文琳舍捐銀五拾盾；卓彥宗官捐銀五拾盾；陳壬水官捐銀五拾盾；福茂源捐銀五拾盾；黃元能捐銀五拾盾；豐源順捐銀五拾盾；福和號捐銀五拾盾；邱昌隆號捐銀五拾盾；温義昌捐銀五拾盾；蔡火淋捐銀五拾盾；劉清輝舍捐銀五拾盾；特授甲必丹黃益謙官捐銀四拾盾；朱蘭捐銀叁拾盾；隆源號捐銀叁拾盾；王武亭舍捐銀叁拾盾；特授甲必丹趙德和官捐貳拾五盾；特授雷珍蘭許温桑舍捐貳拾五盾；特授雷珍蘭林長輝、蔡奇文、王澤聚、黃長生、黃壁娘，捐銀貳拾五盾；特授雷珍蘭許金耀、梁德水、林啓麟、葉清溪、同裕號、許温德、陳淵源、翁文福、高保全、濟安堂、黃友泗、簡增純、林長英，以上捐銀貳拾盾；特授雷珍蘭吴思亮、特授雷珍蘭曾壁卿、特授雷珍蘭吴瑟亭、陳榮昆、黃欽郎、林百六，以上捐銀拾五盾；李三盛捐拾五盾；特授甲必丹曾錦海、特授甲必丹陳元普、特授雷珍蘭許金章、欽賜雷珍蘭黃長楠、饒火郎、韓懷仁、楊光榮、協發號、黃陽娘、林元安、曾全盛、簡增泗、黃發、高保興、許文山，利德、和發號、梁連進、陳富老、葉森義、楊壁台、徐柳絮、高梓隆，以上捐銀拾盾；蔡伯夷、洪清、黃寅清、阮乾元、劉添海、周木林、許金雁、許權、李丁保、王淡山、施嫣恩、林博厚、李長洸、劉煌興、黃宅、許仙娘、紀軒、吴群貴、劉夢祥、同勝公司、柯悦娘、何集安、劉文栖、林清華，以上捐銀拾盾；黃榮和、余焕、余子偕、陳俊信、聯益棧、林金鍾、張□、同茂棧、徐松泉、南茂號、元興棧、邱廣隆、萬孚號、江正馨、李大有、呂添丁、王元標、高梓盛、李風雲、林金安、陳維松、潘有良、無名氏、梁汗羅、蔡水生，以上捐銀拾盾；林華、葉再興、李江、黃造、黃塔山、潘萬水、楊開順、楊昌、許金娘、蕭江水、梁顯和、劉錦全、邱福源、鄭春陽、劉德慶、葉四、萬德號、均茂號、黃乾、林慶章、陳順心、溫能盛、運發號、德隆棧，以上捐銀伍盾；欽賜雷珍蘭鄭肇基、林水弦、林儀川、翁秀章、鄭金泉、劉邦馨、黃策、茂和號、長利號、新長利、黃田、黃源盛、李長清、吳大吉、陳松如、林代弄、六和居、朱對陽、合隆號、源祥棧、陳蘭祥、劉春秀、陳松柏、劉鎮勝、林坤榮，以上捐銀伍盾。

一九三　倡修觀音亭廟所得緣金碑文（二）

【碑刻名稱】倡修觀音亭廟所得緣金碑文（二）
【材　　質】石材
【形　　制】長方形立碑
【尺　　寸】長一百五十八厘米、寬八十二厘米
【書　　體】楷書
【碑　　額】無
【碑　　題】無
【碑文撰者】無
【碑文書丹】無
【立 碑 者】董事特授瑪腰李子鳳舍、甲必丹許金寶舍等
【立碑時間】清光緒十六年（一八九〇）
【存　　佚】現存
【地　　點】印度尼西亞雅加達金德院
【碑刻録文】

許有山、周吉祥、亞鵝、亞轉、謝酉娘、王紹慶、巫振記、劉捷興、增興號、吴天、梁德發、陳談、陳千乘、陳

光秩、周銀玉、黃仔、和興號、楊青雲、瑞泰棧、盛昌棧、范隆盛、錦興號、許奎炳、王宇、張緝、柳秉章、魏淵、周成安，以上捐銀五盾；洪明哲、林苑山、陳慶娘、饒昌三、益南棧、源興棧、許温厚、沈振基、陳基昌、松昌棧、羅松德、羅松昌、許耀元，昆勝號、德勝號、葉源和、許耀輝、許褒娘、許耀忠、李幹初、劉三妹、楊富捷、温集盛、李三、黃雲甫、豐源竈、黎蘭心、史雲章，以上捐銀五盾；林麟爹、張磋、曾廣量、洪玉慶、福生堂、胡板桂、黃瑞宗、陳五、蔡澄秋、張全宗、張喬木、余子游、陳貴、李岐貴，以上捐銀五盾；黃媽力、廣榮號、張炳彪、錦珍號、鄒雙喜、陳德水、美芳公司、薛文秀、朱沛、張米蜜、吴琪亨、王秀，以上捐叁盾；黃木火、陳邦興、李能、顔德富、黃福進、新和盛、廣茂蘭、梁寅、新和隆、梁福光、吴隆生、謝德成、林戊生、張福三、李標生、李春淋、徐益、朱隆山、姚亮、陳榮和、楊寶生、三發號、林開科、劉成官、林甘雨、李元昌、林金芝、謝錦來，各捐銀貳盾五方；李炮、陳點花、葉連生、張振富、李火道、陳振輝、田國華、劉騰、劉源官、古盛官、鄭敬基、鄭敬元、陳燦榮、黃朝木、紀益順、巫源茂、聯興號、陳照山、方青松、錦利棧、鄭如、邱祥如、李六、李長源、黃同美、黃謙隆、李嵓、春和號，各捐銀貳盾五方；王天恩、陳宗壽、黃儀瓏、林天壽、萬和號、張善福、濟世堂、梁金光、蔡永、陳媽招、黃浦、陳娘健、林兆熊、王武員、鄭成安、陳德源、陳萬安、黃貴、吴竹春、鍾順貴、黃清河、劉山娘、吴元合、陳清有、黃菱嬌、丁泰山、蕭球、張德興，各捐銀貳盾五方；張貴昌、源興號、南昌號、劉禄、蕭同德、李木桂、陳茂松、鄭茂炎、許漢沂、劉文德、劉永壽、陳芹珍、楊金榮、涂維徑、詹榮宗、許慶雲、陳順財、王塗、信和號、姚珠良、壁聯合、公興號、黃源盛、鄒怡隆、鍾聯桂、廣源泰、瑞茂號、李義隆，各捐銀貳盾五方；林恕清、謝潮、廣順隆、鍾新三、蕭火、錢廣、林金龍、黎進、顔文硂、黃紀郎、廖怡勝、劉協隆、廖芳三、羅同茂、羅松茂、協發號、林德良、黃長壽、林時泉、余春水、謝斗、沈景順、陳一郎、義發號、温瑞金、張清、陳啓生、林捷欽，各捐銀貳盾五方；同孚號、無名氏、元盛、松順號、劉國書、李三昌、林廣、鍾心田、劉庚文、三和公司、黃金河、蘇心業、黃玉娘、林添四、陳森林、蔡長壽、陳滄浦、黃紅面、陳利鶱、黎世廷、陳水南、林常、成美號、黃白魁、劉清祥、黃益抱、黃千火、黃捷仁，各捐銀貳盾五方；劉泰山、蘇河清、林宗杰、莊宏元、陳泗娘、李仁焉、陳發珠、劉添源、戴天輝、廣興號、三和號、張讓曾、馮文水、蘇三波、杜豐蘭、謝已秀、邱五、廣泰號、廣生堂、林五娘、王滎和、邱千、胡庚富、古添源、張懷、曾憲仁、余雲盛、楊四，各捐銀貳盾五方；陳亞毓、陳四、何元龍、曹信郎、梁珠郎、梁雍郎、祥昌號、胡福全、李水、陳文壽、永玉號、賴欽合、同安堂、蕭在新、江合源、梁德和、長興號、楊熟地、郭占鳳、韓欣燃，各捐金貳盾五方；韓桂芳、温德、鄭如禄、馮謹山、許九呼、萬育和、春生堂，各捐銀貳盾。

一九四　倡修觀音亭廟所得緣金碑文（三）

【碑刻名稱】倡修觀音亭廟所得緣金碑文（三）
【材　質】石材
【形　制】長方形立碑
【尺　寸】長一百五十八厘米、寬八十二厘米
【書　體】楷書
【碑　額】無
【碑　題】無
【碑文撰者】無
【碑文書丹】無
【立 碑 者】董事特授瑪腰李子鳳舍、甲必丹許金寶舍等
【立碑時間】清光緒十六年（一八九〇）
【存　佚】現存
【地　點】印度尼西亞雅加達金德院
【碑刻録文】
戴仲海一百二十五盾；鄭源標十二盾；陳清香、熊宗、林宗喜、陳壽娘、温發、劉振郎、陳有來、梁壽山、梁廣

盛、廣愛堂，各捐貳盾；球興號、莊隆、廣華號、永茂源、同興、廣益號、榮發號、余丕、黃明春、襲滿，各捐貳盾；鄭玉、曾順結、杜開來、林玉海、藍元直、葉釣、葉滄、張心正、松和號、廣濟堂，各捐貳盾；李萬鎰、王永茂、和隆號、余廣源、張信隆、黎義興、蔡來興、徐六、古彬、陳金鶴，各捐貳盾；宋乙觀、鍾安文、陳吉全、饒王勛、邱成、范延明、錦標號、陳清池、王長生、陳長江，各捐貳盾；張國興、林三貴、高然之、陳元龍、吴南雲、郭智水、黃和興、劉隆勝、黃昆昌、吴鴻昌，各捐貳盾；廣安泰、羅榮珍、義和號、黃德和、李能、徐源昌、鼎隆號、李景昌、源琳號、李昌榮，各捐貳盾；何穆、張賢壽、郭高棠、陳撥、黎新隆、梁福、鄒標、周坤山、陳賢、林明和，各捐貳盾；邱章錦、郭騰順、陳傳爐、陳恩、陳瑞華、林景星、興成號、傅金連、楊元昌、鍾東山，各捐貳盾；阮宗培、陳梅丹、李漫海、天和堂、黃彩煥，各捐貳盾；饒同盛、余六、古功佛、温煥成、黃倫章，各捐壹盾五；曾德、邱火、李漢昌、吴天求、黃敦、黃裕發、曾新德、廖命，各捐銀壹盾五方。

一　匠師黃錦郎包理泥水木工，去銀貳萬五千四百盾一十四。

一　塑匠陳生毛包裝神像，去銀壹千五百盾。

一　漆匠陳生毛包添繪，去銀叁千九百八十盾。

一　慶成迎神入廟，去銀叁千盾。

每人捐銀，壹盾：伍佰貳拾玖名；伍方：叁佰捌拾陸名；叁方：貳名；貳方伍：壹佰貳拾名；貳方：拾玖名；壹方伍：貳名；壹方：伍拾捌名；半方：貳名。

大清光緒辛卯年葭月穀旦立。

董事：特授瑪腰李子鳳舍，甲必丹許金寶舍、鄭春錫舍、李晋郎官、趙德和官，雷珍蘭林永義官、吴鏗然舍、林長輝官、連福全舍、曾金連舍、邱春昌官，朱葛礁徐秉章舍、張心正官，同鎸石。

一九五　印度尼西亚雅加達金德院列神誕辰牌

【碑刻名稱】金德院列神誕辰牌

【材　質】紙質

【形　制】長方形横牌

【尺　寸】長一百厘米、寬三十六厘米

【書　體】楷書

【碑　額】無

【碑　題】無

【碑文撰者】無

【碑文書丹】無

【立 碑 者】雅加達金德院

【立碑時間】不詳

【存　佚】現存

【地　點】印度尼西亞雅加達金德院

【碑刻録文】

列神誕辰（農曆）

正月

初一日：新年（春節）。
初二日：敬福德正神。
初四日：諸神降世。
初九日：玉皇上帝誕辰。
十三日：關聖帝君誕辰。
十五日：上元佳節。
十六日：敬福德正神。

貳月

初二日：福德正神誕辰。
十六日：敬福德正神。
十九日：觀音佛祖誕辰。
廿二日：廣澤尊王誕辰。

叁月

初二日：敬福德正神。

初三日：玄天上帝誕辰。

十五日：玄壇公誕辰。

十六日：敬福德正神。

廿三日：天后聖母誕辰。

伍月

十三日：關平太子誕辰。

陸月

十九日：觀音佛祖誕辰。

廿四日：關聖帝君誕辰。

柒月

十五日：孟蘭勝會。

廿九日：地藏王誕辰。

捌月

十五日：中秋佳節。

廿二日：廣澤尊王成佛誕辰。

玖月

初九日：哪吒太子誕辰。

十九日：觀音佛祖誕辰。

拾貳月

廿四日：送神升天。

一九六　重修大覺寺并建功德祠碑

【碑刻名稱】重修大覺寺并建功德祠碑
【材　　質】石材
【形　　制】長方形立碑
【尺　　寸】長一百八十厘米、寬六十八厘米
【書　　體】楷書
【碑　　額】浮雕雙龍
【碑　　題】樂善
【碑文撰者】無
【碑文書丹】無
【立　碑　者】特授瑪腰兼理甲必丹大陳敬麟暨闔境紳士人等
【立碑時間】清咸豐八年（一八五八）
【存　　佚】現存
【地　　點】印度尼西亞中爪哇三寶壟大覺寺
【碑刻録文】

重修大覺寺并建功德祠碑記

傳古聖王御當先成民，而後致力於神，故凡通都大邑，莫不有寺觀祠宇供奉神靈，所以崇祀典而庇人民也。我壟自鎔軒郭公建大覺寺於中街，祀如來、聖母、三保諸神像爲一方，禦灾捍患，以祈福祥。創建之功，實基於此。迨蔚廷陳公，以其地雜民廛，未爲幽静，乃移建於八高然，在八芝蘭封城之内，地曠寬閑，鬱然深秀，前臨溪水，襟帶迴環，誠壟中一大勝境也。厥後振圃黄公，珍圃、簡齋、壽山、翠林四陳公，代有修葺，綿延弗替；然歷既久，風雨剥蝕，雕墻失色，畫棟無光，幾至頹廢。於是耀嵐陳公體其先君翠林公之志，將更新焉，爰謀於麗亭馬公，贊襄盛事。蓋麗亭公，素本疏財仗義，一聞斯舉，遂欣然首捐重貲，爲士民倡。而壟之巨室富商，聞風慕義，皆歡忻鼓舞，踴躍捐題，有争先而恐後者。誠以二公德望素孚，故一唱百和，如響斯應。遂仍其故址重新之，不期年而蔵事。復於寺庭之右建功德祠，中祀歷代衣冠，東西二龕，祀捐助厚貲者，春秋享祭，所以崇德而報功也。夫莫爲之前，雖美不彰；莫爲之後，雖盛弗傳。今以諸公締造於前，二公績承於後，故能使寺觀重新，祠宇建立，輪蛨巍峨，翬飛鳥革，神庥普被，民物豐亨，銷灾患而致福祥，不可謂非群公之力也。以道光乙巳年十月穀旦告竣落成，并將捐貲姓氏，勒諸貞珉，以垂不朽，俾後之人瞻梵宇之莊嚴，覽芳名之紀載，必將有觀感興起者，而壟之風會日昌，人文蔚起，後之視今，亦猶今之視昔，庶足以傳盛事於無窮也已。是爲志。

蓋斯時諸同寅董事名次：

歲進士特授瑪腰兼理甲必丹大陳敬麟，歲進士特授甲必丹大欽加瑪腰馬振華，特授雷珍蘭陳源隆、許高鴻、陳瑞

發、詹聯振、陳源泰、陳源豊、馬瑞美、黃源榮，特授朱葛礁邱新盛、陳瑞榮，特授武直迷林榮隆、陳文規，諸

紳士捐緣別立一碑。

咸豐歲次戊申（戊午）年八月穀旦，耀川闔境紳士人等仝立石。

一九七　三寶壟大覺寺重修樂捐碑

【碑刻名稱】三寶壟大覺寺重修樂捐碑

【材　　質】石材

【形　　制】長方形立碑

【尺　　寸】長一百八十厘米、寬六十八厘米

【書　　體】楷書

【碑　　額】浮雕雙龍

【碑　　題】好施

【碑文撰者】無

【碑文書丹】無

【立　碑　者】威惠宫董事林贇官等

【立碑時間】清咸豐四年（一八五四）

【存　　佚】現存

【地　　點】印度尼西亞中爪哇三寶壟大覺寺

【碑刻録文】

咸豐肆年孟春之月，即和壹千捌百十五年，重修觀音亭功德祠，油漆埔石磷石埕天井水溝，一造淡仔𠹭，三築圂

圍，四修理八高然、福溪二橋，五築車亭。

即用分巡兵備道加三級、誥授通奉大夫瑪腰馬振華捐金肆千盾；特授甲必丹大陳源泰源豐捐金肆千盾；特授雷珍蘭欽加甲必丹馬瑞美捐金二千盾；特授雷珍蘭欽加甲必丹詹聯振捐金五百盾；朱葛礁陳瑞榮捐金壹百廿盾；朱葛礁邱新盛捐金壹百廿盾；特授雷珍蘭黃源榮捐金六十盾；特授雷珍蘭陳源隆捐金六十盾；特授雷珍蘭陳瑞發捐金六十盾；武直迷蔡滄泰捐金四十盾；陳溪源公司捐金四十盾；甲首：邱拔山捐金三百盾、胡光發捐金二百盾、陳貴垂捐金百六盾、黃崇白捐金壹百盾、丁協順捐金壹百盾、黃天賞捐金壹百盾；甲首：郭西卿捐金六十盾、鄭仰潤捐金六十盾、河高叁捐金四十盾、黃天祿捐金四十盾、鄭振官捐金四十盾、黃澍水捐金廿五盾；甲首：鄭懷忠、林實老、吳寅賜、王妍官、葉仕順，各廿五盾；信士：林永昌、陳天南、何光成、林贊傅、黃世官捐四百盾；信士：李牛官、蔡仰雲，各叁廿盾，此係三百二十盾。郭六爻、陳清江、李銀獅，各二百盾；魏忠孝、曾次水，各百六盾；賴福星百五盾；信士：魏景山、陳清杰、陳義永、鍾甘寧、王百年、陳和嘯，各百廿盾；陳朝陽、楊奇瑞、趙六官、曾體仁、湯仁生、陳連慶、溫仁育、黃君保、鄭逢春、陳漏軒、葉雲梯，各壹百盾；何福老、郭漢奇、何光根、柯獅官、李清陽、葉正一、王嫣迪、郭光平，各六十盾；信士：胡坤垣、陳天錫、蘇燎輝、吳榮富、林順官、蔡民官、謝助官、陳大頂、陳忠拱、陳慶貴、許文英、鄭代官、劉克明、唐伍二，各五十盾；信士：葉兆成、郭學儒、王萬适、林振田、林錦才、胡宗寶、黃登祿、李麗水、林返官、陳天協、黃河南、余朱硯、陳英才、陳英燦，各捐肆拾盾；葉仙光廿五盾。

董事林讚官、蔡仰官、邱拔山、李牛官、郭六爻、胡光發、何長財、林永昌、黃誠官、王百年、丁建山、柯高攀、陳貴垂。

一九八　大覺寺重修樂捐碑

【碑刻名稱】大覺寺重修樂捐碑
【材　質】石材
【形　制】長方形横碑
【尺　寸】長一百三十六厘米、寬五十二厘米
【書　體】楷書
【碑　額】無
【碑　題】大覺寺
【碑文撰者】無
【碑文書丹】無
【立 碑 者】大覺寺董事人李貴澄、大總理大瑪腰美隆公等
【立碑時間】清光緒十六年（一八九〇）
【存　佚】現存
【地　點】印度尼西亞中爪哇三寶壟大覺寺
【碑刻録文】

時光緒庚寅年桐月重修捐緣芳名兹列于左：

鄭永昌官捐金陸佰盾；欽加瑪腰馬瑞美捐金伍佰盾；林金寧捐金肆佰伍盾；黄志信官捐金肆佰盾；吴昌官捐金叁佰盾；祥合號捐金貳佰貳盾；洪泰山官捐金貳佰盾；林金黨官捐金貳佰盾；陳正昌官捐金貳佰；有祥號捐金貳佰盾；洪熟理官捐金佰陸盾；林涌淋官捐金佰伍盾；邱中庯官捐金佰叁盾；欽加瑪腰林美隆捐金佰貳盾；李亞惜官捐金佰貳盾；金吉成號捐金佰壹盾；特授雷珍蘭□順捐金壹佰盾；特授雷珍蘭何恒慶捐金壹佰盾；李貴澄官捐金壹佰盾；蔡水竹官捐金壹佰盾；和順棧捐金壹佰盾；胡得利官捐金壹佰盾；李振綿官捐金玖拾盾；薛開禧、振隆興，以上各捐金捌拾盾；雷珍蘭陳順成捐金柒拾盾；廣源隆、藍愈盛、震南號、達成號，以上各捐金七拾盾；特授甲必丹蘇瑞泰捐金陸拾盾；李武平、義祥號、王長庚、瑞和號、葉宜官、昆成號、歐陽久、蔡有寔、永綿利、沈隆美、過鵬儒、吕仕宇、歐陽光騰，以上各捐金陸拾盾；特授雷珍蘭邱豐榮捐金伍拾盾；同生號、黄世鑟、侯朝山、林亞義、李麗水、胡清水，以上各捐金伍拾盾；林玉成、胡昭不、施炳武、邱庭水、林元貴、林思虎、乾益棧、昌永姘、胡昭龍，以上各捐金肆拾盾；武直迷陳宏川捐金叁拾盾；吴文卯、蔡聯節、蔡春江、林水清、陳德享、歐陽如僑、吴朝陽、林源泉、陳添成、葉燉厚、東成棧、薛正隆、吴石泉，以上各捐金叁拾盾；徐深泉、陳紹立、唐五二、莊基途、鄭柏泉、鄭柏漳、許天賜、温德馨、何金源、陳榮俊、林承文、陳景輝、曾五美，以上各捐金貳拾盾；朱葛礁陳源捐金貳十伍盾；邱壬水、張有志、黄奕碧、郭紹熊、林餘赢，以上各捐金貳十伍盾；寶順號、陳麒麟、周元貴、林金款、胡有喜、藍芋官、施炳蕁、謝啓盤、李加弟、張炳蒼、鄭國珍、陳文錦、陳恒友、林文修、陳其烈、何長源，以上各捐金拾伍盾；何長源、怡和泰、吴羨鉗、陳滄禮、陳有仁、顏招和、新和興、施新祈、蔡景添、陳肇基、施雙貴、陳慶貴、魏嘉益、張光瑾、葉光牛、施有禮、邱志東、吴文權、蘇荳菜、陳振源、雅女陳水生、劉茂官、林有成、葉肇鰲、林金昆、盧石龍、隆盛號、蔡昆玉、蔡滿水、柯正淋、王焕坤、蘇光偕、陳昆業，以上各捐金拾盾。

一九九　大覺寺辛亥年重修捐緣碑

【碑刻名稱】大覺寺辛亥年重修捐緣碑
【材　質】石材
【形　制】長方形立碑
【尺　寸】長一百八十厘米、寬六十八厘米
【書　體】楷書
【碑　額】大民國
【碑　題】大覺寺辛亥年重修捐緣
【碑文撰者】無
【碑文書丹】無
【立 碑 者】大覺寺特授甲必丹總理黄大廷等
【立碑時間】一九一一
【存　佚】現存
【地　點】印度尼西亞中爪哇三寶壟大覺寺
【碑刻録文】

大覺寺辛亥年重修捐録金芳名列明于左：

欽賜瑪腰黃泰源捐金貳仟伍佰盾；中憲大夫鄭宗熙捐金貳仟盾正；奉政大夫顏功禮捐金壹仟伍佰盾；特授大瑪腰黃裕源捐金壹仟盾正；特授甲必丹黃順豐捐金伍佰盾正；特授甲必丹林謙泰捐金伍佰盾正；薛開喜翁□□□喜捐金伍佰盾正；錦茂大棧□□□喜捐金伍佰盾正；鄭三陽翁□□□喜捐金伍佰盾正；黃奕注翁□□□喜捐金伍佰盾正；林森金翁捐金叁佰盾正；蘇光偕翁捐金叁佰盾正；有祥大棧捐金叁佰盾正；陳啓昌翁捐金叁佰盾正；振隆興號捐金貳佰盾正；瑞和大棧捐金貳佰盾正；信興大棧捐金貳佰盾正；德裕隆棧捐金貳佰盾正；黃國真翁捐金貳佰盾正；福泉石鋪捐金壹佰六十盾；無名氏捐金壹佰伍十盾；瑞源棧捐金壹佰伍十盾；特授雷珍蘭馬美禎捐金壹佰伍拾盾；特授大瑪腰陳盛源捐金壹佰盾正；特授甲必丹會瑞豐捐金壹佰盾正；呂安心翁捐金壹佰盾正；蓮成公司棧捐金壹佰盾正；新興公司棧捐金壹佰盾正；蘇根聲翁捐金壹佰盾正；周柄喜翁捐金壹佰盾正；薛鋭求翁捐金壹佰盾正；榮和大棧捐金壹佰盾正；蔡春江翁捐金壹佰盾正；成林藥房捐金壹佰盾正；建成大棧捐金壹佰盾正；鄭久香翁捐金壹佰盾正；泉興大棧捐金壹佰盾正；蓮源大棧捐金壹佰盾正；林振昌翁捐金壹佰盾正；楊碧溪捐金壹佰盾正；洪維恭翁捐金壹佰盾正；義裕光棧捐金壹佰盾；正裕合公司捐金壹佰盾正；成合公司捐金壹佰盾正；潤彰公司捐金壹佰盾正；甘隆成公司捐金壹佰盾正；蔡景添、福和源、聯興號、甘欽福、高森美、葉光中、楊石螺、黃延壽、益茂號、廣合號、林絲、馬惇宗、雁群公司棧，以上各捐金五十盾；朱同生捐金三十五盾；鄭誠翁捐金三十盾正；特賜甲必丹陳協源捐金二十五盾；特授雷珍蘭邱綿榮捐金二十五盾；特授雷珍蘭陳源益捐金二十五盾；萬慶源、黃清竹、呂務翁、復美號、鄭雨水、南生和、智成號、昆德號、南安公司棧、德裕盛、豐隆號、陳循規、胡金忠、莊基塗、邱明藍、沈全寧、徐深沐、永和元、克昌棧、郭嘉佑、盛泰號、郭添壽、盛發號，以上各捐金二十五盾正；吳清在、邱柱翁、施景隆、藍金福，以上各捐金二十盾正；吳春枝、益生堂、曾嘉和、鄭振源，以上各捐金壹十五盾正；郭燕慶、安和堂、池嘉金、蔡江龍、柳丕顯、瑞記棧、陳德昭、林思虎、唐明山、陳文源、益源棧、王世觀、萬盛號、林德炎、魏榮華、劉清山、郭清池、黃禎誦、陳正昌、瑞成號、汪鑒淵、陳文江、興源號、聚成號、紀清東、黃英水、葉泗時、黃文基、高石配、阮如申、李老觀、郭水潤、隆美號，以上各捐乙十盾。

歲進士特授甲必丹總理黃大廷，奉政大夫特授甲必丹協理林承時，董事黃國真、薛開禧、黃文燃、林振易、郭添壽、蔡景添、鄭三楊、顏功禮、蔡春江、有祥號，仝立。

二〇〇　文登文德廟碑記

【碑刻名稱】文登文德廟碑記
【材　　質】石材
【形　　制】長方形立碑
【尺　　寸】長一百三十厘米、寬五十六厘米
【書　　體】楷書
【碑　　額】無
【碑　　題】文德廟碑記
【碑文撰者】無
【碑文書丹】無
【立 碑 者】文德廟董事人等
【立碑時間】清同治十二年（一八七三）
【存　　佚】現存
【地　　點】印度尼西亞西爪哇文登文德廟
【碑刻録文】

嘗思莫爲之前，雖美弗彰，莫爲之後，雖盛弗傳。所以有創制以顯庸，尤貴有繼志以述事也。溯我文登建有文德廟者，鴻圖久遠，駿業恢宏。乃聖乃神，爲一方之保障；大慈大悲，實萬姓之帡幪。有赫神靈，德澤普于海外；無邊佛法，慈惠被於幽冥。自丙辰秋醵金建醮，功德圓滿，尚存銀捌百有奇，爾時黄榮壽甲太收貯放息。迨戊辰歲，復捐貲建醮，又存銀壹百有奇。由是子母相權，歷有年所。至癸酉之夏，黄榮壽甲太收貯銀母息銀，俱到神前當衆完楚，合共銀既（概）貳仟有奇矣。於是僉議文德廟左側之厝，向黄成道官買來四間，永爲廟中公業。其厝係第貳柒號、貳捌號、貳玖號、叁拾號，價銀壹仟貳百盾。梁礁須問做字，第玖號纍年出息，爲廟中祀典美舉。既成仍長，公銀壹仟貳百壹拾壹盾捌角陸只。即復公請黄肇［陽］甲飭經理數人存留生息，將見蕃衍利息，祀享彌豐，報答乎神功者豈淺鮮哉！善哉！有此一舉，則神賴人而安，千秋永綿俎豆；人得神而佑，四境共樂升平。然後知有創制以顯庸，尤貴有繼志以述事，誠金石之論也。爰爲之述其始終，銘諸碑碣，以垂於奕世云爾。

大清同治十二年癸酉歲孟夏月穀旦公啓。

二〇一　文登文德廟樂捐碑

【碑刻名稱】文登文德廟樂捐碑
【材　質】石材
【形　制】長方形立碑
【尺　寸】長一百四十八厘米、寬七十六厘米
【書　體】楷書
【碑　額】無
【碑　題】無
【碑文撰者】無
【碑文書丹】無
【立 碑 者】文德廟董事人等
【立碑時間】清光緒元年（一八七五）
【存　佚】現存
【地　點】印度尼西亞西爪哇文登文德廟
【碑刻録文】

光緒元年乙亥歲十月十六日子時文登文德廟土神入龕。

十月廿八日卯時修整廟左公厝四間衆信士捐金芳名列左：

黃肇陽甲捐銀二百盾；蘇紹宗舍捐銀二百盾；陳文琳舍捐銀一百五十盾；黃宗標甲大捐銀一百盾；林茂義甲捐銀一百盾；韓懷然甲捐銀一百盾；呂安然捐銀一百盾；連益昌舍捐銀一百盾；陳金豹捐銀一百盾；黃成道捐銀一百盾；邱庚龍捐銀一百盾；賴增壽捐銀一百盾；林淑元捐銀一百盾；林宗興甲捐銀一百盾；李子鳳甲捐銀一百盾；李子福舍捐銀一百盾；黃益謙捐銀一百盾；林茂順捐銀一百盾；梁德水捐銀一百盾；黃炎山捐銀一百盾；王求本捐銀一百盾；黃勝公司捐銀八十盾；黃忠安捐銀五十盾；王瑞臨、李長海、張賜卯、盧榮泰、陳寅水，各捐銀四十盾；賭餉公司捐銀三十三盾；陳珍火、王文旦、王文安、黃有福、陳志鋭、蔡田里、王慶德，各捐銀三十盾；把殺公司捐銀二十七盾；李基生、湯其旦、林合應、許福水、黃傍佛、林瑞興，各捐銀二十五盾；黃成見捐銀二十盾；許□全、張清恩、陳卿東、葉椰生、陳旭日，各捐銀二十盾；石寶山、楊闊口、黃玉樹，各捐銀十五盾；錦豐棧、盧成章、黃海山、賴溪林、和成公司、黃桂華、陳長波、陳敢昭、張紹香、安啓油車、羅元興、林五桂、曾文瑞、黃文瑞，各捐銀十盾；林年終、楊緑水、陳湊松、林雙鎮，各捐銀十盾；蔡束生、吳紹美，各八盾；曾華球、黃成呑、當餉公司、宰餉公司、沈燕清、廖嘉官、黃德利、楊雨容、林源振、王和笋、林逢濕，各捐銀五盾；侯振榮四盾；瑞泰公司、楊協官，各三盾；盧春木、林壽全，各二盾五方；黃肇輝、石坤輝、黃明賢、曾鴻恩、陳和尚、周芳源、盧榮籌、陳德山、陳亞康、許塔官、曾存義、黃文壽、曾和郎、王源益、李芹四、江光遠、黃登宗、蔡文官、李宙四、賴亞五、許雙禄、王必進，各捐銀二盾五方；楊速添、黃登榜、羅秋音、戴金英，各捐銀二盾五方；照身公司、李再生、黃登全、吳連生、温新淑、李湘成、周珠霖、杜德文、黃雲生、盧曲娘，各捐銀二盾；楊學官一盾五方；黃媽朝、蘇必香、楊守寅、羅亞增、林勞官、盧宣娘、林清賢、林百河、葉□生，各捐銀一盾；林拱照、黃海晏、黃文章、黃運動、葉標香、張挨官、葉永禄、何長水、李溪水、王和竹、郭耀宗、賴成朝、李順基、林化官、詹佳官，各捐銀一盾；沈接生、林石娘、黃成炎、鄭順德，各捐銀五方；張登寅二方五。以上總共一百五十四位，共題有銀二千六百四十三盾七十五方。

一　開土神入座四十四條，共用去銀六百四十盾八十五方。

一　開修整廟左八業四間，共用銀一千三百八十二盾五方。

共貳大條，共用去銀二千〇二十三盾。

除用外，仍有銀一千六百二十盾六十五方，此銀入在文德廟，充爲公銀，永遠鑒照。

二〇二　文登華僑協同會議招募捐牌

【碑刻名稱】文登華僑協同會議招募捐牌
【材　　質】金屬
【形　　制】橢圓形牌
【尺　　寸】長六十厘米、寬四十八厘米
【書　　體】楷書
【碑　　額】無
【碑　　題】無
【碑文撰者】無
【碑文書丹】無
【立 碑 者】文登華僑協同會議董事人
【立碑時間】清宣統三年（一九一一）
【存　　佚】現存
【地　　點】印度尼西亞西爪哇文登文德廟
【碑刻録文】

兹我文登之華僑協同會議招募捐題，再做新龍舟一隻，謹遵舊例，以續年年，每逢五月端陽節之前後，於溪中賽開龍舟之故事。今茲工程告成，敬將列位鉅公信士緣金芳名開列于左：
陳長波甲拾盾、黃春美銀捌盾、李笨箕銀七盾五、王啓祥銀伍盾、江宗壽銀伍盾、林添宇銀伍盾、蔡振水銀伍盾、周福臨銀伍盾、李淡容銀伍盾、林有同銀伍盾、羅二娘銀伍盾、陽源公司銀伍盾、陳清茶銀伍盾、鄧海水銀伍盾、林錦順銀伍盾、王景美銀伍盾、盧陽山銀伍盾、許紹君銀伍盾、黃平豐銀伍盾、和蘭傅［林］銀伍盾、黃巴賢銀伍盾、豐茂公司銀肆盾、黃本意銀肆盾、陳東裕銀三盾五、江明興銀叁盾、王添福銀叁盾、賴長利銀叁盾、陳金晨銀叁盾、新浪和銀二盾五、鍾錦鴻銀二盾五、黃昆和銀二盾五、蔡石山銀二盾五、林水翠銀二盾五、江扁官銀二盾五、林玉寶銀二盾五、黃輝財銀二盾五、盧和水銀二盾五、許金沙銀二盾五、得春棧銀二盾五、番宇蠟銀二盾五、蔡生安銀二盾五、曾萬登銀二盾五、黃海山銀二盾五、林雙厠銀二盾五、魏江泉銀二盾五、許金炎銀二盾五、黃新泰銀二盾五、黃敬泰舍二盾五、蔡如水銀二盾五、鄭元禄銀二盾五、黃仕昌銀二盾五、陳昌盛銀貳盾、陳章人銀貳盾、蕭永祥銀貳盾、張亞財銀貳盾、曾榮華銀貳盾、朱□□銀貳盾、陳金松銀貳盾、林丙寅銀貳盾、李順泉銀貳盾、郭順東銀一盾五、林成家銀一盾五、鄭珍源銀壹盾、張瑞泰銀壹盾、紀海邏銀壹盾、黃文龍銀壹盾、李如貴銀壹盾、張天福銀壹盾、張烏菜銀壹盾、張福昌銀壹盾、葉紙登銀壹盾、張貴生銀壹盾、戴天意銀壹盾、陳清忠銀壹盾、黃綿圓銀壹盾、李逢昆銀壹盾、德昌公司銀壹盾、江嫣貴銀壹盾、賴清根銀壹盾、黃山和銀壹盾、林調陽銀壹盾、陳生口銀壹盾、黃平西銀壹盾、林四生銀壹盾、温長泉銀壹盾、吴丁蘭銀壹盾、郭宗璧銀壹盾、黃文興銀壹盾、黃必和銀壹盾、李漢忠銀壹盾、李丁官銀壹盾、林貴龍銀壹盾、石清淋銀壹盾、陳松喜銀壹盾、邱福□銀壹盾、李金安銀壹盾、林中合銀壹盾、潘如意亞［紹］銀壹盾、吴新地銀壹盾、黃本賢銀壹盾、□甘美銀壹盾、陳木忠銀五方、郭金城銀五方、楊金聲銀五方、張禄興銀五方、張寒老銀五方、盧福文銀五方、張調金銀五方、唐松色銀五方、陳同喜銀五方、黃必然銀五方、黃丁益銀五方、王光壽銀五方、吴長江銀五方、鄧安泉銀五方、蔡文發銀五方、吴長枝銀四方、周才腰銀五方、楊所老銀五方、蔡福姬銀五方、黄清□銀五方、王安泉銀五方、曾永松銀五方、李順良銀五方、王文貴銀五方、曾長清銀五方、林明昌銀五方、湯安全銀五方、李金景銀五方、曾芳登銀五方、黄瑞傳銀五方、宋□知銀五方、黄茂舟銀五方、林朝迎銀二方五、盧玉輝銀二方五、林文龍銀二方五、□貴寶銀二方五、丹旦樓銀二方五、林維潘銀二方五、戴坟參銀二方五、許全福銀二方五、曾才琴銀二方五、邱然生銀二方五、黄托銀二方五、楊文龍銀二方五、盧玉賢銀二方五、林初壽銀二方五。計上下一百四十七條，共銀六千一百七十八盾。

一　開各主雜費共銀四十七盾。

一　開做龍舟一隻銀三百三十五盾。

一　開修整工錢銀二十五盾。

一　開泰龍舟工銀二十五盾。

一　開口上墨銀七十盾。

一　開外八仙共銀二十一盾。

一　開［槐］仔□□共銀一百〇七盾。

一　開車往來共銀七十五方。

計□共支銀□□□盾。

□來緣鈁□□盾，對除來外仍不敷共銀壹佰□拾四盾零九只。

孔子貳仟四百陸拾二年，大清宣統三年歲次辛亥五月吉置。

董事人等各補來銀□付□□：林福章、黄得和、許泰山、許金清、賴夷俊、張木生、賴成基。

二〇三　文德廟觀音佛祖第九次出游大會樂捐碑

【碑刻名稱】文德廟觀音佛祖第九次出游大會樂捐碑
【材　質】石材
【形　制】長方形立碑
【尺　寸】長九十八厘米、寬六十八厘米
【書　體】楷書
【碑　額】無
【碑　題】無
【碑文撰者】經手人王金鐵等
【碑文書丹】無
【立 碑 者】文德廟董事人等
【立碑時間】一九五二
【存　佚】現存
【地　點】印度尼西亞西爪哇文登文德廟
【碑刻録文】

孔子貳伍零叁年壬辰歲八月廿日公元一九五二年十月八日，文登文德廟舉行觀音佛祖第九次出游大會，各界信士捐金修整本廟，將芳名列左：

張金榮二千二百五十盾；沈淵池、黃和良、李天本，各捐銀二千盾；許輝生一千二百五十盾；許順和、李海森、林信士、蘇巴無綫電公司，各捐銀一千盾；羅國英、許炎生、李濯淋，各捐銀七百五十盾；陳聯貴家族六百一十五盾；李端娘、許玉榮、許堅娘、林長志、曾文良、廖繼昌、戴德源、盧文智、黃泗山、張春德，各捐銀五百盾；王金域、黃山娘、林發娘、許坤利、許水娘、鄧和娘、黃興山、陳美妮、黃照祥、盧春義、鄧從禮、鄧金源、鄧奶利、鄧桂娘、鄧白麗底、張金堂、李朝清、潘進虎、羅熾松、羅熾祥、賴炳輝、賴炳炎、張松華、張順福、張順杰、陳源利、况淵河、許耀生、許善福、林成發、林成全、林成俊、林討魚、林清順、林福壽、林蓮花、林玉娘、林漢盛、周永天、周清富、宋金榜、宋金標、葉金玉、葉金棠、戴吉崙、戴德利、劉金文、黃金榮、房輝龍、曾進陽、曾亞振、廖清玉、羅海味、黃昭榮、許白信、黃伯良、黃鍾露、許順興、王燕輝、湯隆和、湯音娘、湯有源、陳賓娘、林源泰、林源進、黃德度、林茂儉、顏振禮、蔡文春、王寶拉娘、張新厚、楊莫山、林金海、王清娘、洪恩忠、林淵輝、吕順仁、盧文表、徐源瑞、黃細玉、林亞登、蔡長榮、鄭天仲、王金正、王麟帶、林順進、張長如、黃地娘、蔡明有、林成良、劉祥瑞、陳綿水、陳河清、蔣光志、陳炳章、陳春豐、林溪海、黃順興、黃天佑、黃金長、王添志、林天富、張新美、楊文清、巫松喜、賴根成、賴焕源、李曾春、曾鼎源、沈義興、游兆庚、陳聯貴、黃基球、陳福基、陳禄基、蔡金廉、林丁連、黃福財、王招富、湯漢銘合家，各捐銀二百五十盾。計一百四十三條，共收來銀五萬一千三百六十五盾。

創造廟堂鎸龍四柱，一萬二千七百三十一盾；新鋪廟場内外兩旁及後堂廟厢四間浴房厠所士敏磚，一萬一千一百七十四盾四；鎸造禪堂内外大曲楣，九千〇四十四盾五；鎸造佛龕，五千二百五十盾；修造廟厢四間磁器墻，三千三百八十五盾五；修造佛轎傘把燈籠，二千一百一十九盾；修造廟堂後墻花崗石，一千五百四十盾五；修造後堂廟厢兩旁檐頭，一千四百五十盾六十五；修理廟堂門檔及移動欄杆，五百二十盾六；雕造四聖諦碑，四百二十五盾五；創造洗手盥，三百二十七盾四；修理廟祝房及廟厢左場，三百二十七盾；修理秘書室及厨房，三百三盾三；修造伽藍爺鏡架，一百五十盾；各别費用一百二十一盾三；雕造緣榜，八百七十八盾三十五；計十六條，共出銀四萬九千七百一十五盾。

對除外尚存銀一千五百五十盾，該存銀全數充本廟修整基金。

經手人王金鐵、白德茂、許順和、房燥發同啓。

二〇四　民禮鎮元宮碑記

【碑刻名稱】民禮鎮元宮碑記
【材　　質】石材
【形　　制】長方形立碑
【尺　　寸】長一百四十厘米、寬五十六厘米
【書　　體】楷書
【碑　　額】無
【碑　　題】鎮元宮碑記
【碑文撰者】無
【碑文書丹】無
【立 碑 者】鎮元宮住持等
【立碑時間】清光緒十二年（一八八六）
【存　　佚】現存
【地　　點】印度尼西亞民禮鎮元宮
【碑刻録文】

鎮元宮碑記

鎮元宮慶成祈安諸位芳名喜列于左：

林安瓊捐銀壹百貳拾大元、謝樹祥捐銀陸拾大元、林清溪捐銀伍拾大元、恒泰德捐銀伍拾大元、合勝棧捐銀伍拾大元、萬源勝捐銀四拾伍大元、林三合捐銀四拾大元、邱衡興捐銀叁拾大元、南裕大捐銀叁拾大元、源協美捐銀貳拾伍大元、協興棧捐銀貳拾伍大元、林查實捐銀貳拾大元、邱合佛捐銀貳拾大元、陸應添捐銀貳拾大元、邱清栽捐銀貳拾大元、豐美號捐銀貳拾大元、萬昌酒捐銀貳拾大元、曾□正捐銀貳拾大元、胡炳乾捐銀貳拾大元、林天員捐銀貳拾大元、廓亞隆捐銀貳拾大元、賴雹捐銀貳拾大元、康酒就捐銀貳拾大元、廖聖順捐銀貳拾大元、馬源當捐銀壹拾伍大元、□□□捐銀壹拾伍大元、林錦春捐銀壹拾伍大元、何麥興捐銀壹拾伍大元、温意得捐銀壹拾貳大元、泗盛號捐銀壹拾貳大元、李如意捐銀壹拾大元、莊蓓兒捐銀壹拾大元、陳店捐銀壹拾大元、江仁盛捐銀壹拾大元、鄭漳捐銀壹拾大元、林武康捐銀壹拾大元、張浴源捐銀壹拾大元、瑞祥號捐銀壹拾大元、德勝棧捐銀壹拾大元、張躍南捐銀壹拾大元、項堯堂捐銀壹拾大元、王根德捐銀壹拾大元、隆興號捐銀壹拾大元、振美盛捐銀壹拾大元、張嘉興捐銀壹拾大元、義昌號捐銀壹拾大元、新再發捐銀壹拾大元。

光緒拾貳年歲次丙戌蒲月吉旦。

二〇五　公建鎮元宮觀音閣緣碑

【碑刻名稱】公建鎮元宮觀音閣緣碑
【材　質】石材
【形　制】長方形立碑
【尺　寸】長一百四十二厘米、寬五十八厘米
【書　體】楷書
【碑　額】無
【碑　題】公建鎮元宮觀音閣緣碑
【碑文撰者】無
【碑文書丹】無
【立 碑 者】鎮元宮住持僧明光等
【立碑時間】清光緒二十七年（一九〇一）
【存　佚】現存
【地　點】印度尼西亞民禮鎮元宮
【碑刻録文】

潮禮號喜捐銀捌拾元；同源興喜捐銀捌拾元；有華堂喜捐銀捌拾元；再啓和喜捐銀柒拾元；啓興號喜捐銀柒拾元；朱和同喜捐銀柒拾元；黄世合喜捐銀陸拾伍元；鄭賜福喜捐銀陸拾元；萬發號喜捐銀陸拾元；合順號喜捐銀陸拾元；合興號喜捐銀陸拾元；再合成喜捐銀陸拾元；萬旅號喜捐銀陸拾元；合發號喜捐銀陸拾元；陳門蔡氏喜捐銀陸拾元；黄朝添喜捐銀伍拾元；澤完刀、振登號、劉集發、潮盛三號、羅素霖、童正興、承興隆、黄寬生、趙共合、陳亞香、啓記號、源合美、李萬秀、黄禮南、伍于芳、再豐泰、萬成發、盧趙盛、胡蔣帝、林本尺、伍興峰、余林江、廣和棧、楊記號、裕源號、謝訓嫂、合意堂、林門鍾氏、林門陳氏、林門何氏、黄門周氏、蔡門陳氏、陳門蘇氏、方門劉氏、黄門陳氏、林門陳氏、潘門陳氏、劉門林氏，以上各喜捐銀伍拾元；莊媽嬌喜捐銀四拾元；王成順喜捐銀四拾元；福發號、協源號、郭家坤、謝臆泮、林青松、發安棧、陳榮枝、添興號、吴間官、邱增生、葉金貢、同合興、源通美、張門□氏、張潭金偕兒、林門王氏，以上各捐銀四拾元；盧炳倫喜捐銀叁拾元；林乃怡喜捐銀叁拾元；陳花合喜捐銀叁拾元；林玉盛喜捐銀貳拾陸元；范德科喜捐銀貳拾伍元；盧新財喜捐銀貳拾四元；盧門邱氏喜捐銀貳拾元；鄭門黄氏喜捐銀貳拾元；萬昌松、陳國勳、廖鼎銘、張媽坡、黄玉枝、林文儀、黄榮炳、葉亞照、方九合、林本合、林門鍾氏、林門□氏、陳門葉氏、陳門張氏、洪叔顔娘、李俗意、陳興清、方百就、萬瑞禾松、張福興，以上各喜捐銀貳拾元；林水生、源記號、太和堂、吴鈑生、朱兆輝、榮興號、石亞賓、潘清滿、王面宮、怡發號、慶發祥、協成號、華英德、王興棧、伍榮章、再源興、葉興號、潘門蔡氏、益成號、永珍號、合記號、開源成、陳東合、啓興隆、薛乃抉、慶净隆、萬比號、張亞文、姚鏡如、慶藍隆、羅合林、慶祥號、逢源號、方金榜、方合棧、陸氏恒如、初同合、大專號、黄則田、莊明瀟、王明仕、謝清順、薛榮精、余專生、江春泉、慶元德、方和悌、慶□號、振香號、專生號、慶永和、莊淳章，以上各捐銀貳拾元；晋益號、周裕勝、廣興隆、林開朝、劉三合，鄭溜號、□興號、陳盛合、陸佼炳、范門陳氏、東成堂、林馬記，以上各喜捐銀壹拾伍元；雷珍蘭林清溪捐銀拾元；萬醇昌松、郭少獅、莊哲兒、義發號、德和棧、徐□滿、□炎今、同源隆、林沐秀、高邦記、江共和、余柳合、潘厥東、萬和興，黄再發、鍾鳴生、黄元合、李艷合、林世合、王嬌興、王梧周、劉良財、張潭順、賴章華、林天來、林夕愛、蔡國明、林闊嘴、莊蕙合、德源號、林畝盛、葉門周氏、劉門林氏、金鳳，以上各喜捐銀壹拾元；劉錦地、聯美號、吴長安、林保合、賴萬頓、新興號、萬泰號、廣敦源、怡興號、益美號、莊門氏，以上各喜捐銀叁元；黄門霞、匯興號、黄亞福、順成號、集榮號、何焕文、萬德昌、黄池合、馬瑞華、林源發、養源盛、源珍號、萬聯春、泉協發、福茂號、謙盛號、莊秋榮，以上各喜捐銀□元。

光緒廿柒年蒲月吉旦置。

住持僧明光，副寺僧興輝，紳董特授雷珍蘭陳英鋑、張錦帆、張小亭、揚升約、林清溪、邱有亮、潘揚記、莊哲兔、源協美、譚曉初、廣興隆、郭小獅、林采將、林玉盛、再啓和、隆興號、晋益號、國源號、連朝惜、林桃花，仝立。

二〇六　福順宮碑記

【碑刻名稱】福順宮碑記

【材　　質】石材

【形　　制】長方形横碑

【尺　　寸】長一百二十六厘米、寬五十二厘米

【書　　體】楷書

【碑　　額】無

【碑　　題】福順宮碑記

【碑文撰者】清戊子科解元鄭懷陔

【碑文書丹】無

【立 碑 者】福順宮董事人等

【立碑時間】清光緒十四年（一八八八）

【存　　佚】現存

【地　　點】馬來西亞霹靂州安順福順宮

【碑刻録文】

福順宮碑記

觀音佛祖、廣澤尊王二神，由來久矣。我中朝祀典攸崇，城鄉共奉。灾疫賴以驅除，行旅藉其默庇。故遠適异國，莫不佩香火而仗扶持，固有感皆通，無禱不應矣。我閩人之客大吡呐也，海濱瘴癘，賴神力以無虞，且多宏開基業，捆儎榮旋。因念神恩浩蕩，圖報奚從。癸未秋，各鋪户集資三千餘金，創立廟宇，卜地於直落安順坡，庀材鳩工，期年及東禪房告竣。額曰「福順宮」，遂設醮而晋祀焉。創始實難，力不能繼，故西禪房及戲臺缺如也。丁亥春，復募二千餘金增築，今春始慶落成。從此廟貌軒閎，觀瞻殊壯，前後襄成，皆賴好義諸公，衆擎共舉。神明有赫，自能默佑。謹將捐款姓名勒石，以垂不朽，爲綴數言，以序其緣起如此。

清戊子科解元鄭懷陔拜撰。

二〇七　重建福順宮埕碑

【碑刻名稱】重建福順宮埕碑

【材　　質】石材

【形　　制】長方形立碑

【尺　　寸】長一百八十厘米、寬八十六厘米

【書　　體】碑題隸書，碑文楷書

【碑　　額】無

【碑　　題】重建福順宮埕

【碑文撰者】無

【碑文書丹】無

【立　碑　者】福順宮董事林金生等

【立碑時間】清光緒二十一年（一八九五）

【存　　佚】現存

【地　　點】馬來西亞霹靂州安順福順宮

【碑刻録文】

重建福順宮埕

李清珍喜捐銀四佰大員；林玉篇捐銀乙佰貳拾員；林金生喜捐銀乙佰大員；黃務美喜捐銀柒拾大員；邱華樹喜捐銀陸拾四員；捷隆公司喜捐銀伍拾大員；邱長成喜捐銀四拾大員；成明號喜捐銀四拾四員；源茂號喜捐銀四拾四員；新裕發喜捐銀四拾大員；萬永祥喜捐銀四拾大員；振發號喜捐銀叁拾六員；集隆棧喜捐銀叁拾大員；萬源順喜捐銀貳拾四員；林光跳喜捐銀貳拾四員；新福興喜捐銀貳拾四員；萬順號喜捐銀貳拾貳員；裕茂棧喜捐銀貳拾大員；源裕號喜捐銀拾四員；新源利喜捐銀拾四員；榮棧喜捐銀拾四員；瑞德善喜捐銀拾四員；勝美號喜捐銀乙拾四員；聯美號喜捐銀乙拾四員；隆茂號喜捐銀乙拾四員；協和號乙拾貳員；振隆號乙拾貳員；萬順利喜捐銀乙拾四員；新長茂喜捐銀乙拾員；益成號乙拾員；王珍安乙拾員；成興號乙拾大員；謙泰號乙拾大員；陳柞司乙拾大員；卓擇川官喜捐銀八大員；卓清蔭官喜捐銀八大員；陳六賽官喜捐銀八大員；溫石螺官喜捐銀八大員；新成美號喜捐銀八大員；長順號喜捐出銀八大員；芳成號喜捐出銀七大員；順興號捐銀、邱良心捐銀、源成發捐銀、源和號捐銀、萬裕號捐銀、陳振茂捐銀、邱再成捐銀、源裕成捐銀、協源號捐銀、甘香號捐銀、裕茂源捐銀、陳文貞捐銀、綿遠號捐銀、泉春號捐銀、萬裕源捐銀、林撐握捐銀、合利號捐銀、林尚記捐銀、溫聯□捐銀、新利春捐銀、合安號捐銀、福安號捐銀、永濟堂捐銀、泉利號捐銀、溫酸輝捐銀，以上各陸大員；恒發號、寶興號、萬春堂、永成號、永美號、裕茂號、恒利號、振泰號，以上各四大員；昆泰號、成和號，以上各叁大員；怡源號、裕源號、萬協興、源發號、邱五祥、源美號、德美號、潼和號、福茂號、萬源泰、卓永諒、再成號、萬成號、發興號、協德號、春源號，以上各貳大員；合興號、長發號、德發號、謙吉號、新裕信、成源美、合成號、裕源號、新有成，以上各壹大員；安順號、振和號、萬裕興，以上各壹大員。以上總合共壹佰零四名計捐銀壹仟柒佰貳拾八大員。

一　對收厝税計來銀貳佰四拾陸大員。

計貳條收來銀壹仟玖佰七拾四大員。

一　開戊子年建石碑壹座共計費銀叁佰伍拾貳大員。

一　開甲午年建宮埕椅背公用器具等計費銀壹仟伍佰玖拾叁大員。

一　開乙未年建石碑壹座計費銀壹佰貳拾四大員。

計叁條開出銀貳仟零六拾玖大員。

對除以外尚不敷銀玖拾伍大員。

光緒乙未年仲秋之月，董事林金生、邱怡全、邱長成、高標儼、卓澤川、邱長山等仝立。

二〇八　勸捐碧山亭小引及捐款芳名碑（上片）

【碑刻名稱】勸捐碧山亭小引及捐款芳名碑（上片）
【材　質】石材
【形　制】長方形立碑
【尺　寸】長一百八十八厘米、寬八十五厘米
【書　體】楷書
【碑　額】無
【碑　題】勸捐碧山亭小引及捐款芳名
【碑文撰者】無
【碑文書丹】無
【立 碑 者】大總理梅湛軒等
【立碑時間】清光緒十六年（一八九〇）
【存　佚】現存
【地　點】新加坡碧山亭
【碑刻録文】

勸捐碧山亭小引共捐銀八千五百八十九元。辦碧山亭支銀四千六百九十九元五角，辦青山亭支銀二千零一十九元五角，辦緑野亭支銀二千一百五

十八元。

嘗聞范氏巨卿夙稱義士，張家毅父本是同鄉，置義莊施義地，凡諸義舉俱見高風，故艷稱於世，而食報亦顯也。念自通商以來，吾人之外出者源源不竭，如分流之水，如恒河之沙。早以敎梓里於天南，聚萍踪於石叻。間有時運不濟，命途多舛，既傷溘逝，又乏葬基。丁鶴歸來，莫問九原之骨；杜鵑啼處，難返故土之魂，此所以有勸捐義地者也。玆我廣肇惠三府所置之碧山亭，地方非不廣闊，今將芳名勒石，曾見前途歷次所捐巨款糊塗了事，深爲太息，豈可復蹈前轍乎？蓋繼述相承，上行下效，使不有以志之，何以表樂善之心，共襄美舉之誠乎？夫有爲之前者而美無弗彰，有爲於後者而盛無不傳，方信福緣善慶有所自來也。是爲序。

督辦碧山亭建廟開馬車路協理綠野亭事務、協理青山亭事務大總理：梅湛軒；值理：梅旺、何幹臣、羅奇生、朱廣蘭、梅遂和、朱有蘭、胡南生、廣恒號、蔡貞、梅端成、梅怡和、潘日華、陳泗隆、梅春浦、梅奕琴、梅乃桓、羅致生、謝若泉、梅基、鍾其光、馮璧光、鄧水、呂樹棠、同德號；創買碧山亭地梅南瑞；求免地稅胡旋基大人。

玆將各捐題芳名列：

梅遂和捐銀壹仟大員、朱廣蘭捐銀伍佰大員、羅奇生捐銀伍佰大員正、朱有蘭捐銀叁佰壹拾員、同德號捐銀叁佰壹拾員、胡南生捐銀壹佰柒拾員、羅致生捐銀壹佰伍拾員、新英泰玖拾大員、廣恒號捌拾大員、廣福興捌拾大員、祥信號陸拾大員、梅怡和號陸拾員、東源號伍拾伍員、廣福隆號伍拾員、朱富蘭號伍拾員、新巨泰號伍拾員、梅遂成號伍拾員、同安堂肆拾大員、文行堂叁拾伍員、南興隆號叁拾伍員、何發順號叁拾伍員、公興祥號叁拾大員、鄧木魁號叁拾大員、黃錦和號叁拾大員、廣合源號叁拾大員、葉致生號叁拾大員、祥順號叁拾大員、志南號叁拾大員、麗章號叁拾大員、永吉祥號叁拾員、協隆號貳拾伍員、湯廣生號貳拾伍員、福珍號貳拾伍員、廣萬源號貳拾大員、廣祥生貳拾大員、永生號貳拾大員、廣興隆貳拾大員、生茂號貳拾大員、同益號貳拾大員、南勝貳拾大員、廣昌生當貳拾大員、逢源利貳拾大員、以義號貳拾大員、廣福昌貳拾大員、正隆號貳拾大員、長盛號貳拾大員、元亨號貳拾大員、友信號貳拾大員、順月樓貳拾大員、何茂成貳拾大員、廣泰和貳拾大員、萬源號貳拾大員、永鴻安壹拾伍員、茂成和壹拾伍員、廣祥泰壹拾伍員、匯賢堂壹拾伍員、南昌泰壹拾伍員、廣晋隆壹拾伍員、再鳳樓壹拾伍員、周和隆壹拾伍員、慶百年壹拾伍員、廣泰號壹拾伍員、廣昌榮壹拾伍員、吉祥泰壹拾伍員、新仁和壹拾伍員、遂勝堂壹拾伍員、大吉利壹拾伍員、悦心樓壹拾伍員、富隆號壹拾伍員、永興隆壹拾伍員、義安號壹拾伍員、永興和壹拾伍員、利發堂壹拾伍員、温振順壹拾伍員、大吉堂壹拾伍員、新悦意壹拾伍員、梅熊池壹拾大員、梅熊祥壹拾大員、梅熊儀壹拾大員、梅熊華壹拾大員、成發當壹拾伍員、和記號壹拾伍員、邱松員、永祥生壹拾員、生發號壹拾員、劉爍光壹拾員、梅炳森壹拾大員、梅炳昌壹拾大員、梅炳倫壹拾大員、新安源壹拾員、永順號壹拾員、介福堂壹拾員、戴榮堂壹拾員、義昌號壹拾員、葉惠卿壹拾員、珍生號壹拾員、福如盛壹拾員、廣源隆壹拾員、王景壽壹拾員、何協和壹拾員、廣福祥壹拾員、胡義生壹拾員、何和安壹拾員、廣利號壹拾員、張春田壹拾員、永裕隆壹拾員、何怡昌壹拾員、廣勝棧壹拾員、廣益豐壹拾員、廣榮盛壹拾員、協和隆壹拾員、乾吉祥壹拾員、謙順號壹拾員、新義盛壹拾員、譚合興壹拾員、錦隆號壹拾員、廣德號壹拾員、梅熊號壹拾員、梅熊玲壹拾員、梅熊英壹拾員、祥安號壹拾員、厚隆號壹拾員、廣恒泰壹拾員、梁貴記壹拾員、杰壹拾員。

二〇九　勸捐碧山亭小引及捐款芳名碑（下片）

【碑刻名稱】勸捐碧山亭小引及捐款芳名碑（下片）

【材　　質】石材

【形　　制】長方形立碑

【尺　　寸】長一百八十八厘米、寬八十五厘米

【書　　體】楷書

【碑　　額】無

【碑　　題】無

【碑文撰者】無

【碑文書丹】無

【立　碑　者】大總理梅湛軒等

【立碑時間】清光緒十六年（一八九〇）

【存　　佚】現存

【地　　點】新加坡碧山亭

【碑刻録文】

瓊綸號壹拾員；何利南壹拾員；公和號壹拾員；廣發棧壹拾員；貴豐號壹拾員；新合意壹拾員；祺生棧壹拾員；

頤順堂壹拾員；和合堂壹拾員；得心樓壹拾員；群花樓壹拾員；美香樓壹拾員；樂意樓壹拾員；兆香樓壹拾員；錦香樓壹拾員；翠蘭堂壹拾員；近香堂壹拾員；存義堂壹拾員；妙花樓壹拾員；新和合壹拾員；賽香堂壹拾員；福順利壹拾員；金勝發壹拾員；悅香樓壹拾員；得順利壹拾員；順利堂壹拾員；妙發樓壹拾員；萬芳樓壹拾員；順香樓壹拾員；群月樓壹拾員；福勝隆壹拾員；新益順壹拾員；逢記號壹拾員；吉祥泰壹拾員；綸盛號壹拾員；恒和號壹拾員；森茂號壹拾員；恒泰號壹拾員；成發廠壹拾員；廣南利壹拾員；同章號壹拾員；安榮號壹拾員；生和號壹拾員；何結成壹拾員；錦章號壹拾員；廣昌號壹拾員；廣泰和壹拾員；歡心堂壹拾員；蓮發堂壹拾員；恒興號壹拾員；永記號壹拾員；就義號壹拾員；裕和號壹拾員；晟成號壹拾員；新恒順壹拾員；就和號壹拾員；美和號壹拾員；新廣和壹拾員；恒源號壹拾員；葉盛號壹拾員；祺興號壹拾員；吉祥號壹拾員；志合號壹拾員；存勝堂壹拾員；廣祥泰壹拾員；廣昌榮壹拾員；聯發堂壹拾員；新再香壹拾員；瑞意樓壹拾員；月華樓壹拾員；勝花樓壹拾員；彩月樓壹拾員；合意樓壹拾員；新彩雲壹拾員；順和堂壹拾員；有合堂壹拾員；潄月堂壹拾員；永順堂壹拾員；暢叙堂壹拾員；和安堂壹拾員；宏啓堂壹拾員；同豐號壹拾員；新廣昌捌大員；新同利捌大員；廣發生捌大員；風月樓捌大員；群香樓捌大員；合勝樓捌大員；新福香捌大員；悅宜樓捌大員；得宜樓捌大員；大順利捌大員；錦興號、廣義號、廣祥泰、葉興隆、悅花樓、翠秋樓、順意樓、月勝樓、益盛號、順勝樓、劉燦光、燦發樓、周輝山、福隆號、錦蘭堂、南茂、新全勝、時昌號、順心樓、昆昌號，以上每捐銀陸員；（下略）

光緒拾六年歲次庚寅季夏吉□□。

二一〇　大清光緒六年創建塋成堂乙巳年平基重修牌之一

【碑刻名稱】大清光緒六年創建塋成堂乙巳年平基重修牌之一

【材　質】木材

【形　制】長方形橫牌

【尺　寸】長一百三十厘米、寬八十二厘米

【書　體】楷書

【碑　額】無

【碑　題】大清光緒六年創建塋成堂乙巳年平基重修

【碑文撰者】無

【碑文書丹】無

【立 碑 者】鄭節義

【立碑時間】清光緒三十一年（一九〇五）

【存　佚】現存

【地　點】新加坡水溝館

【碑刻録文】

大清光緒六年創建塑成堂乙巳年平基重修

余應喜捐叁佰伍拾元；蔡□□喜捐大銀叁佰元；□□□□□大銀貳佰元；□發棧大銀貳佰元；何明□□□壹佰□□元；□門□□□壹佰貳拾元；黃門□□□壹佰貳拾元；林天標□□大銀壹佰元；唐氏阿□□□銀壹佰元；莊門唐氏喜□銀壹佰元；林順池、李四娘銀壹佰元；蔡容九喜□□□壹佰元；成發號喜□□□壹佰元；萬成號喜號□□壹佰元；覺袁修喜□□□壹佰元；信女黎氏喜□□壹佰元；信女氏□□□壹佰元；信女黎氏□□□壹佰元；張□□喜□□□陸拾元；不名氏喜捐大銀陸拾元；□□□氏□□□陸拾元；信女李氏喜□銀陸拾元；王錦四喜捐大銀伍拾元；何阿亮喜捐大銀伍拾元；信女麥氏喜捐大銀伍拾元；信女譚氏喜□□伍拾元；信女黎氏□□銀伍拾元；信女榮氏喜捐銀伍拾元；信女潘氏喜捐銀伍拾元；信女□氏喜捐銀伍拾元；□□□氏喜捐銀伍拾元；□門□氏喜捐銀伍拾元；□□□氏捐銀□拾五元；□□□□喜捐銀四拾元；□□□喜捐□銀□拾元；□元□氏喜捐銀四拾元；信女□氏喜捐銀四拾元；信女□氏喜捐銀四拾元；□□□□□大銀四拾元；洪□□□捐大□叁拾元；信女□□□□□叁拾元；曾門梁氏喜捐銀叁拾元；不名氏□捐大銀叁拾元；李□□□捐大銀叁拾元；□□□喜捐大銀叁拾元；信女林氏喜捐銀叁拾元；張□交喜捐大銀叁拾元；信女黃氏喜捐銀叁拾元；陳門許氏喜捐銀□拾元；信女郭氏捐銀貳拾□元；□佛□喜捐大銀□□元；□□福喜捐大銀□□元；□成□喜捐大銀□□元；□□□喜捐大銀貳拾元；陳源合喜捐大銀貳拾元；源和號喜捐大銀貳拾元；廣義廠喜捐大銀貳拾元；王勤真喜捐大銀貳拾元；德記號喜捐大銀貳拾元；不名氏喜捐大銀貳拾元；謝合德喜捐大銀貳拾元；劉月明喜捐大銀貳拾元；周恩敬喜捐大銀貳拾元；李門陳氏喜捐銀貳拾元；黃稀雲喜捐大銀貳拾元；裕發藍氏喜捐銀貳拾元；□元心喜捐大銀貳拾

元；信女周氏喜捐銀貳拾元；謝佛海喜捐大銀貳拾元；信女吳氏喜捐銀貳拾元；信女三姑喜捐銀貳拾元；信女黃
氏喜捐銀貳拾元；信女□氏喜捐銀貳拾元；森記號喜捐銀貳拾大元；不名氏喜捐銀乙拾□元；信女黃氏捐銀乙拾
五元；劉順□喜捐銀乙拾五元；大□□喜捐銀乙拾五元；楊□□喜捐銀乙拾五元；周□□喜捐銀乙拾五元；石□
喜捐大銀乙拾□元；龍共喜捐大銀乙拾□元；義元吉喜捐銀乙拾□元；不名氏喜捐銀乙拾□元；信女羅氏捐銀乙
拾□元；信女林氏捐銀乙拾□元；陳長成喜捐銀乙拾□元；沈門李氏捐銀乙拾□元；沈全昌喜捐銀乙拾四元；林
德□喜捐銀乙拾四元；余門羅氏捐銀乙拾四元；洽裕號喜捐銀乙拾四元；謝門毛氏捐銀乙拾四元；柯弟子喜捐銀
乙拾貳元；王□□□□□乙十貳元；□□□□□□乙十乙元；謝□興、信女陳氏、吳氏、劉門□氏、黃□香、蔡
□□、陳延□、陳門□氏、□□□、□□□、邱山合、□□張氏、英發、信女周氏、□氏、□□□、□□□、
□□□、英□吉、信女李氏、邱門梁氏、□有祥、朱氏、德昌□、章壬泉、蔡立善、瑞順發、信女□氏、信女鄧
氏、合意堂、沈門花仔、趙金□、柯門花子、信女湯氏號、喜□、信女許氏、信女鄭氏、趙友陣、信女□氏、王
□□、德□興、義□、卓瑞□、陳門□氏、黃總、黃亞七、黃忠福、周振奇、不名氏、盧亞愛、信女□氏、陳□
子、甘明發、廖阿鳳、温氏、郭□忠、黃清禮、信女劉氏、□□□，以上各捐銀乙十九元；信女胡氏、黃俊昌、
不名氏、沈門鄧氏、蔡門陳氏，以上各捐銀八元；洪珠□、信女陳氏、余順成、梁繞合、吳門林氏、林秀、梁居
位、桃門、□□□、鄭氏、信女林氏、陳謙利、許清開、黃瑞寰、□文祥、惠□□、陳□元、余氏、林□八、陳
□立、陳□，各捐銀六元；元福、不名氏、黎□賢、林福德、信女胡氏、楊添發、□□□、林□□、林振豐、李
瑞廷、□善弟子、呂奉治、陳金合、陳□江、□□泉、林美惜、陳□娘、李氏、陳金堂、信女周氏、邱德□、周
福山、黃新嘉、李勝記、林逢春、李國壽、楊源合、黃基長、劉慶□、沈門□氏、□□福、□門楊氏、王德現、
□昌型、陳壽、温振順、信女梁氏、林高榮、信女黃氏、楊門顏氏、何宅、□意堂、池嬸、伍阿根、樓内孃仔、

邱萬福、山下治、陸寅你、信女余氏、長源美、陳成□、信女□氏、歐氏、吴□女、洪玉心、歐□群、陳長枝、信女□氏、□□□、□城□、劉□□、信女□□、信女黄氏、福元盛、邱門氏、余振周、□泰、劉成春、余門孫氏、陳福開、順利號、白鴻娘、蕭順珍、信女□氏、信女陳氏、□氏、□□□、古氏、石□肇、袁□□、趙惟水、鍾金、謝□春、卓□妹、郭氏、陳佛瑞、林馬□、信女譚氏、信女陳氏、周全清、□千□、永□號□夫、理□□、元隆號、許氏、王清淡、温牛、信女孫氏、□花仔、王氏、盧□儀、信女劉氏、張長、顏長慶、陳玉□、馬爲、李連□、石比洪、何偉祖、王添下、鍾瑞□、花女、林仕□、邱□□、陳賓、春發、信女高氏、黄阿分、黄添經、陳□□、□□姨、黄□玉、陳三□、郭氏、王賜倫、吉利、信女洪氏、信女何氏、陳門□氏、洪振壽、合盛號、信女吴氏、信女羅氏，各捐銀□元；添順豐、蘇氏、信女沈氏、裕豐、紅石隆、梁興、邱阿照、楊明宫、蘇信女、盛合號、何氏、信女葉氏、馬門□氏、王氏、信女□氏、林坤鄰、蔡永成、陳若怡，各捐銀四元；林學林、陳虎獅、柯錦善、黄德茂、不名氏、蔣禮智、弟子崇水心、協德，各捐銀三元。

□元□、鄭節義謹啓。

二一一　大清光緒六年創建塑成堂乙巳年平基重修牌之二

【碑刻名稱】大清光緒六年創建塑成堂乙巳年平基重修牌之二
【材　質】木材
【形　制】長方形横牌
【尺　寸】長一百三十厘米、寬八十二厘米
【書　體】楷書
【碑　額】無
【碑　題】大清光緒六年創建塑成堂乙巳年平基重修
【碑文撰者】無
【碑文書丹】無
【立 碑 者】鄭節義
【立碑時間】清光緒三十一年（一九〇五）
【存　佚】現存
【地　點】新加坡水溝館
【碑刻録文】

大清光緒六年創建堃成堂乙巳年平基重修

余門氏、□□□、□□□、□□春、黄□□、□門趙氏、□□□、□□□、□□□、□□□、□□□、□□□、□□□、□□□、□□□、信女、□□豐、陳德□、張康龍、張□龍、甘氏、□振和、張麗龍、張華龍、張現龍、陳高□、開成□、□辰寶、陳國泰、楊□昌、黄瑞意、和奂號、楊萬□、劉來興、劉口新、黎亞蓮、黄家雲、李石慶、張大喜、陳文章、王添登、何無娘、余長盛、雀四妹、葉國登、張宗新、信女□氏、陳口正、林水□、余亞基、□三福、羅二姑、□秋枝、卓瑞倫、林□發、信女陳朝本、□□穆、李慶□、□祥號、潘氏、信女梁氏、潘耀南、□安號、□瑞吉、信女謝賢超、陳□□、陳安□、□福如、楊氏、陳□江、楊長□、許社寶、□其平、□□池、吴清茂、李宗淼、梁德、□□氏、段□娘、王振林、□□□、黄□□、林□發、陳□美、□□新、□□□、林再□、陳□□、陳□成、□□安、□□香、梁勝金、張順喜、謝君美、林□水、梁添喜、葉門□氏、黄錦龍、□□□、楊玉慶、林天喜、劉日福、黄亞賜、陳長興、勛亞朱、梁弟子、朱協□、□□記、李福明、陳金瑶、陳領□、陳有謙、□清□、梁肇英、吴岳□、蔡金弼、周耀山、歐門、廣成利、蔡梎赤、陳朝魁、沈□花仔、□仔、楊奕察、信女何氏、梁祝□、□家福、嚴福記、朱國梁、陳□□、鍾玉德、□添江、梁玉基、黄清讀、張清水、林清池、□亞德、曾派光、陳開增、林仁□、林成竟、□□仕、朱□玉、吴水禎、□□益、宋金□、□□金、謝俊疆、林現喜、□□□、林汝□、陳德光、王進太、□□氏、信女□氏、□□棧、黄口瑞、洗惜□氏、□□書、陳益美、信女陳氏、甘西發、源發、□□□、信女蔡氏、陳自在、薛氏、陳□李氏、陳時□、李□□、王書□、梁氏、陳□黄氏、信女曾氏、□□福、沈□、安昌、尹□□、信女

□□、□□□、陸氏、尹忠、楊□记、朱亞□、陳順心、楊氏、順意、陳□班、劉照青、林音氏、鄭氏、海伸、信女□氏、王昌順、謝□東、王春、宋捷、□□桃、林烏□、黄添福、□連、逍龍、□根發、楊柏珠、信女□氏、□富、謝氏、信女李氏、胡門氏、林□□、梁東、林氏、甘倫娘、伍門嬈氏、邱娘□、黄則、不名氏、陳成忠、周亞伍、玉成、陳呆、阿四、郭氏，各捐銀貳元；（下略）

二一二　大清光緒六年創建塑成堂乙巳年平基重修牌

【碑刻名稱】大清光緒六年創建塑成堂乙巳年平基重修牌
【材　質】木材
【形　制】長方形立牌
【尺　寸】長一百四十厘米、寬八十厘米
【書　體】楷書
【碑　額】無
【碑　題】大清光緒六年創建塑成堂乙巳年平基重建
【碑文撰者】無
【碑文書丹】無
【立 碑 者】無
【立碑時間】清光緒三十一年（一九〇五）
【存　佚】現存
【地　點】新加坡水溝館
【碑刻録文】

大清光緒六年創建塑成堂乙巳年平基重修

樂捐芳名：

余應吉叁佰伍拾元、蔡周明叁佰元、胡朝陽貳佰元、源癸棧壹佰貳拾元、何明德壹佰貳拾元、黄門余氏壹佰元、林天标壹佰元、唐氏何進壹佰元、莊門唐氏壹佰元、林順池壹佰元、□四娘□□□、蔡容九壹佰元、成發號壹佰元、萬成號壹佰元、袁覺修壹佰元、信女添氏壹佰元、信女謝氏壹佰元、信女榮氏壹佰元、張温□陸拾元、不名氏陸拾元、信女李氏陸拾元、信女余氏陸拾元、王錦田伍拾元、何阿亮伍拾元、信女麥氏伍拾元、信女譚氏伍拾元、信女添氏伍拾元、信女黎氏伍拾元、信女余氏伍拾元、信女潘氏伍拾元、鄭門黄氏伍拾元、陸門周氏肆拾元、藍裕成棧肆拾元、謝慶木肆拾元、永九林氏肆拾元、信女吴王氏肆拾元、秦其賢肆拾元、洪德禄叁拾元、信女李氏叁拾元、曾門梁氏叁拾元、不名氏叁拾元、李運陽叁拾元、林鴻發叁拾元、信女黄氏叁拾元、張風支叁拾元、信女林氏叁拾元、陳門許氏叁拾元、信女郭氏貳拾元、張佛壽貳拾元、黄金福貳拾元、林四合貳拾元、蔡東喜貳拾元、陳源合貳拾元、源和號貳拾元、廣義廠貳拾元、王勤真貳拾元、德記號貳拾元、不名氏貳拾元、謝合德貳拾元、劉月明貳拾元、周思敬貳拾元、李門陳氏貳拾元、黄稀雲貳拾元、裕發藍氏貳拾元、余九心貳拾元、信女周氏貳拾元、謝佛海貳拾元、信女吴氏貳拾元、信女三姑貳拾元、信女黄氏貳拾元、信女彭氏貳拾元、森記號貳拾元、不名氏拾陸元、信女黄氏拾伍元、劉順蓮拾伍元、大鬃娘拾伍元、楊禄貳拾伍元、周福隆拾伍元、石振拾伍元、龍其拾伍元、戴元吉拾伍元、不名氏拾伍元、信女羅氏拾肆元、信女林氏拾肆元、陳長成拾肆元、沈門李氏拾肆元、沈全昌拾肆元、林德修拾肆元、余門羅氏拾肆元、洽裕號拾肆元、柯弟子拾肆元、王振德拾肆元、謝門毛氏拾肆元（下略）

二一三　碧山亭萬人緣紀念碑

【碑刻名稱】碧山亭萬人緣紀念碑
【材　質】石材
【形　制】長方形立碑
【尺　寸】長二百二十二厘米、寬一百一十四厘米
【書　體】楷書
【碑　額】石雕卷葉花紋
【碑　題】碧山亭萬人緣紀念碑
【碑文撰者】無
【碑文書丹】無
【立 碑 者】倡建碧山亭萬人緣勝會董事全体同人
【立碑時間】民國十二年（一九二三）
【存　佚】現存
【地　點】新加坡碧山亭
【碑刻録文】

民國登典以來，「紀念」二字播於全國。觀乎武漢興師北討，挽回中原，國有紀念。志士成仁救國，以争漢族之光榮，有紀念；家有祀奉祖先，或尊尚敬如在，此明證家之紀念。清明、重陽二節，紳商各界婦孺，車馬絡繹於途，争先恐後馳赴碧山亭者何止萬人，費幾許金錢，此個人之紀念。何况碧山亭乃三府先人塋葬之總區，祠廟乃鬼魂會聚之所在！撫今追昔，已歷三十餘年，棟拆梁傾，墻垣破瀾，凄風慘雨，鬼哭神號。念昔前人之建設，崇祀殷勤，撫兹景象之荒凉，香燈冷落，同人等見之益切凄凉。於是發起重修之念，矢志協力同心，按户求捐，沿門勸助，相率於炎熱酷暑之天，弗計汗流頰背，知有共成公益之念，頓忘舌敝唇焦。深幸紳商各界踴躍輸將，大解金費共襄善舉，經營一載今始告成。祠廟雖屬輝煌，神靈未曾妥奉，捐修萬緣勝會，奠土開光，超破六道幽魂，神安鬼樂。僧道尼三壇誦經禮懺，通宵七重，結彩張燈，更設素酌以迎賓，神人共慶，同秉丹誠，而祝敬壽域同登。但獨力難持，衆擎易舉，裘須腋集，山藉簣成；所幸各界紳商，善男信女，大捨金錢，造無量之功德，推轂而來，傾筐而至，結萬人之緣，集千祥之福，以成重修茶亭祠廟，留兹紀念，千載不磨矣。

協理：何思觀、陳敬庭、陳廣志、陳礪石、陳宗熾、何亨、何柱、葉文瀾、黄達、黄壁持、梁榆材、梁耀庭、朱星樓、羅文頭、黄晋藩、廖舜卿、鄧文軒、林輔廷、林文田、關星朝、陸星銓、石秀靄、蘇玉波、梅國良、李華雙、梁金成、司徒興、郭官泰、張錦銓、張文光、郭天送、梁萬源、利文甫、盧志紳、姚兆元、李堯卿、吴潤霖、陳耀升、蕭達璋、曾君斗、廖星航、陳樂南、黄安、黄伯勛、莫瑟雲、張志群、薛洪、陳景波、陳德琳、周釗、張錦全、關安記、李仁昌、陳子蕃、馮燦芝、徐松友、譚柱臣、鄢修溪、譚安、朱衮賢、彭月、邱淮清、梁友芝、李細記、鄧品江、劉官九、簡賜常、李玉階、盧忠、麦恩垣、梁錦福、曾善登、葉萬、楊廣、唐啓光、郭文記、張登記、龔湛軒、歐卓山、馮錦銓、司徒尚永、普福会館、八和会館、馮道館、姑蘇行、沙藤行、公輸行、猪肉行、雜貨行、成衣行、軒轅行、革役行、文華行、同壽行、北城行、魯北行、打金行、客棧行、剪髮行。

癸亥年六月廿五日撥留医院義冢費銀三仟元正；又撥籌辦處銀六百二十六元一角六占；一，支利生再改石碑鋪金工銀二千五元；一，支趙生傍石碑工料銀三十元；八柱合計銀一萬零四百四十四元三角九占。经查数員羅福榮、羅焕南查合。

以上存餘項全收撥入碧山亭重建祠廟籌辦處，以補不足之助，符合發起創建萬人緣之宗。

鳴謝各界報效物品列：

南洋兄弟烟草公司報效烟枝收入全撥本會；仁心濟生鬼昌報效凉茶收入全撥本會；何悦昌報效大光□半價；陳贊朋先生報红花油小枝一百尊沽出全数撥入本會；岑申記寶號報效全場盆頭主花；同利和寶號報效羅厘車往來碧山亭二次；源和公司寶號報效啰厘車往來碧山亭二次；大同映相館報效廿四寸放大相二幅連架；萬福棧報效彩頭公仔二套，陳列醮壇墳七天。

倡建碧山亭萬人緣勝會董事全体同人立石，中華民国十年榮歲次癸亥元月吉日。

名譽總理：簡英甫、余東旋、曹壽山、梁子修、朱祝宸、羅殷譜、黄樂南；正總理：邱雁賓；副總理：鍾澤泉；財政員：陳贊朋；司理員：杜立軒；文牘員：李朗天、麥藻雲、廖禧田、何配天；總務員：黄庭光、鄭秀謙、任海賢、黄斗山、蔡秋臣；查賬員：羅福榮、羅焕南；糾察員：陳瑞南、林煜、陳錦傅、吴業琛、朱奇軒、許澤鴻、鄧金和、候藴玉、劉沛清、陳藉卿；庶務員：李瑞茹、陳祐記、朱得雲、胡瑞國、胡明、劉燦輝、李亮琪、黃玉山、莫有記、陳冠生、陳佼富、曾紀宸、葉秀林、冼致雲、本進福、黃伯簡、葉熾昌、岺申記、羅悅之、鄧金、黃美。

茲將各項進數列：

一　收各界助來醮金銀一萬三仟六百六十八元二角一占。

一　收各界附薦來銀四千一百五十二元。

一　收各界人神主位來銀七百二十八元。

一　收各界職員衿章來銀七百四十五元。

一　收各界飲人心濟生鬼昌凉茶惠來銀三百九十三元三角二占。

一　收各界購南洋烟草公司烟枝惠來銀一千一百一十元零六角。

一　收僧道尼破地獄寶登星轉運過關來銀四百零七元五角。

一　收碧山廟香油來銀三百八十三元零五占。

一　收福德祠香油來銀四百七十六元八角三占。

一　收各界買齋券及加惠來銀四百一十五元二角。

一　收各善信過花橋來銀二百七十五元一角。

一　收沽財神街録來銀三十元正。

一　收各界人神像來銀九十五元。

一　收沽紅花油銀一十九元五角。

一　收沽光鏡幣扇來銀二十六元一角六占。

一　收利華銀行來息銀九十元零二角二占。
一　收□□記格棚回支長來銀五十元。
一　收各號會場內傢私什物來銀二百三十零七角。
合計十八柱共收來銀二萬三千二百九十六元五角九占。
茲將各項支數列：
一　付張妖記搭棚廠去銀一千六百五十九元九角五占。
一　付雙林寺各經嚫去五百四十三元四角。
一　付銓真堂道士各經嚫去銀四百八十三元二角一占。
一　付福勝堂尼僧各經嚫去銀四百三七元五角。
一　付最新新紙禮去銀一千四百六十三元五角。
一　付出發勸茶會及來往碧山亭各等車去銀五元二角三占。
一　付籌辦質及會場內什項明銷去銀二百七十九元四角四占。
一　付和春手托木頭戲去銀二百三十元。
一　付黑家昌在印慶美役去銀三百三十九元五占。
一　付保安隊偵探隊書記男女役各工金去銀九百九十六元二角。
一　付理數目二員工金去銀六百四十元正。
一　付登告白報費去銀一百四十三元四角三占。
一　付換毛銀缺米貼出去銀三十元一角一占。

一　付蔡秋臣手造章去銀四十四元四角六占。

一　付賠償傢私什物損失去銀八十三元二角二占。

一　付劉順成白鐵桶什貨二單去銀五十一元三占。

一　付廣和祥火鋸板枋去銀二百六十三元。

一　付天華公司印徵信録去銀二百八十三元。

一　付林興放生雀二單去銀一百二十元。

一　付廣祥泰紙料什一單去銀四十元三角。

一　付鑒記臘燭二單去銀六十三元五角。

一　付華新華福廣安錢器四單去銀五十一元二角三占。

一　付祥來紙扇紙料二單去銀一百二十一元零五占。

一　付打大竈工料一單去銀一十一元七角。

一　付振春白米一單去銀一十六元一角。

一　付源和公司料幽紙料二單共去銀九百五十五元一角七占。

一　付三益綢高標一單去銀三十二元。

一　付譚球造碧山廟道四字工料去銀四十元。

一　付大記瓜菜一單去銀八十三元三角五占。

一　付黃志記醬料一單去銀一百零六元四角。

一　付李忠記齋料什一單去銀三百九十七元六角七占。

一 付祥興隆齊料什貨一單去銀一百七十二元七角。

一 付柱租賃睦一單去銀三十元二角。

一 付漁昌生醬料一單去銀二十四元九角七占。

一 付何標東興金猪二單去銀五十元二角。

一 付裕興號柴二單一十五元。

一 付群盛號印件一單去銀九十八元四角五占。

一 付義安號□□一單去銀七十六元四角六占。

一 付廣福成紙花椰油什貨一單去銀一百九十九元四角四占。

一 付廣勝隆銅鐵一單二十一元一角五占。

一 付梁同福紙料一單去銀一百三十二元。

一 付厚豐超幽紙料去銀七百零二角四占。

一 付何悦昌大光燈半價租去銀四百三十八元九角。

一 付香江樓毛鷄二單去銀七十元零七占。

一 付廣和昌什貨去銀二百八十元七角八占。

一 付廣榮紙燈施幟去銀三十四元一角三占。

一 付黄庭光豐石碑工料去銀二百一十五元。

合計四十七柱共去銀一萬二千八百五十二元二角。

收付比對實存銀一萬零四百四十四元三角九占。

一　撥黃庭光先生手交代支應人重修祠廟敬銀一千六百五十三元九角六占。

一　撥到沛清先生手交代支應人重修祠廟敬銀一千零五十二元六角七占。

一　由陳贊□□□□□□□重修祠廟籌辦處現款三千元。

一　由陳贊朋子壬十一月十六撥去重修祠廟籌辦處現款一千元正。

二一四　廣惠肇碧山亭稗販亭記

【碑刻名稱】廣惠肇碧山亭稗販亭記
【材　質】石材
【形　制】長方形立碑
【尺　寸】長一百二十四厘米、寬六十二厘米
【書　體】記文爲隸書，捐款芳名爲楷書
【碑　額】無
【碑　題】廣惠肇碧山亭稗販亭記
【碑文撰者】黄載靈
【碑文書丹】黄載靈
【立 碑 者】總理梁元浩等
【立碑時間】民國三十二年（一九四三）
【存　佚】現存
【地　點】新加坡碧山亭
【碑刻録文】

廣惠肇碧山亭稗販亭記

嘗考日中爲市，制始宓羲，市廛不征，仁懷周聖。貿易之道，裨益民生，售者獲利，購者乘便，大而一國都市，小而一鄉村落，迨至僻壤遐陬，無地弗備。自古爲昭，於今尤盛。況斯亭遠處郊墅，吾僑養牲畜，植菜蔬，與居與處，户口日繁，日用所需，常賴肩擔背負之販往来叫沽，風雨靡憹苦之□便。同人等因民之所利而利之，癸未之夏遂倡建稗販亭之議，詢謀僉同，乃鳩工庀材，經之營之，未及四月，竟告厥成。一方之民，貿易各尋其所，事雖小而功亦大哉。爰命匠勒石，志其端末於不朽云。

台山黄載靈撰并書丹。

受托團：曾紀辰、梁元浩、胡文釗、黄衍華；總理：梁元浩；司理：孫榮光；財政：黄衍華；查數：易鍊勛、王鐵山；董事：劉立卿、崔信建、黄棉、曾次顔、尹達泉、温明輝、梁小天、鄧草成、黄載靈、趙叔如、陳熾南、陸炳瑞、彭熾明、董友梅、蕭炳璋、黄玉廷、劉溥天、黎堅、王壁東、江耀樓。

捐款芳名：

寧陽會館二百元、中山會館二百元、岡州會館二百元、南順會館一百元、東安會館一百元、肇慶會館一百元、番禺會館一百元、惠州會館一百元、黄衍華一百元、梁元浩一百元、黄禎提一百元、何樹潜一百元、張兆旺一百元、花縣會館五十元、黄秉盛五十元、曾鴻活五十元、林權耀五十元、鄧草成五十元、李寶東五十元、羅喜生五十元、方嗣興五十元、劉耀五十元、何思觀五十元、王玉鴻五十元、姚炎倫五十元、黄文友三十元、袁洪澤三十元、胡文釗三十元、梁□田廿五元、三水會館二十元、鄺修文二十元、梁均安二十元、蔡錦波二十元、梅濃浩二十元、梁小天二十元、梁久益二十元、容雲舫二十元、馬维德二十元、鄭式度二十元、劉以田二十元、劉雙堯二十元、潘兄枝二十元、何廣開二十元、葉英開二十元、劉立卿二十元、崔信廷二十元、易鍊動二十元、梁偉謙二十元、黎生二十元、鄧耀二十元、江翰朋二十元、曾孳顧二十元、黄棉二十元、黄□□二十元、鄺□文二十元、孫榮光二十元、黄達立二十元、黄□□一十元、黄澤生一十元、黄柏桑一十元、黄鏡波一十元、黄華益一十元、黄理文一十元、黄□□一十元、黄章甫一十元、黄堅南一十元、梅衍慶一十元、梅伯伊一十元、梅成福一十元、梅炳森一十元、梅標一十元、陳燦榮一十元、陳禎瑞一十元、李亮琪一十元、李文一十元、許鳴泉一十元、趙叔如一十元、劉尊鑒一十元、吴迺溥一十元、程少葵一十元、葉章一十元、劉秉謙一十元、鄭胡□一十元、莊志生一十元、梁永常一十元、陳培記一十元、潘霖端一十元、温明輝一十元、尹達泉一十元、劉莊記一十元、鄧輝堂一十元、謝頌彭一十元、岑振陸一十元、趙汝成一十元、莫義一十元、莫福生一十元、黄金生一十元、任兆林一十元、吴長富一十元、劉溥天一十元、王鐵山一十元、李富賢一十元、江耀樓一十元、王□東一十元、陳熾南一十元、陸炳瑞一十元、蕭炳璋一十元、董友梅一十元、彭熾明一十元、黄白謙五元、黄志超五元、甘榮昌五元、陳章耀五元、程薰南五元、招應秋五元、梁允祺五元、張頌榮五元、雲南生五元、區息堂五元、蔡詞博五元、鄧德恩五元、張少卿五元、張繼煊五元、陳植壽五元、温景五元、劉有五元、林道發五元、吴棣江五元、吴合同五元、袁偉棠五元、許秉五元、任賢賢五元、蘇善基五元、冼麗初五元、左培根五元、莫全五元、岑銼五元、方富熾五元、江壯廉五元、江茂朗五元、江長發五元、黄河北五元、黄河西五元、黄河東五元、黄信益五元、玉老寶五元、駱卓新五元、□允春五元、陳少雲五元、何積五元、郭蘇五元、郭耀五元、浚九五元、梁錦遠五元、黄玉廷五元、伍秋熏五元、徐廣源三元、梁瑞生三元、龍奕記三元、莫厚德三元、李錦成三元、蔡過堯三元、鄭重成三元、鄭伯川二元、莊遇潮二元、梁星如二元、莫漢偉二元、梁頌群二元、鄧耀基二元、黄潔女二元、葉海二元、李衡新二元、曾家才二元、黄炳昌二元、何鐵山一元、何鐵華一元、何澍耀一元、何益甫一元、林海天一元、林大公一元、蘇流一元、陳慶保一元、李飛雄一元、葉桂蓮一角、梁燕玉一角、朱鳳蓮一角、李妹一角、李枝一角、廖合一角、□□一角。

中華民國三十二年歲次癸未九月穀旦立。

二一五　廣惠肇碧山亭建醮超度幽魂萬緣勝會序碑

【碑刻名稱】廣惠肇碧山亭建醮超度幽魂萬緣勝會序碑
【材　　質】石材
【形　　制】長方形横碑
【尺　　寸】長九十五厘米、寬八十厘米
【書　　體】楷書
【碑　　額】無
【碑　　題】廣惠肇碧山亭建醮超度幽魂萬緣勝會序
【碑文撰者】黄載靈
【碑文書丹】黄載靈
【立 碑 者】岡州會館、惠州會館、番禺會館等
【立碑時間】民國三十二年（一九四三）
【存　　佚】現存
【地　　點】新加坡碧山亭
【碑刻録文】

廣惠肇碧山亭建醮超度幽魂萬緣勝會序

台山黄載靈撰并書。

凡人形體脱離母胎曰生，精神脱離軀殼曰死，生樂死悲，世諦則然。畢竟生死乃屬常理，死而爲鬼，係儒、道二教之言，而佛教則稱「中有」，蓋前尸已失，後尸未績，隨業受苦樂之報，事雖渺而理則真。所謂幽魂者，靈托冥中，凄其寂寞，故若敖不祀，鬼其餒而伯有無歸，窮則爲厲，稽之《左傳》，昭然若揭。吾僑客死他鄉不知凡幾，一經浩劫，殉難尤慘，有眷屬者春烝秋嘗，孫子或盡孝思；無眷屬者嗣祀湮没，幽冥越增凄慘。吊祭不至，精魂何依？常念及此，良堪悲嘆。同人本慈悲之懷，念桑梓之誼，萬緣勝會於焉發起。詢謀僉同，舉手稱善，爰集三屬七十二行之群衆，建三晝四夜之道場，趕九日登山祭掃，俾衆信向佛皈依，就斯亭建設清净梵壇，擇陰曆九月初五晚起醮，至初八夜圓滿。集僧道尼三壇法會誦經懺咒各種梵文，夜演瑜伽諸幽，普遍午修供養，大會無遮，典譯盂蘭，解倒懸之苦楚；經翻焰□，拯飢渴於面然；高結蓮臺，見千華之寶蓋；廣施斛食，勝七級之浮屠。附薦宗親，位分昭穆；報恩賢裔，囊解金錢。氣象一表莊嚴，梵儀十分清净。香飯如山之積，紙灰似蝶之飛；燈燃無盡之光，鉢洒大悲之水。廣結萬緣，皈依三寶。重陽前五日開壇，昭南島十方普度。章程臚列，醮榜高張，伏願樂善檀那同情士女，推慎終追遠之誠，愍傷亡横死之苦，各抒願力，樂捨净財，功不唐捐，善堪食報。將見燭綻金蓮，現優曇之瑞像；香焚寶鼎，篆般若之文章。洒法水於楊枝，演漁山之清韵。大地現升平之象，幽魂登兜率之天，喜遍全洲，善憑一念，懺悔劫難，伫待雍熙。倡無雙之盛舉，謹合十而爲序。

大會委員：梁元浩、陳熾南、羅漱石、潘霖端、曾紀辰、陸炳瑞、謝成裕、羅喜生、黄禎提、俞良、胡文釗、彭熾明、陳東海、區惠堂、黃衍華、董大梅、伍永昌、梁允祺、劉國俊、莫鏡秋、劉立卿、蕭炳璋、梁久益、彭慰震、孫榮光、黃玉廷、何念修、黃文友、譚天鐸、莫金、易鍊勛、劉溥天、程少葵、梁均安、王鐵山、黎生、鄭胡樹、黃連登、黃吉堂、黃河西、鄧章煥、袁洪深、梅鴻逸、崔信廷、王壁東、莫厚德、朱寶田、莫漢偉、簡炳垣、譚恒甫、江耀樓、盧應林、賀華生、曾次顏、尹達泉、何樹潛、黃棉、陳俊夫、李金炳、李煜波、温明輝、劉耀、林海天、力炳章、梁小天、張少卿、陳慶保、彭瑞鳳、趙叔如、姚仲璜、鄧草成、林伯祥、謝平、駱震堃、黃載靈、張婕煊、李警公、陳少雲、姚炎倫、王老實。

大會職員：

正主席：梁元浩；副主席：曾紀辰、胡文釗。

總務股：正主任：黃衍華；副主任：赵叔如、羅漱石；幹事：黃信謀、林海天、雲南生、區惠堂、關英士、彭徙依、黃德文、郭秀、黃長瑞、陳少雲、鄧祖聰、梁子明。

財務股：梁元浩、曾紀辰、胡文釗、黃衍華。

庶務股：正主任：孫榮光；副主任：崔信廷、陳東海；幹事：吳永恩、蕭炳璋、容寶均、彭瑞鳳、黃瑞祥、高聘、鄧梅山、梁炯、林熾輝、劉少珊、陳渭光、榮興。

文書股：正主任：黃載靈；副主任：譚恒甫、張仲璜；幹事：黃裕光、李文、林伯衡、譚周、馮景星、陳沛善、張華新、鄧裕光、何配天、梁梓、黃鴻樹、易遵勛。

設計股：正主任：唐啓光；副主任：朱寶田、陳作民；幹事：李汝全、李惠康、唐梓光、何慧貞、四姐、榴姐、寬姐、瓊姐、林蓮、亞笑、梁四、謝九。

糾察股：正主任：王壁東；副主任：莫熏偉、黃棉；幹事：伍恩、徐錦榮、黃洪、李培、潘曹、蘇廣濃、張泮、梁子照、劉福、黄燦、黄劍虹、胡球。
護路股：正主任：陸炳瑞；副主任：黎生、謝成裕；幹事：胡榮尚、伍永昌、黄星輝、簡炳垣、區伯元、陳柳、江秀山、黄歡、易炯勛、冼卓、林洛基、羅權。
巡值股：正主任：尹達泉；副主任：劉溥天、陳熾南；幹事：江耀樓、李警公、張少卿、俞良、林伯祥、黄七、陳三、蔡炳坤、梁楠梓、李仕、鄒恒、何容。
布置股：正主任：程薰南；副主任：梁小天、鄧草成；幹事：程少葵、鄭胡梁、梁久益、何念修、袁洪深、李泰、莊志生、鄭重成、黄炳謹、葉杜遇潮、劉東謙、甘榮昌、梁鳳才、梁星如、鄭伯川、方榮、陳章耀、鄧英驰、陸炯尚、冼美貴。
徵求股：正主任：冼致雲；副主任：黄秉盛、莫鏡秋；幹事：劉立卿、梁玉、陳好、容寶均、七姐、馬瓊姐、三姐、八姐、四姐、七姐、興姐、顏姐、四姐、連姐、李經姐、張規姐、心通、心勸、心敬、信慧、達寬、達周、達禪、達維、鍾金、亞屏、蘇姐、亞二、陳源、魯保林、陳亞蘇、趙士雄、陳允裕、劉慶祥、梁維新、劉仲邦、葉慶、黄女。
車務股：正主任：羅喜生；副主任：范枝、陸少如；幹事：陳創、黄祐、蘭草幹。
會計股：正主任：曾次顏；副主任：王鐵山、易鍊勛。
劇務股：正主任：莫鏡秋；副主任：劉頌邦。
衛生股：正主任：吴勝鵬；副主任：羅永德、彭慰農；幹事：世界紅萬字會。
進支總目：
進捐款六萬一千四百六十六元五角九分、進附暮一萬五千二百五十元、進齋暮九千七百四十五元、進襟章九百三十元、進燈籠二百一十元、進香燭五百七十五元八角、進香油五百七十九元三角三分、進破猿一千零六十二元、進佛船三百二十七元、進花轎六百二十三元、進生花六元零五分、進什物四百七十三元八角三分、進車栗六千七百零三元二角，以上十三柱合共進銀九萬七千九百四十九元八角。

支醮金醮師二千五百六十二元、支戲金二千元、支齋菜四千二百七十三元、支紙扎褚帛六千零零九元五角八分、支職員募捐福食經費三千五百九十六元、支棚廠及木料二千零七十一元八角、支茶杯燈盞四百七十一元六角、支生花及齋果六百三十二元六角、支什工及單脚一千一百六十八元、支文具什用七百一十八元二角五分、支退換附薦及齋券三百七十元、支印件及告白九百二十三元九角、支天光燈及椅桌租一千二百二十五元、支還亞傳茶費及饒屠三百七十六元、支酬神及招待六百七十九元四角五分、支破地獄及放生鳥六百三十二元八角、支雇員薪金二百七十元、支罗厘車六千三百七十二元六角一分、支□文碧山亭六萬三千三百九十六元二角七分，以上十九柱合計共支銀九萬七千九百四十九元八角。

天地符合。

岡州會館、惠州會館、寧陽會館、中山會館、肇慶會館、番禺會館、三水會館、東安會館、南順會館、花縣會館仝立石，中華民國三十二年歲次辛未九月穀旦。

二一六　廣惠肇碧山亭萬緣勝會宣言碑

【碑刻名稱】廣惠肇碧山亭萬緣勝會宣言碑
【材　質】石材
【形　制】長方形横碑
【尺　寸】長一百九十六厘米、寬一百零八厘米
【書　體】楷書
【碑　額】無
【碑　題】廣惠肇碧山亭萬緣勝會宣言
【碑文撰者】黄載靈
【碑文書丹】黄載靈
【立 碑 者】寧陽會館、中山會館、肇慶會館等
【立碑時間】民國三十五年（一九四六）
【存　佚】現存
【地　點】新加坡碧山亭
【碑刻録文】

廣惠肇碧山亭萬緣勝會宣言

嘗考阿難啓教，賑飢餓於鐵圍；目連含悲，解倒懸於地獄。摩伽斛食，親怨并施；破暗明燈，幽冥普照。馱真經於白馬，功在漢明；啓法會於金山，事傳梁武。十回懺悔，集賢聖以同修；三密瑜伽，證假空於中道。自來作音聲之佛事，所以度苦厄於衆生。慘溯壬午，暴敵南侵，黎元遭戮，藉名檢證，肆意凶屠。大人物則楚囚纓冠，小僑胞多傳車載道。强征苦役，誣罪毒刑，人命草菅，生民塗炭。寡人妻，孤人子，何止千百家；新鬼哭，故鬼啼，不下十萬衆。魑魅魍魎，濁劫迷霾；羅刹阿修，人間現相。慘矣紅羊血漬，毒哉倀虎淫威。幸天道之有知，賦聯軍以勝利。獻俘獲馘，掃穴犁庭，世靖兵戈，人懷樂土。國運雖入升平之象，幽魂猶抱慘死之冤。吊祭荒疏，嗣祀泯没。依荆附棘，冷露風凄。伯有無歸，窮則爲厲；若敖不祀，鬼其餒而。本會抱惻隱之仁，勿譏事謟；俾鬼神以妥，休笑信迷。特展新猷，仍依舊例。開三屬之會，詢謀僉同；結萬家之緣，陰陽普利。諏古曆七月十五晚啓壇，至十八夜完滿。作四夜三朝之法事，度含冤受苦之孤魂，開净土於碧山，立曼荼之寶地。僧道尼壇儀整飭，經懺咒持誦虔誠。逐朝演净開壇，表文祝曰：末夜超幽放焰，結印散花。鉢現楊枝，持大悲之咒水；門開甘露，拯苦餓於面然。設三德六味之齋，厨辦香積；度九有四生之苦，會譯蘭盆。設附薦之壇，奉未濕之祀，以俾賢孫孝子追念祖禰先亡。善莫外斯，功期不朽；頻繁經濟，獨力難支。意願題捐，衆心感動，紳商各界，信女善男，齊抒金錢，共襄功德。布施行六度之首，法榜顯名；持戒炷一瓣之香，經筵參禮。鐙輝般若，結智慧之光；華放優曇，見吉祥之象。一音頌贊，響徹諸天；千葉寶蓮，香芬十界。漁山清韵，叶奏凱之歌；龍藏梵文，翻和平之頌。沛南天之法雨，百穀豐登；見西竺之慈雲，萬靈瞻仰。漫云增華踵事，粉飾承平；但願怨魄幽魂，超登極樂。如兹德惠，但期各處回施；所剩資財，盡充本亭善舉。運廣長舌，毋嗤亂墜天華；發菩提心，但種無邊勝果。焚旃檀以拜手，揮恬筆而弁言。

丙戌台山黃載靈撰并書。

正主席：黃秉盛；副主席：梁元浩、胡文釗；幹事：胡偉豐、胡偉鈞、黃鳳歡、胡任石、黃儒葉、黃本强、梁子明、黃耀藻、伍嘉南。

財政團：梁元浩、胡文釗、黃衍華、黃德文；幹事：林海天、雲南生、任超賢、彭徙依、關勛賀、吕偉覺、郭秀、謝成裕、區伯元。

總務股：正主任：羅喜生；副主任：黃衍華、黃信滿；幹事：陸少如、周錫全、伍禮遜、羅錦賢、阮信興、劉少珊、許錫全、李集成、鄧枝、區錦全、林伯衡、羅漱石、蘇永祥、何耀宗、梁作才、譚啓源、陳三、李福成、鄭潮炯、梁久益、許桂榮、南華園、何家懷、黃任之、符燦、文光、永金、譚天鐸、譚周、張繼煊、杜蘅香、黃華育、梅中超、劉衮予、梁仲謙、雷伯熙。

文書股：正主任：黃載靈；副主任：劉立卿、李文；幹事：黃裕光、黃卓白、李紹漢、黃年燊、鄭楚南、周天彪、容憬然、鄔業生、李建榮、區陽配乾、黃湘波、程少葵、陳宗貽、雷子占、黃玉廷、江秀山、黃劍虹、冼國銘、陆炯尚、鄧梅山、馮自、冼卓、陳蓮。

庶務股：正主任：孫榮光；副主任：黃棉、崔信廷；幹事：葉興、英道麒、黃信蘇。

會計股：正主任：曾次顔；副主任：王錢山、温明輝；幹事：黃雁平、廖邦本、唐梓光、陳東海、梁潤之、黃公遂、馮顯德、趙叔如、尹亨、娥姐。

徵求股：正主任：莫鏡秋；副主任：唐啓光、黃道明；幹事：李源章、董友梅、蔡厚德、關英士。

采購股：正主任：鄧草成；副主任：吴旺、梁均安；幹事：楊相堯、盧世佳、曹璧光、盧世同、柳公護、曹近文、趙仕雄、梅洪光、蔡炳坤、招永泰。

建設股：正主任：何九；副主任：魯保林、胡秋洪；幹事：何曲辰、何念修、陳溢泉、梁四、陳章耀、李泰、梁九謙、何陸、陳智農、黄永華。

布置股：正主任：朱志義；副主任：梁小天、甘志薫；幹事：鄭胡荆、廖志泗、鄭丹林、羅雁文、陳少謨、陳郴、陳寬、林劍洪、黄瓊、李旋興、邵雪白、何連枝、冼國才、葉京山、張金、李南、黄洪、黄閑、馮醺明、黄松彬、陳志雲、歐陽世朋、陳錦榴。

糾察股：正主任：陸炳瑞；副主任：陳熾南、陳作民；幹事：許榮俊、李金炳、陳鳳英、劉定錦、羅祖枝、余澤華、何姐、黄潔女、梁燕玉、高聘。

招待股：正主任：黄蘇池；副主任：林伯年、駱震堃；幹事：林子均、高五姐、影姐、馬瓊姐、榴姐、蘇姐、七姐、寬姐、五姐、笑姐、翠姐、容五、平姐、梁四姐、八姐、容姐、意姐、炎姐、四姐、容瑞秋、聖緣、聖帶、聖根、歐陽喜、開姐、陳笑姐、女姐、李亞珠、黄石、玄真、聖清、聖寶、何項、鄧環、何寬、余亞金、聖有、達慶、達定、唐雪梅、陳益、李植興、楊顯才、區福全、陳維有、鄧德富、譚貫超、鄧麗芳。

巡值股：正主任：尹達泉；副主任：劉溥天、陳東海；幹事：張達仁、陳宏願、瑞姐、蘇英姐、陳七姐、歐陽七、李就、冼美貴、尹瑞麟、李金蓮、王萬傅、李黨、區家富、黄偉南、譚亮、楊維新、麥流、簡炳垣、陳亞美、陸秀瓊、梁順有、淅志福、謝愈君。

交通股：正主任：易鍊煦；副主任：范枝南、黄信滿；幹事：陳維鋭、鄧祖聰、曾福慎、梁梓、潘林、馬日坤、潘錦康、叙賢俱樂部同人。

消防股：正主任：鄧德恩；副主任：陳有福、姚文銓；幹事：梁福生。
衛生股：正主任：吳勝鵬；副主任：羅承德、袁洪深；幹事：世界紅萬字會星洲分會同人。
劇務團：國聲音樂劇社、星華音樂劇社、曇花鏡影慈善劇社、普福會館、八和會館。

進項：特別捐貳萬柒仟壹佰伍拾圓正、各區捐壹萬壹仟捌佰陸拾貳圓玖角正、緣簿壹萬柒仟貳佰伍拾伍圓叁角伍分正、附薦壹萬陸仟肆佰柒拾圓正、襟章玖佰柒拾圓正、齋券柒仟柒佰柒拾圓正、酬神叁仟叁佰叁拾壹圓叁角貳分正、寶燭香油壹仟零陸拾肆圓肆角陸分正、佛章貳仟柒佰伍拾叁圓伍角正、沽雜物肆仟伍佰陸拾叁圓叁角貳分正，共進玖萬叁仟壹佰玖拾圓零捌角伍分正。

支項：酬神誦經供品伍仟零伍拾叁圓貳角肆分正、福食柴炭肆仟貳佰零肆圓柒角捌分正、寶燭貳仟壹佰伍拾伍圓柒角正、佛章貳仟壹佰圓正、齋料叁仟叁佰零玖圓陸角貳分正、醮棚柒仟零柒拾柒圓陸角正、文具印刷告白壹仟零肆拾肆圓陸角肆分正、各項工料叁仟柒佰叁拾玖圓肆角伍分正、紙料叁仟伍佰貳拾肆圓正、保險貳拾捌圓伍角伍分正、碗碟木器壹仟伍佰伍拾叁圓柒角叁分正、車費什用貳仟貳佰玖拾伍圓捌角陸分正、紀念碑壹仟圓正、桌椅燈租壹仟伍佰伍拾圓正，共支叁萬捌仟陸佰叁拾柒圓壹角柒分正。

全盤進支比對結存利華銀行伍萬肆仟伍佰伍拾叁圓陸角捌分正。

寧陽會館、中山會館、肇慶會館、惠州會館、三水會館、南順會館、岡州會館、番禺會館、東安會館、花縣會館、清遠會館仝立，中華民國三十五年歲次丙戌十二月穀旦。

二一七　廣惠肇碧山亭購山闢路建設模範壇場序牌

【碑刻名稱】廣惠肇碧山亭購山闢路建設模範壇場序牌
【材　質】銅材
【形　制】長方形横牌
【尺　寸】長九十三厘米、寬九十二厘米
【書　體】楷書
【碑　額】無
【碑　題】廣惠肇碧山亭購山闢路建設模範壇場序
【碑文撰者】新會蕭卓倫
【碑文書丹】新會蕭卓倫
【立 碑 者】岡州會館、惠州會館、寧陽會館等
【立碑時間】民國三十七年（一九四八）
【存　佚】現存
【地　點】新加坡碧山亭
【碑刻録文】

廣惠肇碧山亭購山闢路建設模範壇場序

新會蕭卓倫撰并書

古云入土爲安，又曰人生世間者百年耳，七十稱古稀，百歲上壽者微乎其微。佛經云大限難逃，是死爲人生必經之過程，絶無疑問。死後火葬棺葬，法雖不同，而火葬瘗灰，棺墓歸土，其理則一，證以萬物歸土之語，是入土爲安之理甚明。同僑謀生斯地，捆載榮旋，魂歸故國者固多；然環境關係，埋骨异域者亦屬不少。其葬基缺乏，臨事倉惶，生死不安，可憐孰甚！前賢有感於斯，艱辛歷盡，於清光緒十六年夏創辦碧山亭，是使死者得以入土爲安，生者得盡人道。無如購地雖廣，多葬則滿，苟無後繼，窀穸何安？∴前届總理黄秉盛君慈善爲懷，澤及枯朽，領導全體董事，於民國卅五年秋，建萬緣勝會，超度幽魂，籌款購山，一舉兩得，法善意良，兼之三屬七十二行善男信女願發菩提，福田廣種，結果得款五萬四千五百餘元。本届董事部不讓前人專美，賡續掩骼之條，組織購山委員會。用專責成，經之營之，購得山地一百零七五衣吉。惟羊腸小徑，交通困難，買地闢路，刻不容缓。董事部諸公舉劃周詳，復購成新路，興工開闢，事爲桃園佛堂同人所聞，樂捐橋梁。更見修橋整路，人具同情，用是購山闢路，次第成功，并且墳建模範，墓設編排，既無畛域之分，復無貧富之别，後人憑吊，容易辨認。今後蒿里魂歸，罔遭暴露，桐棺質薄，咸被慈雲，造福同僑，功不可没。爰爲之序，用志不忘云爾。

本届董事部芳名列左：

總理：唐啓光；司理：胡秋洪；財政：謝成裕；董事：劉立卿、陳章耀、關英士、趙叔如、温明輝、駱震堃、馮偉隆、黄志超、陳作民、鄧章焕、蕭景文、黄信蘇、董友梅、伍永昌、關平、蘇殿鎏、黄玉廷、甘志薰、彭少雄、黄松彬、馮翹鋭、曾敬才、刁焕章、劉禮朋。

購山委員會芳名列左：
吳勝鵬、黃秉盛、唐啓光、鄧草成、胡秋洪、方誦清、謝成裕。
受托人：胡文釗、梁元浩、黃衍華、曾紀辰、伍燊才。
進支總目：
進卅五年萬緣勝會撥来盈餘五萬四千五百五十三元六角七占、進公所撥来一萬四千八百四十五元八角二占，二柱合共来銀六萬九千三百九十九元四角九占。
支購買新山地去銀五萬四千元、支購買新路去銀三千八百零八元七角、支新山路狀師牙㘓費去銀一千二百一十八元三角六占、支新山路測量繪費去銀二千元、支買路經紀佣去銀七十二元四角三占、支開闢新路工程費七千八百元、支加築附近橋渠四便包角工程費五百元，七柱合共去銀六萬九千三百九十九元四角九占。
天地符合。
岡州會館、惠州會館、寧陽會館、中山會館、肇慶會館、番禺會館、三水會館、東安會館、南順會館、花縣會館、清遠會館仝立，中華民國三十七年歲次戊子十二月穀旦。

二一八　廣惠肇碧山亭超度幽魂萬緣勝會宣言碑

【碑刻名稱】廣惠肇碧山亭超度幽魂萬緣勝會宣言碑

【材　質】石材

【形　制】長方形橫碑

【尺　寸】長一百六十九厘米、寬九十四厘米

【書　體】楷書

【碑　額】無

【碑　題】廣惠肇碧山亭超度幽魂萬緣勝會宣言

【碑文撰者】黄裕光

【碑文書丹】岡州蕭卓倫

【立 碑 者】岡州會館、惠州會館等

【立碑時間】一九五五

【存　佚】現存

【地　點】新加坡碧山亭

【碑刻録文】

廣惠肇碧山亭超度幽魂萬緣勝會宣言

附序，岡州蕭卓倫書。

第六十二屆全體理監事謹識；文書股黄裕光撰、蕭卓倫校。

序

一九五二年歲次壬辰季秋朔日，廣惠肇碧山亭公所舉行超度幽魂萬緣勝會。斯時，法器齊鳴，瑜伽廣演，香烟聚處，即現支提，海氣連時，如瞻阿育，慈航普渡，高會無遮。爲要薜荔道以懺除，遂法盂蘭盆之救度；且喜善信之紙錢似雪，長者之香米如山。大招小招，聽梵經七晝之唱演；新鬼故鬼，慶樂國不夜之歡游。事告圓成超拔之功勞，畢竟有賴萬緣之鼎力，遠超度大功既成。更幸盈餘鉅款用作舊山整理，復安蒿里游魂，一舉两善，功同七級。然其事雖荏苒三載，其績焉可泯滅一朝？昔者許由之冢曾見表於龍門，季札之碑也獲題於尼父；稽之往史，證以遺文，然同寅等豈以事過境遷，弗彰其美？因而勒碑刻銘，崇德紀功，全碑二千餘字，義似建陽却聘之書，務會善結萬緣，輝映竇祐題名之録。

宣言

古聖人曰：「鬼神之爲德，其盛矣乎！視之而弗見，聽之而弗聞，體物而弗所遺。」又曰：「祭如在，祭神如神在。」讀此而知吾國亘古相沿，對鬼神之道，必恭敬止，拳拳服膺而弗失之矣。

茲我碧山亭墳場開設以還，垂六十餘載之悠久歷史，窀穸有安，賢愚一例。子孫在者春秋享其祭祀，後裔遠者憑誰承奉香燈，若夫殤者，魂尤可憫！故歷屆董事同人因念及此，乃發起萬緣勝會，藉以超度幽魂，嗣我三屬同人，果獲千祥雲集，百福駢臻；而且兩次所得餘款，先後購成仰光律之地段及百畝新山，此實一舉而兩得也。光陰荏苒，轉瞬六易星霜。茲者新山開放，舊山急待整理，對籌建萬緣勝會之舉，尤爲當務之急。爰於五月十一日，召開三屬同人特別大會，通過於農曆九月初一日起，一連三晝四夜，敦請本市僧道尼三壇，誦經禮懺，超度幽魂，并成立籌委會專司其責。同時決定，所獲餘款用作整理舊山之基金，顯我三屬同人善男信女本誠敬之忱，共結善緣，解慷慨之囊，同襄善舉，行見幽魂含笑，舊家翻新，自當獲福靡既矣！謹此宣言。

大會委員：鄧炳耀、潘潔夫、周三、歐少初、盧世同、任國源、陳章耀、黃堅南、馮美棠、劉耀、劉少珊、黃國良、梁元浩、黃信滿、彭少雄、伍桑才、王德廣、魯福基、李天保、廖榮坡、李植興、阮覺靈、李志成、李仲銘、胡文釗、何錫輝、甘志薰、馮家駒、莫鏡秋、王仲星、胡秋洪、王維駒、梁柱、羅廣霖、邱錦釗、李樂朋、袁應坡、馮福祺、黃松彬、翁立夫、温明輝、關英士、彭熾明、雷伯熙、譚國旋、葉祥、岑頌明、張棣報、黃德文、黃均南、黃晉藩、李永耀、駱震堃、黃益民、林海天、蘇殿鎏、黃治平、曾敬才、范枝南、曾紀辰、何九、林衛民、胡廷嗣、盧國賢、唐啓光、劉育廷、陳景南、吴三和、劉溥天、紅卍字會。

大會職員：

主席團：正主席：鄧炳耀；副主席：林衛民、黃晉藩、任國源、廖榮坡、邱錦釗、林海天、魯福基、李植興、李仲銘、潘潔天、歐少初、王仲星。

財政團：正主任：梁元浩；副主任：黃德文、胡文釗、伍桑才、曾紀辰。

總務股：正主任：袁應波；副主任：馮家駒、黃均南、黃國良；幹事：黃石堪、劉立卿、黃星輝、李其泗、馮榮、李金炳、許桂甫。

庶務股：正主任：關英士；副主任：劉少珊、蘇殿鎏、吴三和；幹事：崔信廷、梁梓、張達泉、張錫芬、鄧秋、劉建和、張一鳴、郭炳才、鄧梅山、謝成裕。

文書股：正主任：黃益民；副主任：何錫輝、翁立夫、彭熾開；幹事：李文、何善富、陳慧芳、梅中超、蕭卓倫、鄧文潔、黃仕超、侯潮順、謝碩峰、羅東明、梁慶經、盧廷驪、周金福。

稽核股：正主任：張棣報；副主任：譚國旋、馮福祺。

徵求股：正主任：李永耀；副主任：唐啓光、胡秋洪；幹事：馮行德、何慶輝、區柏光、黃道明、陳東海。

采購股：正主任：黃信藩；副主任：葉祥、胡廷嗣；幹事：周熙堂、邱國文、陳煜、李達華、何輝、□秋容、酈天、郭秀、鄧蘇。

布置股：正主任：陳章耀；副主任：王維駒、岑頌明；幹事：馮錦麟、梁小天、梁振持、鄧浩柏、劉乃文、周天彪、蔡榮湘、何仲滔、黃開、黃耀文、李南、洪温福、陳國亮。

建設股：正主任：何九；副主任：盧世同、黃堅南；顧問：招永泰；幹事：洪作成、盧世口、王曹、曹近文、曹廣耀、曹璧光、蔡炳坤、羅年、趙仕雄、周志耀。

糾察股：正主任：梁柱；副主任：李樂國、彭少雄、曾敬才；幹事：羅球、羅耀晃、梁有、張教、李柏强、姚强、葉竹、梁華、林倫勝、伍伯華、李亞拾、阮忠森、蕭旺、何耀、鄭鋭。

法務股：正主任：麥泰開、楊恭貞；副主任：黎翠嬋；幹事：聚蓮院全體女居士、黃麗英、鄭池、達慧、彭甜、黎福、陳銀、黎亞鴻、周運轉、戴姑、李桂芳、盧有興、陳彩玉、陳金玉、蘇静慧、李慧修、鍾玉屏、梁静全、羅隱財、梁蘭、呂義琴、徐耀歡、朱愛池。

齋務股：正主任：麥泰開；幹事：大光棠及飛霞精舍全體女居士、張金水。

招待股：正主任：温明輝；副主任：馮美棠、阮覺靈、劉溥天；幹事：陳平池、黃耀基、劉長鍾、曹南昆、張伍根、何杰球、梁燕玉、關姑娘、張金蓮、莫麗芳、容光慶、鄧朗時、梅福强、蘇燕駒、鍾亞蔡、雷玉、黃潔女當家師、張普添、郭俏容。

巡值股：正主任：劉育廷；副主任：甘志薰、駱震堃、周三；幹事：雷伯熙、莫鏡秋、蕭炳璋、張觀橋。

交通股：正主任：范枝南；副主任：李志成、陳景南、王德廣；幹事：盧忠、徐隆成、呂國榮、周其功、陳自閎、藍志成、馮其祥、何景焯、梁汝昌、何國棟、曾法顯、陳球、莫根、崔保、梁芹、劉均、鄧森、譚榮、盧鎏。

消防股：正主任：黃松彬；副主任：盧國賢、李天保；幹事：黃洪清、梁永瀏、陳培賢、譚柏周、黃漢雲、梁棋盛、曹祥、林泉、碧山亭天后會同人。

衛生股：正主任：羅廣霖；副主任：黃治平、世界紅卍會。

游藝股：岡州會館、曇花鏡影慈善劇社、星華音樂劇社、國聲音樂社、幽谷音樂劇社、番禺會館、東安會館、八和會館、普福會館、鍾聲音樂會館、鈞天音樂社、鶴山會館、古城會館、海天游藝會、順德溪黃族同鄉會、機器工會、娛樂堂、華人洋服工會、中華印刷業工會、梁氏總會、華人銅樂互助會、國民協選社、嚶嚶俱樂部、樂閩俱樂部、華人機器商行。

各區募捐芳名：

主席團特別隊：鄧炳耀、黃晋藩、任國源、廖榮坡、邱錦釗、林海天、林衛民、魯福基、李植興、李仲銘、潘潔夫、歐少初、王仲星、劉耀、阮覺靈、陳作民、黃德文、袁應波。

第一區：正主任：阮覺靈；副主任：劉少珊、黃道明、黃焕聰、胡秋洪、鄧朗時、區伯元、屈鳳娥、黃心開、娉姐、七姐、瓊姐、胡永煊。

第二區：正主任：關英士；副主任：莫鐃秋、甘志薰、黃治平、李德銘、駱震堃、劉溥天、謝成裕、鄭就、李天保、張達泉、李覺生、周三、葉芳圃、曾敬才、馮福棋、李永耀、鄧杜梓、林子均、陳大亨、黃江仁、梁梓、□潔女、彭勝甜、蘇燕駒、梁燕玉、鍾亞蔡、雷丕。

第三區：正主任：馮家駒；副主任：馮榮、許桂榮。

第四區：正主任：黃信滿；副主任：李永耀、邱國文、鄧枝、黃裕光、范枝南、鄧任之。

第五區：正主任：陳作民；副主任：崔信廷、劉立卿、陳景南、盧鎏、梁竹才。

第六區：正主任：彭少雄；副主任：蔡炳坤、黃劍雄、李樂朋、李義、容光慶、黃波凡、王桑。

第七區：正主任：魯福基；副主任：袁本立、曾近文、梁桂、方誦清、劉慶祥、潘霖端、鄧蘇、潘寶榮。

特別區：碧山亭正主任鄧梅山、副主任郭炳才、羅和溢；芋峽正主任鄭潮炯；單港正主任梁熾。

進支總目：

緣簿捐肆萬玖仟捌佰叁拾柒元貳角五占正、特別捐壹萬叁仟肆佰□拾元正、附薦叁萬零零壹拾元正、香油陸仟肆佰貳拾叁元玖角伍占正、破地獄伍仟柒佰貳拾肆元五角正、名譽章貳仟零壹拾貳元正、佛章壹仟玖佰貳拾元零肆角五占正、社團章陸佰叁拾元正、齋券叁仟伍佰叁拾貳元正、佛船壹佰元正、板料貳拾捌元五角正，十一柱合計進銀壹拾壹萬叁仟陸佰貳拾捌元陸角五占正。

相廠陸仟玖佰元零零叁角正、音樂臺臨時辦事處叁佰貳拾五元正、道壇路燈交陸佰零玖元五角壹占正、紙扎繪帛伍仟玖佰零捌元捌角正、建設灰木料陸佰捌拾叁元叁角五占正、僧道尼經費肆仟壹佰壹拾元正、破地獄貳仟捌拾叁元正、職員福食經費叁仟捌佰伍拾壹元壹角壹占正、神福祭祀壹佰肆拾玖元柒角正、三屬先靈神位祠牌伍佰貳拾元正、襟拿端章陸佰伍拾貳元正、文具花燈相椅貳仟陸佰捌拾陸元捌角正、漆料沙石玖佰玖拾捌元一角正、厨房用具陸佰捌拾貳元貳角捌占正、車費薪金貳仟陸佰零壹元捌角五占正、消防隊警察伍佰柒拾壹元叁角五占正、雜用叁仟肆佰叁拾玖元貳角五占正、撥交碧山亭公時柒萬五仟零五拾陸元貳角五占正，十八柱合計支銀壹拾壹萬叁仟陆佰貳拾捌元陸角五占正。

天地符合。

岡州會館、南順會館、惠州會館、東安會館、肇慶會館、花縣會館、順德會館、寧陽會館、中山會館、番禺會館、三水會館、清遠會館、鶴山會館、高要會館仝立，一九五五年歲次乙未八月吉日穀旦。

二一九　廣惠肇碧山亭公所一九五八年超度幽魂萬緣勝會宣言碑

【碑刻名稱】廣惠肇碧山亭公所一九五八年超度幽魂萬緣勝會宣言碑
【材　質】石材
【形　制】長方形立碑
【尺　寸】長一百二十九厘米、寬九十八厘米
【書　體】楷書
【碑　額】無
【碑　題】廣惠肇碧山亭公所一九五八年超度幽魂萬緣勝會宣言
【碑文撰者】正總務李德文
【碑文書丹】新會蕭卓倫
【立 碑 者】岡州會館、中山會館等
【立碑時間】一九五九
【存　佚】現存
【地　點】新加坡碧山亭
【碑刻録文】

廣惠肇碧山亭公所一九五八年超度幽魂萬緣勝會宣言附序

序

第六十六屆正總務李德文撰、文書黃裕光校，新會蕭卓倫書。

蓋聞低眉菩薩，洒甘露而救蒼生；怒目金剛，覆慈雲而憐赤子。無邊佛法，宏開不夜之門；道妙通玄，廣設華陽之會。是使游魂蕩魄，獲乘黃鶴而返西天；餒鬼窮魑，得咽金丹而登仙界。所以戊戌之秋，桂菊之候，廣惠肇碧山亭公所當年董事，三屬僑賢，緣結萬善，醮建三壇，香繞兜羅之樹，蓮開七寶之池。宣佛號於道場，紅魚卜卜；念阿彌於法座，青磬丁丁。梵音聲聞遐邇，法樂響徹雲衢。斯時佛子現金身，到處念超生之咒；道人敲鐵板，沿壇誦救苦之經。法雨慈雲，一時遍布，楊枝露水，三界咸沾。然吊愁山之滯魄，冬不號寒；濟苦海之幽魂，日無乏食。端賴仁人義士同生惺切之心，善女信男共奮捐資之念，解貫朽之贏餘，抒生平之方寸，集腋成裘，同襄善舉。用能勝會超幽，連宵七晝，并且餘款購山，以安窀穸，遂使深山窮谷，猿鶴不感荒凉，幽壑僻郊，草木無虞慘淡。如斯美德，詎可弗彰。追思烟閣，曾流萬載之名；溯念雲臺，也著千秋之譽。勒碑刻銘，所以崇德紀功，援筆成文，亦即婆心勸善。

宣言

第六十六屆正理事長陳作民，副理事長王維駒，正總務李德民，副總務盧國賢，財務李仲銘，監事長鄧炳耀，理監事周松發、王有德、駱震堃、黃子雲、宋錫錢、譚秋、李振中、郭耀光、潘安活、莫卓輝、吴佛生、黃裕光、駱衍聯、李廉周、吕福鎏、盧世同、蕭炳鈞、黃堅南、盧强、吴冠文、胡灼坤、李國平、繆少泉、黎寶泉、陳東海、劉森、劉少珊、陳榮昌、廖耀東、朱慶南、鄭桂樵、黄松桂、吴才、阮雄才，謹識。

大會文書股正主任翁立夫撰。

夫大士興緣，廣設冥陽之會；阿難啓教，宏開甘露之門。天人鬼畜，咸從個裏超升，緇素宗親，盡向此中解脱。昔梁武帝之所以設盂蘭盆齋者，意在斯焉！我廣惠肇碧山亭，六年一度舉行一次超度幽魂萬緣勝會，大悲拔苦，大慈予樂，消除無量罪愆，解釋無邊冤結，實鬼佩神欽之盛事也。故是年六月十二日，籌委會秉承三屬同人大會意旨，于農曆八月廿八日開壇，一連三晝四夜。是時也，燭熱香薰，諸法莊嚴，皆齊備已。僧道尼于施食壇前，舉贊起香，舉佛號，誦往生咒，净極光通達，寂照含虚空，業障冰消，嘉祥雲集，生者得福，死者得度，其功德之偉大爲何如哉！抑尤有進者，萬緣勝會之收入，除支出外，倘有盈餘，悉歸購山基金，實一舉而兩得者也。檢閲過去本亭每届舉辦萬緣勝會之成果，對於增置山地與其他設施有莫大貢獻。查本亭現存未用山地面積有限，苟無後繼，窀穸何安？願我三屬善信有錢出錢，有力出力，喜捨者同證菩提，樂捐者咸臻覺路。功無虚弃，福有攸歸，善哉善哉，謹此宣言。

大會職員芳名録后：

大會委員：李時珍、黄耀富、王維駒、陳章耀、盧澄波、陳國棟、陸念安、廖耀東、吴冠文、黄裕光、劉育廷、陳景南、駱震堃、陳容晃、陳灼、黄子雲、盧國賢、李廉周、黄堅南、吴浩恩、李河機、潘安活、譚天鐸、梁占鴻、李金炳、黄星輝、鄧兆祥、甘志薰、胡永煊、陳良、劉森、馮福祺、錢寶然、梁小天、翁立夫、陳金揚、鄧社梓、林子均、李國平、羅之基、周德、朱慶南、宋子受、任超賢、陳東海、譚秋、盧世同、周松發、孫榮光、蕭炳鈞、莫傅楷、劉少珊。

主席團：李時珍、黄耀富、陳國棟、楊榮興、潘霖瑞、黄均南、蔡振華、盧澄波、黄章甫、何錦新、张箕、馮家駒、李仲銘、吕偉覺、劉耀、劉育廷、曾順貞。
財政團：盧澄波、梁元浩、鄧炳耀、曾紀辰、廖榮波。
總務股：正主任：王維駒；副主任：陳章耀；協助員：曾均獻、王有德、吴垣團、鄧煜芬、陳仲端、梁振持、梁妙江、梁棣炎、吴蘇、鄭社椒、鄧社梓、蕭卓倫。
文書股：正主任：翁立夫；副主任：譚天鐸、吴浩思；協助員：李文、陳蕙芳、何錫輝、葉蔭祺、杜六坡、林漢炎、李寶光、吕鏡泉、梁小天、李集成、李文富、韋安、李濤、黄鐵魂、黄任之、任超賢、陳錫松、李忠信。
交際股：正主任：莫傳楷；副主任：馮福祺、葉耀森、曾巧群、胡灼坤、葉勤生。
徵求股：正主任：李永耀；副主任：唐啓光；協助員：黄堅南、蕭華石、謝錦榮、劉立卿、馮家駒、馮榮、鄧梅山。
建設股：正主任：林玉奇；副主任：盧世同；顧問：招永泰；協助員：胡秋洪、莫卓輝、威烈、黄立舜、司徒禮、聶錦文、徐滄、廖玉球、陳序、關炳坦、黄錦文、關炳賢、鄭信、鄭桐、林大、建造行全體代表。
布置股：正主任：李河機；副主任：黄子雲；協助員：羅國光、盧金順、李拾、吕國榮、李亞球、譚生、鄧光、章才富、袁繼、李洛機、張升鴻、黎福基、陳恒光。
采購股：正主任：黄星輝；副主任：譚秋；協助員：馮榮、葉海泉、黄廣惠、梁兆本。
倉庫股：正主任：劉少珊；副主任：陳東海、李金炳、胡永煊；協助員：謝錦旋。
招待股：正主任：李國平；副主任：周松發、高聘嬌；協助員：朱慶南、陳容晃、崧姐、枝姐、七姐、笑姐、勝姐、七姐、焕姐、葵姐、荷姐。
交通股：正主任：潘安活；副主任：李廉周；協助員：羅之萊、林子均、陳全楊。

巡值股：正主任：梁占鴻；副主任：盧國賢；協助員：甘志旅、陸念安、鄧社梓。

糾察股：正主任：梁柱；副主任：陳灼、錢寶然、蕭炳鈞、鄭鋭、何福成。

消防股：正主任：黄洪；副主任：羅和溢；協助員：羅亞祐、羅來、黄閏、林泮、羅六、鍾老泗、羅日成、羅潤福、黄年安、黄財、黄金江、黄牛安、黄池發、陳瑞祺、陳忠、李培、李伯强、鄧鴻漢、郭官帶、張敖、駱明、姚强、羅耀晃、黄傳淦、王樹基、王富、袁照、羅年、羅榮發、羅榮基、方澤、馬財、朱燦林、葉竹、羅成深、黄龍、潘鉅、羅蘇、金傍山亭天后會全體代表。

游藝股：正主任：星華音樂劇社；副主任：曇花鏡影慈善劇社；協助：華人銅樂互助會、星洲梁氏總會、岡州會館樂劇部及醒獅團、廣幫客棧行、中山會館音樂戲劇部、鍾聲音樂研究社、嚶嚶俱樂部、娱樂堂互助會、番禺會館音樂部、惠安會館音樂部、鶴山會館醒獅團西拱同鄉會、順德會館音樂部、南順會館音樂組、廣幫猪肉行、鑒傳建造行、順德沙溪黄族同鄉會、廣東黄氏互助社、寧陽會館音樂部、八和會館、幽谷音樂劇社、普福會館、古城會館、海天海藝會、華人洋行公會、白鶴派體育會。

法務股：正主任：楊慕貞居士；副主任：勝因法師、雪清傳、觀意庵、譜棋傳、昌熙傳；協助員：普福堂、松振傳、耿帆傳、均傳、勝傳、真傳、坤傳、善勤傳、達戒傳、蘇傳、芬傳、仰傳、錦添傳、心明傳、培傳、華傳、榮光傳、細根傳、全傳、潤傳、苦樂庵、法華庵、波惹精舍、菩提蘭若、慈雲佛堂、度明庵、圓覺盧、自度庵；普福堂、大光佛堂、度善庵、慈静庵、定修庵、佛學研究社、隱性覺、隱修庵、聚蓮苑、三寶堂、觀音樓、萬佛堂、桃園佛堂、合成堂、觀音山、靈隱小築、普光蓮社、芳傳、百傳。

齋務股：正主任：菩提林、六和園；副主任：自度庵、虔明庵、聚連苑、普福堂、菩提蘭若；協助：慈静庵、正念庵、聲聞庵、寶覺庵、苦樂庵、福盛庵、定修庵、法華庵、度菩庵、隱性覺、隱修庵、三寶堂、圓覺盧、慈雲佛堂、靈隱小築、波惹精舍、佛學研究社、桃園佛堂。

衛生股：羅廣霖、黃潤波、英國紅十字會。

稽核股：正主任：黃裕光；副主任：謝錦榮、黃堅南、吴冠文、廖耀東。

游藝股補滿：廣惠肇李氏書室音樂部、中國精武體育會。

進支總目：

進齋券銀玖佰三十元正、進參观券銀壹千五百四十一元三角正、進自由捐銀壹千五百五十五元七角五占、進販賣場香油銀玖百一十五元正、進各站香油銀肆千五百三十九元八角正、進佛章靈符銀壹千一百五十元正、進仙橋佛船銀壹千四百八十四元正、進附薦連破地獄銀肆萬貳千二百一十元正、進緣部捐銀伍萬四千八百三十元零九角五占、進特別捐銀貳萬玖千二百四十元零四角五占、進獻捐銀叁千四百五十元正、進襟章捐銀壹千一百六十元正，合計收入銀壹拾肆萬三千零零柒元二角五占。

支法務銀捌仟玖百六十一元四角正、支建設銀壹萬四千二百九十七元四角正、支齋務銀壹仟零二十元七角五占正、支紙札銀柒仟一百四十五元七角五占正、支交通車費銀肆仟三百一十九元零五占正、支廣告銀柒佰六十九元五角正、支印刷銀叁仟一百零八元一角正、支游藝銀肆仟零一十元正、支薪金及津貼銀肆仟四百六十一元五角正、支郵票銀貳佰四十四元三角正、支文具鐵柜貳佰二十一元正、支布置銀伍佰六十九元六角正、支電器銀伍仟玖佰六十元正、支佛章襟章銀壹仟貳百二十二元九角正、支聯誼銀伍佰零八元正、支保險銀貳佰二十四元七角五占正、支福食燃料銀貳仟八百九十九元七角二占、支修理銀伍佰一十元零三角五占正、支募捐費銀貳仟三百九十七元一角正、支什用銀貳仟零五十七元八角正、支文具銀玖佰七十六元正、支用具銀四百零四元四角五占正、支撥交廣惠肇碧山亭公所購山基金柒萬陸仟六百七十七元八角三占正，合計支出銀壹拾肆萬三千零零七元二角五占正。

天地符合。

岡州會館、中山會館、番禺會館、三水會館、花縣會館、順德會館、高要會館、寧陽會館、南順會館、東安會館、惠州會館、肇慶會館、清遠會館、鶴山會館、增龍會館仝立，公曆一九五九年歲次己亥八月穀旦。

二三〇　新嘉坡廣惠肇碧山亭超度幽魂萬緣勝會碑

【碑刻名稱】新嘉坡廣惠肇碧山亭超度幽魂萬緣勝會碑

【材　質】石材

【形　制】長方形橫碑

【尺　寸】長一百二十九厘米、寬一百零五厘米

【書　體】楷書

【碑　額】無

【碑　題】新嘉坡廣惠肇碧山亭超度幽魂萬緣勝會

【碑文撰者】大會主席陳國棟

【碑文書丹】無

【立 碑 者】寧陽會館、中山會館等

【立碑時間】一九六五

【存　佚】現存

【地　點】新加坡碧山亭

【碑刻録文】

新嘉坡廣惠肇碧山亭超度幽魂萬緣勝會宣言

蓋聞十層地獄，全爲攝魄之都；一界幽冥，盡是勾魂之域。閻王殿上，馬面猖狂；判吏臺前，牛頭肆虐。未分皂白，夏楚橫施，或遭油鑊之烹，或受刀山之苦，或被鋸體之刑，魄遭慘斷，或爲池蛇之咬，魄受鱗傷。或永禁阿呼，長望目連悲夜月；或久淹露壙，任隨黃葉泣西風。暮暮朝朝，蕩魄誰憐鮮飽？悲悲切切，游魂孰憫號寒？劇憐億萬幽魂，沉淪苦海，安得大千世界，渡以慈航！

是故本會同人，痛冥刑之慘酷，願發慈悲；憫衆鬼之淒其，萬緣六結。僧尼道俗，廣推法輪，七晝連宵，普施斛食。萬花飛舞，誦来梵唄之經；七寶莊嚴，現出瑜伽之座。所祈水澄湯鑊，火滅刀岡，入森羅盡睹慈顔，寬冥獄莫教變相。凶终夭折，浩劫皆超，宿孽前冤，沉魂畢渡。特是諸因果事，不到拈花會上，邈矣無憑；敢請大歡喜人，躬臨選佛場中，隨緣附薦。

惟是盂盆挂服，當非一木能支；水陸張燈，端藉衆人將伯。兼之餘款清山，以安窀穸；伏望仁人義士，萬貫莫吝腰纏，善女信男，一銖不嫌手擲。將見一飯頻施，定必鴻恩報我。有衣能解，亦知餘熱依人。澤既及於幽冥，福自求於昭著，斯爲美矣，豈不善哉！

主席團（恕不稱呼）：陳國楝、謝錦榮、黃樹芬、黃富南、羅廣霖、梁作才、盧庭蘇、陸文領、劉耀、王鼎、羅日升、廖興、馮福祺、邱福成、葉益静、鍾佛儒、黃克繩、李九恒、甘志薰、黃滿、梁元浩、潘霖端、周龍、王德廣、鄧星海、張榮、陳炎林、何耀平、李仲銘、郭興業、陳仲英、何榕淦、馮家駒、曾紀辰、鄧炳耀、葉忠中、劉六英、梁潤之、蔡炳坤。

大會委員：陳國棟、謝錦榮、關耀森、劉森、廖興、蕭照容、胡錫章、賴添才、黃裕光、許社佳、吳浩恩、陳榮昌、黃星輝、阮鴻志、盧强、温星南、陳伯新、廖耀宗、廖耀東、鄭桐、梁占鴻、周錦玲、鍾華火、李國平、潘允懷、張棣報、梁小天、孫榮光、張觀橋、劉少珊、阮信興、陳順强、駱衍聯、駱卓友、楊教忠、李廉周、吕昌、郭華耀、翁立夫、盧澄波、譚秋、陳章耀、陸顯昌、黃治平、周松發、羅權枝、吳才、曾添連、梁榮洪、岑汝森、何汝明、曾順贞、陸文耀、雷升泰、任超賢。

執行委員：

主席：陳國棟；副主席：謝錦榮、關耀森、劉森、廖興、蕭照容。

總務股：主任：關耀森；副主任：劉森、温醒華、熊堅、李福鴻、錢炳、盧蘇、蔣文甫、何富源、黎乃裳。

財務股：主任：廖興；副主任：廖耀宗、鍾日興、莫榮山、廖漢耀、歐陽子堅、陳鴻發。

文書股：主任：黃裕光；副主任：蕭卓倫、梁小天、任超賢、李文、劉晨鍾、謝碩峰、林文廣、余煒文、黃錦成、葉蔭祺、李集成、吕鏡泉、陳慧芳、何錫輝、梅庭相、李寶光、鍾佐芳、譚景生、歐陽兆基。

出納股：主任：廖耀東；副主任：羅權枝、廖福成、廖志强、廖志升、夏致屏、陸鏡棠。

采購股：主任：黃星輝；副主任：譚秋、陳東海、黃廣惠、陸榮棣、劉慶泉、盧永安、梁兆本、葉海泉。

建設股：主任：鄭相；副主任：阮信興、楊教忠、司徒熾、黃立爵、聶錦文、胡秋洪、廖玉球、周德、張潮叠、黃添、蔡彦、曾秉桂、盧世同、戚烈、林大、徐滄、吳景文、鄭信、洪作成。

廣播股：主任：郭華耀；副主任：陸顯昌、馮福祺、郭溢成、杜德富、余福華、李耀枝、鄧裕啓、潘慧枝、蕭景文、郭兆琦、麥志能。

交通股：主任：張觀橋；副主任：陳榮昌、李廉周、陳文勝、陳金波、李掌基、梁振持、陳兆羙、黃松景、馮桔耀、陳平訊、陳孟芳、陳祥光、譚兆寧。

法務股：主任：曾順貞；副主任：昌熙傳、恩緣法師、雪清傳、慧堅傳、隱性覺、譜祺傳、三寶堂、楊慕貞、度明庵、飛霞精舍、光天道琚、彭素雲、鑒傳、松根傳、耿帆傳、均傳、勝傳、真傳、坤傳、蘇傳、達戒傳、紹芬傳、仰傳、普福堂、錦添傳、度善庵、慈静庵、心明傳、培傳、細根傳、全傳、润傳、苦樂庵、法華庵、波惹精舍、菩提蘭若、慈雲佛堂、圓覺盧、自度庵、大光佛堂、司祝雷玉、司祝關搜德、司祝龍佩珍、華傳、榮光傳、佛學研究社、隱修堂、聚莲苑、觀音樓、萬佛堂、合成堂、觀音山、靈隱小築、普光莲社、芳傳、有傳、司祝黄秀蘭、司祝葉柳仙、司祝娥姐、司祝陸秀英。

齋務股：主任：邱玉蘭；副主任：黄治平、简達賢傳、度明庵、聚莲苑、普福堂、佛世界、菩提蘭若、飛霞精舍、大光堂、黄益民、賴學潜；委員：慈静庵、正念庵、聲聞庵、苦樂庵、福盛庵、法華庵、度善庵、隱性覺、隱修堂、三寶堂、圓覺盧、慈雲佛堂、靈隱小築、波惹精舍、佛學研究社。

衛生股：主任：黄润波；副主任：衆廣霖。

游藝股：主任：胡錫章；副主任：温星南、岑汝森、星華音樂劇社、曇花鏡影慈善劇社、國聲音樂社、華人銅樂互助會、星洲梁氏總會、岡州會館樂劇部、岡州會館醒獅團、廣帮客栈行、中山會館音樂戲劇部、鍾聲音樂研究社、嚶嚶俱樂部、番禺會館音樂部、東安會館音樂部、鶴山會館醒獅團、西□同鄉會、順德會館音樂部、南順會館音樂部、廣幫猪肉行、建造行、順德沙溪黄族同鄉會、廣東黄氏宗親會、寧陽會館音樂部、八和會館、幽谷音樂劇社、普福會館、古城會館、海天游藝會、華人洋服工會、白鶴派體育會、廣惠肇李氏書室音樂部、精武體育會、何思成堂、楊慶、吴氏書室、譚氏宗社、恩平同鄉會、增龍會館音樂部、岡州會館飛車隊、務本白鶴健身社、陸柏林、岡州會館醒獅團。

交際股：主任：陸文耀；副主任：張祿報、陳維銳、黃耀基、陳澤霖、陳子焜、梁汝昌、錢寶然、李偉洪、陸文漢。

稽查股：主任：周松發；副主任：許社佳、賴添才。

布置股：主任：陳章耀；副主任：温福勝、曾添連、朱慶南、曾焯連、盧福鴻、陳孔甫、陳載洪、陳鐵梁、黃國度、歐陽樹森、林亞根、麥雪清、區天送、黃閑、李南、黃石振、吴仁安。

徵求股：主任：李仲銘；副主任：馮家駒、馮榮、謝錦榮、唐啓光、鄧朗時、永耀、林泮、郭炳才。

推銷股：主任：吕昌；副主任：黃亞弟、吴浩思、黃益球、羅焕好、卿姐、爱姐、笑姐、開姐、歐陽八、桂森、歐陽瓊、歐陽玉、歐陽歡、歐陽弟、娟姐、黃亞平、黃連好、黃逢好、黃亞富、黃亞群、陳亞有、歐陽雲、歐陽善、李月崧、李順森、何啓成、袁亞鳳、歐陽荷、袁亞荷、歐陽好、歐陽法、歐陽眉、歐陽英、歐陽轉。

招待股：主任：李國平；副主任：莫玉莲、盧澄波、陳順强、陳惠芳、黃□英、翁惠華、陳惠瓊、李彦娟、蕭水如、胡順才、郭秀霞、郭鳳鸞、陳月屏、李亞蘭、吕寶如、陳瓊珊、黃淑娟、何瑞芳、蔣寒枝、陳鈞平、汪金妹、盧美莲、温美娟、梁彩雲、梁玉萍、李月琴、張二妹、張三妹、黃润群、林玉莲、羅成、楊略照、藍佩英、張美瑛、陳日浩、何榮光、李愛蘭、麥萍好、鄭樂如、莊淑信、楊儀卿、李玉珍、胡鏡鈿、馮景星、李錫初、張永勤、區進、阮雄才、劉思、王松、何勤恩、劉蔭蕃、邵庸居、阮炳坤、邱福基、梁燕玉。

會計股：主任：翁立夫；副主任：梁肇元、曹南昆、黃汝楫、黃寶金。

調查股：主任：蕭照容；副主任：周錦玲、鍾華火、吴才、孫榮光、邵光、鄭明、張裕輝、朱慶南、梁業、練全、莫熾昌、黃紫明。

糾察股：主任：盧强；副主任：陳伯新、雷升泰；顧問：岑禮和；委員：盧四、麥桂芬、劉富榮、梁啓耀、唐忠、吴球、麥啓光、楊壁如、莫裕銘、胡桂森、陳住、羅和溢、曾慧莲、黄润群、曾錦方、冼瑞香、三郭。

消防股：主任：梁占鴻；副主任：鍾老泗、陳瑞祺、梁華章、林泮、張敖、羅来、羅六、姚强、高建東、羅润福、馬財、梁子照、李培、陳忠、羅榮發、王發、潘曹、鄧鴻漢、駱明、羅日成、黄傅淦、黄年安、黄安記、黄財、李柏强、梁鉅、羅成深、羅榮基、羅祖輝、王樹基、梁棣、黄加德、方澤、羅添、胡才、許汝、李炳祥、楊長、陳蘇、黄球、梁子明、梁同樂、彭光、黄金銓、陳强、駱卓友、鍾奀、莫衡兆、楊國勝、胡清泉、吴炎鴻、何亞成。

巡值股：主任：阮鴻志；副主任：何汝明、王其忠、江浩良、劉業强、陳富成、薛漠嶸、馮德源、區耀典。

檢收股：主任：駱衍聯；副主任：潘允懷、胡應松、韋兆基、泰兆、鄺寶柱。

倉庫股：主任：劉少珊；副主任：張錫芳、郭炳才、朱次波、胡永煊、陳才、曾廣明、林重煒、梁國榮、唐悦添、馮榮、謝錦旋、陳永爽、宋子受、劉國鋭、張宏、黄細九、陳澤、關華紹、張椿偉。

總收来銀壹拾貳萬貳仟玖佰零伍元陸正，總支出銀柒萬貳仟伍佰陸拾貳元零柒占正，比對外結存銀伍萬零叁佰肆拾叁元伍角叁分正，總存銀撥入本公所清理舊山之賬户内。

天地符合。

寧陽會館、中山會館、番禺會館、三水會館、花縣會館、順德會館、高要會館、增龍會館、岡州會館、南順會館、東安會館、惠州會館、肇慶會館、清遠會館、鶴山會館、恩平會館仝立，一九六五年　月　日穀旦。

二二一　第七届超度幽魂萬緣勝會紀事碑

【碑刻名稱】第七届超度幽魂萬緣勝會紀事碑
【材　質】石材
【形　制】長方形立碑
【尺　寸】長九十六厘米、寬六十六厘米
【書　體】楷書
【碑　額】無
【碑　題】第七届超度幽魂萬緣勝會紀事
【碑文撰者】李順森
【碑文書丹】無
【立 碑 者】主席羅榮基等
【立碑時間】一九七八
【存　佚】現存
【地　點】新加坡碧山亭
【碑刻録文】

第七屆超度幽魂萬緣勝會紀事

廣被神祐，惠及幽靈，肇國安民，碧天慈雲增彩，山色長青，亭務法雨宏施，公益盡粹，共結無邊之勝果，所有善報，咸沾我佛之庥光。

緣由一九七六年度第八十三屆理監事，秉同人大會委辦第七屆萬緣勝會。三壇禮誦，七晝連宵，高登蓮臺，開淨土於碧山，廣結萬緣，渡無依之孤魂，發菩提心願，宣覺路同開。法事與特刊盈餘十二萬元有奇，悉歸公所，功德偉鉅，福有攸歸，是以爲紀。

順附是屆負責人選如下（恕不稱呼）：

法務顧問：畢俊輝、曾順貞。

募捐顧問：陳作民、崔信廷、關勛賀、關德泉、方焯佳。

事務顧問：李時珍、陳國棟、謝錦榮、陳灼、關耀森、陳章耀、廖耀宗、郭興業、陳玉生、林繼祖、李廉周。

主席：羅榮基；副主席：何棠章。

總務：李順森；副總務：伍善民；委員：何成、盧四。

財務：鄭桐；委員：曹南昆、梁金順、陳平、梁業、鄭連德、馮森、吴冠民、吴財。

總監督：唐上全。

采購：梁少逵、冼玉庭；委員：黄東成、朱慶南。

倉庫：何成、李耀枝；委員：王松、鄭連德、何錦麟。
齋務：何策堅、熊堅；委員：盧福鴻、何鐵山。
文書：何善斌、梁少逵、李大傻、關兆濟、郭明、馮錦心、梁亞蘇、黃東成。
法務：黃東成、鍾華火；委員：熊堅、何錦麟。
布置：陳常基、阮信興；委員：朱國榮、李敏賢、冼森、杜旺仔、陳景南、陳炳祥、冼玉庭、王松。
販賣：何文忠、黃教良；委員：胡應松、何鐵山、馮錦心、陳景南。
宣傳：李大傻、杜旺仔；委員：黃教良、梁業、李耀枝。
攝影：朱國榮、雷升泰、陳常基、李敏賢。
交通：盧四、李敏賢、胡應松、盧福鴻、陳兆羨。
消防：羅和溢、張敖；委員：羅素夏、駱明、黃閑、鍾老四、梁子照、胡浩光、羅潤福、潘鉅、梁占鴻、羅照林、黃龍、陳忠、陳蘇、胡才、梁鉅、羅來、王富、陳壽全、鄧鴻漢、黃傳淦、梁勝、羅祖輝、郭官帶、王發、羅榮基、馮炳仁、羅榮發、方澤。
糾察：陳兆羨、黃才；委員：王松、胡應松、杜旺仔、陳炳祥。
招待：梁亞蘇、曹南昆；委員：朱慶南、馮錦心、雷升泰。
游藝：岡州會館、順德會館、南順會館、寧陽會館、英震澤、譚子安、胡華亨、陳榮昌；委員：恩平會館、古城會館、三水會館、鶴山會館、中山會館、精武體育會、鶴僑醒狮團、幽谷音樂劇社、白鶴派體育會、何福鴻、劉國鋭、盧樹威、李榮、梁慶楣、謝勝仁、羅榮基、葉瑞福、曾德。

特刊編輯委員：馮錦心、梁少逵、何善斌、林保棠、梁亞蘇。

廣告：何棠章、李耀枝。

李順森謹識，公元一九七八年三月一日立。

二三二 廣惠肇碧山亭史記碑

【碑刻名稱】廣惠肇碧山亭史記碑
【材　質】石材
【形　制】長方形立碑
【尺　寸】長二百零五厘米、寬七十厘米
【書　體】隸書
【碑　額】無
【碑　題】廣惠肇碧山亭史記
【碑文撰者】曾玲博士
【碑文書丹】無
【立 碑 者】碧山亭第九十六届理監事會
【立碑時間】二〇〇二
【存　佚】現存
【地　點】新加坡碧山亭
【碑刻録文】

廣惠肇碧山亭史記

本亭（廣惠肇碧山亭）是由來自中國廣東省的廣州、惠州、肇慶三府移民建立的墳山管理機構，也是新加坡廣惠肇三屬最高聯合宗鄉組織。

根據地界碑銘文，本亭在同治辛未年（一八七一）已擁有墳山。據此推斷本亭創辦的年代至遲應在一八七一年。本亭的歷史，最早見於光緒十六年（一八九〇）所立之「勸捐碧山亭小引碑」。據該碑文所載，本亭在十九世紀八九十年代已初具規模。創買本亭地者是任「協理青山亭事務」的梅南瑞。一八九〇年以前，本亭曾多次捐籌款購墳地，一八九〇年的勸捐又獲款「八千五百八十九元」。在管理上，本亭設「督辦碧山亭建廟開馬車路大總理」，負責以「建廟開馬車路」爲主要內容的開發墳山工作。本亭的管理機構采用總理與值理二級制。總理一人，值理二十四人。領導層中有胡南生、朱有蘭、朱廣蘭、廣恒號、同德號、羅致生、羅奇生、梅旺、梅端成等多位當時新加坡華人社會領袖。

另據在本亭和三屬流傳的故事，恩平李亞保、開平黃義宏、新興趙亞德、三水梁亞德、高要趙亞女、新興顧文中、高要謝壽堂，是本亭初創期的英雄，稱「七君子」。他們爲本亭發展犧牲了生命。

從二十世紀初到二戰，本亭已有相當發展。這一時期，本亭資金主要來自祭祀先人的「萬緣勝會」所籌款項。本亭以一九二一年第一屆萬緣勝會所籌款項將一貯藏金埕改建成公所辦公室，并修建禮亭和茶亭，供三屬祭拜先人時休息和用餐。一九四三年第二屆萬緣勝會盈餘頗巨，本亭以此款購仰光路地端與擴展墳山。本亭組織機構在二十世紀初吴勝鵬爲總理任内有重大改變，規定由南順、番禺、東安、中山、寧陽、岡州、三水、惠州、肇慶等九間會館各派二名代表組成董事會共同管理，并在一九四七年章程中被確定下來。

二戰後是本亭發展的重要時期。由於社會發展變遷，二戰後包括廣、惠、肇三屬在內的本地華人逐漸轉變身份認同加强本土意識。本亭與時并進，關注新加坡社會發展，自覺將周邊地區的社會事物納入本亭的運作中，諸如興辦學校、安置外來用户、建設管理居民區等，社會功能不斷擴大。二戰後本地華人社團重整和發展，這一時期成立并加入本亭的社團有花縣、清遠、鶴山、高要、增龍、順德、恩平等七間會館。爲了適應形勢的變化，本亭在一九六〇年修改章程，加强三屬十六會館管理本亭的空間，確立董事部核心成員由各會館輪流擔任的六常務輪值制的組織架構，并延續至今。本亭的墳山管理和規模，在二戰後大爲擴展。本亭在二戰後整頓墳場，推行模範墳山制度，建立起一套制度化的墳山管理系統。本亭墳場幾經擴大，到一九七〇年已達到三百五十四英畝的規模，安葬有廣、惠、肇十數萬個先人和數百個社團總墳。

在本亭發展史上，一九七三年是一個重大的轉折點。這一年的八月三十一日，本亭接政府來信通知，因市政建設需要，自八月十七日起封山停止營葬事務。七年之後，政府全面徵用了本亭。面對新的重大變遷，本亭和三屬社團因應國家發展需要，先後妥善處理了改土葬爲火葬、安置原有墳山的先人骨灰、與政府談判賠償、籌集資金進行重建等一系列重大課題。從二十世紀八十年代開始，本亭在政府撥回的八英畝的土地上分六期興建骨灰儲藏靈塔、多種用途的公所、茶亭、安老院、福德祠以及紀念碑等。重建工程于一九九八年以新碧山大廟開光而宣告正式結束。爲了適應時代發展的需求，本亭在重建後也修改章程，打破三屬限制，向全新加坡各族群開放，繼續造福社會大衆。

今天，本亭正繼承和發揚先賢們關懷社會、造福人群的優良傳統，爲新加坡社會的繁榮與發展繼續做出貢獻。

曾玲博士撰。

第九十六届理監事會二〇〇二年五月五日立。

二二二三　廣惠肇碧山亭沿革史碑

【碑刻名稱】廣惠肇碧山亭沿革史碑
【材　質】石材
【形　制】長方形立碑
【尺　寸】長一百六十二厘米、寬一百一十二厘米
【書　體】隸書
【碑　額】無
【碑　題】廣惠肇碧山亭沿革史
【碑文撰者】無
【碑文書丹】無
【立 碑 者】碧山亭第九十二届理監事會
【立碑時間】一九九四
【存　佚】現存
【地　點】新加坡碧山亭
【碑刻録文】

廣惠肇碧山亭沿革史

廣惠肇碧山亭創立于一八七〇年，它是廣州府、惠州府和肇慶府三屬人士的墳山。百餘年來，除了作爲三屬人士的先人入土爲安的墳山外，它也爲文教和慈善福利事業作出貢獻。新加坡開埠初年，粵語方言群與客家方言群的廣惠肇嘉豐永大七屬人士先在青山亭埋葬先人。青山亭封山之後，再到緑野亭。到了一八七〇年，緑野亭也封山了。廣惠肇三屬先賢梅南瑞等發起集資購置碧山墳地安葬先人。碧山亭創立初期，曾受到地方勢力的干擾，幸得七位義士保護纔免受干擾。這七位義士，是恩平李亞保、開平黄義宏、新興趙亞德、三水梁亞德、高要趙亞女、新興顧文中、高要謝壽堂。七義士逝世後，碧山亭以長生禄位奉祀他們，尊稱爲「七君子」。碧山亭開闢初期，非常簡陋，没有道路可通車。一八九〇年，梅湛軒發起籌建碧山廟及開闢道路，捐款銀額共得八千五百八十九元。胡亞基代向殖民地政府請求豁免地税。民國初年，大約一九一二年，碧山亭劃分墳冢，編列號碼，以便管理。這項措施曾引起一場爭論，總理吴勝鵬召集會議，展示碧山亭地圖契據，證明碧山亭是廣州府屬之南順、番禺、東安、中山、寧陽、岡州、三水七間會館，惠州府屬之惠州會館，肇慶府屬之肇慶會館，一共九大會館的産業。建議由九大會館共同管理，即席議决組織碧山亭公所董事會，由各會館派出兩名代表組成，這是碧山亭公所有健全組織的開始。過後，廣州府屬之清遠、花縣、順德、增龍，肇慶府屬之高要、鶴山、恩平，七會館先後入會。於是碧山亭成爲廣惠肇十六會館的共同組織。爲維護十六會館公平權益，理監事會六常務由十六會館輪流接替。碧山亭創立時，山地不多，後來陸續發展增至十一座山地。一九四八年以五萬四千元添購七座新山，共一百零七英畝半的地段，使墳山面積增至二百五十三英畝。過後，陸續購置新地段，以應付廣惠肇三府先人的需求。一九五三年三月重建公所及增築道路，同年九月落成開幕，這一年捐獻南洋大學建校基金一萬元。一九七三年八月二十八日，環境發展部發出封山通令。時碧山亭擁有三百二十四英畝，相當于九十頃的地段，劃分爲十個亭和碧山廟，除了十萬個先人墳墓外，還撥出墳地作爲三屬各縣各鄉宗親行業公會的總墳。一九三六年，創設廣惠肇碧山亭學校，作育英才。一九八一年，停辦。自一九二三年以來，定期舉辦萬緣勝會，超渡先人，并以餘款購置墳地和産業。一九七五年與一九八二年，坐落在仰光路的廣惠肇碧山亭碧山大厦及廣惠肇碧山亭金榜大厦先後落成。産業盈餘充作慈善福利用途。一九七九年，政府正式徵用碧山亭。同年五月，致函當時的國家發展部長，要求撥回五十英畝地段作爲靈塔紀念碑公所等發展用途。幾經談商，政府同意撥回八英畝，相當于三又五分之一公頃的地段供發展。賠償金僅得四百九十四萬五千四百元。一九八二年至一九八三年，十萬名先人的遺骸化作骨灰，大部分安置在萬禮骨灰塔。之後，政府在這塊吉地上興建地鐵總站及發展碧山新鎮。接受賠償金後，付出七十二萬一千九百五十五元給居民搬遷，另付八十八萬八千六百四十三元發展税，僅存三百三十三萬四千八百零二元。徵用及賠償手續辦妥後，碧山亭着手興建靈塔、先賢紀念碑、公所、安老院、茶亭等，再進行美化計劃。到了一九九一年，昔日壘壘墳山的碧山亭的面貌已經煥然一新。爲了使後代子孫飲水思源，以及把碧山亭公所保留爲華人傳統文化的所在地，斥資六十萬元聘請佛山藝術研究社承制以兩幅巨型金箔樟木浮雕廣惠肇風光風情攬勝與粤人石叻奮鬥史略，以及兩幅巨型石雕壁畫新加坡風景綫與萬里長城爲主題的文化設計。這項工程在一九九三年完成。具有百餘年歷史碧山亭墳山被徵用後，碩果僅存的碧山廟即將翻新，并在廟内裝置五百羅漢以及二十一組民間故事和地方戲曲内容的瓷塑，宛如廣東的佛山祖廟，可容納八萬先人的靈塔已經竣工，開放給各籍貫人士。已有三萬餘名先人安居在内。除了繼續照顧先人之外，碧山亭每年撥款頒發奬學金及賀歲金。一九九二年捐獻五萬元給華社自助理事會基金，并繼續對慈善福利事業作出貢獻。

第九十二屆理監事會一九九四年十一月廿七日立。

二二四　廣惠肇碧山亭先賢紀念碑

【碑刻名稱】廣惠肇碧山亭先賢紀念碑
【材　質】石材
【形　制】長方形立碑
【尺　寸】長一百七十厘米、寛九十厘米
【書　體】楷書
【碑　額】無
【碑　題】廣惠肇碧山亭先賢紀念碑
【碑文撰者】無
【碑文書丹】無
【立 碑 者】碧山亭第九十二届理監事會
【立碑時間】一九九三
【存　佚】現存
【地　點】新加坡碧山亭
【碑刻録文】

魯北行、上穀堂侯族大總墳、陸氏宗祠、三水長岸李氏敦睦堂同鄉互助會、八和會館、順德江尾沙浦同鄉會、三水會館、王氏總墳、廣幫生果行、盧籍成堂、三水陸紹總墳、中山海洲會館、順德江美沙溪黃族同鄉會、中山會館、司徒總墳、蕭氏總墳、伍氏公所、廣肇胡氏聯誼會、四邑陳氏會館、旅星三水布心黎氏同鄉會、花縣會館、朱氏總墳、蘇氏總墳、佘氏總會、全國裁縫職工聯合會、臺山黃家館、中山古鎮同鄉會、岡州會館、石氏總墳、鶴山洗氏總墳、梁氏總會、同樂鞋革工聯會、南洋新興會館、中山曹步同鄉會、東安會館、吕羅行總墳、鄒氏總墳、莫氏總會、金銀業工友工會、高明同鄉會、中山欖鎮同鄉會、南順會館、林氏總墳、載德堂尹公武仲大總墳、馮氏總會、華人機器公會、要明公安會館、中山欖鎮胡氏家族、恩平會館、招氏總墳、群記總墳、鄧氏總會、南洋胡氏總會、萬安堂同鄉會、中山隆鎮同鄉會、高要會館、要明總墳、袁氏總墳、鄺氏總會、增城慈善堂、會寧同鄉會、天河同鄉會、惠州會館、金寶總墳、何思成堂總墳、廣幫熟食行、陳佐勉佛堂、星槎同鄉會、李慶盛堂同鄉會、番禺會館、洞天總墳、馬氏總墳、昭信堂、高要宋隆樂溪社、南海同鄉會、雷方鄺溯源堂、順德會館、徐氏總墳、凌氏總墳、沙藤行、星洲雜貨行、潮荷同鄉會、四邑李氏同鄉會、清遠會館、侯氏總墳、朋樂簡氏總墳、惠陽行、南洋謝氏總會曹家館、廣東黃氏宗親會、肇慶會館、寅杰總墳、永福堂總墳、北城行、蔡氏家族互助會、廣東吳氏書室、外海陳氏家族同鄉會、增龍會館、許氏總墳、容氏總墳、豬肉行、歐陽家族聯合會、廣惠肇李氏書室、番禺慕德同鄉會、寧陽會館、温氏總墳、潤湘堂尹氏總墳、合和行、郭氏汾陽堂公會、鄭氏書室、平桂夏聯鄉會、鶴山會館、葉氏總墳、潘氏總墳、文華行、潁川堂陳氏總墳、星洲羅豫章堂、西樵同鄉會、福德祠緑野亭、新興總墳、江黎何三益堂總墳、同壽堂、岑氏宗親會、中華佛教會、劉關張趙古城會館、廣惠肇留醫院、喃嘸行、豨浦總墳、同職社、甄氏聯合會、麥氏始興堂、松杞林氏西河堂、楊氏總墳、沙灣河何氏總墳、同勝堂、姑蘇慎敬堂、大悲院、梅汝南堂、張氏總墳、蔣氏總墳、玻璃行、譚氏宗社、苦樂庵、普福會館、最善閣、飛霞精舍。

二二二五　第十一届超度幽魂萬縁勝會紀事碑

【碑刻名稱】第十一届超度幽魂萬縁勝會紀事碑
【材　質】石材
【形　制】長方形横碑
【尺　寸】長二百二十厘米、寬七十六厘米
【書　體】隸書
【碑　額】無
【碑　題】第十一届超度幽魂萬縁勝會紀事
【碑文撰者】護國金塔寺
【碑文書丹】無
【立　碑　者】碧山亭第九十六届理監事會
【立碑時間】二〇〇三
【存　佚】現存
【地　點】新加坡碧山亭
【碑刻録文】

第十一届超度幽魂萬緣勝會紀事（二〇〇三年）

法雲廣蔭無遮會，慶日高懸有相天；大道無私真福德，悲心救苦降吉祥。

廣惠肇碧山亭第九十六届理監事會，乃秉承佛祖之宏慈，爲求世界和平，德道常興，國運昌隆，人民安樂，特委舉辦第十一届超度幽魂萬緣勝會。

惟農曆癸未年五月初六日起始，至五月初八日迄止。誠邀護國金塔寺、法昌何道院、大悲院，同主持啓建第十一届超度幽魂萬緣勝會。十方善信，隨心隨力，慨施囊金，襄此盛舉，藉與諸佛結緣，爲生者祈福求壽，爲先人超度往生。

即日延請僧、道、尼，嚴結華壇，高僧鴻儒，誦經禮懺，祈禱世界和平，并超薦先亡祖祠，九族六親，咸登極樂。并代爲師長冤親，法界衆生，求成佛果。今者莊嚴勝會，功德圓滿，大慈予樂，生者蒙福，大悲拔苦，死者得度，人天鬼畜，甘露同沾。凡有見聞隨喜，力助財施者，均獨身心康泰，自在吉祥。如是善行，共加弘贊也，是以爲紀。

護國金塔寺撰。

順附是届負責人選如下（恕不稱呼）：

名譽顧問：曾士生（總理公署兼社會發展暨體育部政務部長）、梁漢基、何家良、林士超、廖基業。

法律顧問：朱時生、羅連國、譚國良。

亭務顧問：蕭德普、何順結、明應端。

主席團：
本亭産業受托人：馮家駒、郭玉泉、吴佛生、羅榮基、梁慶經。
十六會館主席：增龍會館：郭玉泉；岡州會館：盧鶴齡；南順會館：羅耀淮；三水會館：周志輝；花縣會館：張九；東安會館：洪廣發；順德會館：何國章；高要會館：羅仕厚；中山會館：蔡明俊；惠州會館：何春泉；寧陽會館：鄭國文；肇慶會館：謝家寶；鶴山會館：施義開；番禺會館：何順結；恩平會館：岑康平；清遠會館：明應全。
主席：郭城（正）；梁少逵（副）。
總務：曾錫源（正）；羅榮基（副）。
財務：何迪凡。
監事長：鄭國文；監事：郭成添、張遠謀、楊永曉、周志强。
法務股：何順結（正）；劉玉珍（副）。
齋務股：歐陽東（正）；尹紹初（副）；委員：陳遠光。
采購股：郭成添（正）；麥兆慶（副）。
布置股：馮德源（正）；古鈐鈞（副）；委員：麥兆慶、郭成添、梁瑞坤、鄭新論、劉玉珍、黄錦譁、鄧其亨、陳遠光。
文書股：何迪凡（正）；阮國成（副）；委員：何順結、梁少逵、莫佐生、楊永曦。
交通股：陳繼財（正）；張漢君（副）；委員：古鈐鈞、朱錦華、鄭作均。
宣傳股：梁少逵（正）；莫佐生（副）。

販賣股：黃信幔（正）；黃錦錘（副）；委員：陳悦年。

游藝股：陳沼閤（正）；劉玉珍（副）。

糾察股：胡國華（正）；趙亞仔（副）；委員：全體理監事。

消防股：梁瑞坤（正）；郭成添（副）。

攝影股：湛美蓮（正）；温澤安（副）。

倉庫股：阮佛保（正）；張遠謀（副）。

防沙斯組：胡國華（正）；游漢文（副）；委員：李英昭、黃信與、吴志剛、梁恒明。

招待股：六常務。

公元二〇〇三年六月七日立。

二三二六　廣惠肇碧山亭二〇〇七年第十二屆超度幽魂萬緣勝會碑

【碑刻名稱】廣惠肇碧山亭二〇〇七年第十二屆超度幽魂萬緣勝會碑
【材　質】石材
【形　制】長方形横碑
【尺　寸】長二百二十厘米、寬七十六厘米
【書　體】楷書
【碑　額】無
【碑　題】廣惠肇碧山亭二〇〇七年第十二屆超度幽魂萬緣勝會
【碑文撰者】無
【碑文書丹】無
【立 碑 者】碧山亭第九十八屆全體理監事
【立碑時間】二〇〇七
【存　佚】現存
【地　點】新加坡碧山亭
【碑刻録文】

廣惠肇碧山亭二〇〇七年第十二届超度幽魂萬緣勝會

常言道一葉而知秋，暑往寒來，春去夏至。兹逢四月下旬，本亭第九十八届全體理監事同人，本着慎終追遠之理念，于丁亥年四月廿三日至廿五日，敦請護國金塔寺、法昌何道院、大悲院，設僧、道、尼三壇，誦經禮懺，爰集善信，再辦萬緣勝會，幸得二千零五十位主家參與。鍾鼓齊鳴，步虛聲徹，句句真言超孤幽，聲聲法語保凡民，祈保世界和平，國泰民安，天人欣慶，集福迎祥。

蓋聞天開地闢，慨三皇五帝之茫茫，古往今來，嗟六道四生之滚滚，生死死生生復死，鬼人人鬼鬼爲人，這等輪回那能免得。一夢傷哉，千年杳矣，或富或貴，或老或少，自東自西，自南自北，同爲枯骨之丘。今于方便門中，寒林樹下，男女排左右之兩班，老少列尊卑之次序，雙足踏開生死門，一聲齊唱太平歌，來時衣舊去時新，得衣還記贈衣人。法水滋潤，施食施法，度化十方三界六道衆生，道法齋醮，解冤釋結，破獄度橋，濟幽度亡。勝會善信雲集，結萬善緣，集千祥福，功德圓滿，是以爲紀。

附録是届負責人如下（恕不稱呼）：

名譽顧問：黄根成（副總理兼内政部長）、曾士生、梁漢基、何家良、譚國良、曾玲、區如柏。

法律顧問：朱時生、羅連國、林麗珠。

亭務顧問：郭城、梁少逵。

主席團：郭玉泉、羅榮基、梁慶經、黄日榮、黄河東、岑康平、何國才（投委）、花縣會館張九、東安會館洪廣發、中山會館盧桂英、高要會館莫佐生、順德會館何滌蕃、惠州會館何春泉、鶴山會館施義開、肇慶會館黄河東、寧陽會館鄭國文、番禺會館黎富榮、岡州會館盧鶴齡、清遠會館朱維德、恩平會館岑康平、增龍會館何國才、三水會館蔡錦華、南順會館羅耀淮。

主席：李國威（正）、杜建緯（副）。

總務：岑康生（正）、温澤安（副）。

財務：李達政。

監事長：周奕年。

監事：何國才、張偉南、馮杏芳、梁益林。

法務股：羅榮基（正）、郭城（副）。

齋務股：尹紹初（正）、陳遠光（副）。

采購股：岑安和（正）、羅耀忠（副）。

布置股：梁滿（正）、梁瑞坤（副）。

文書股：何滌蕃（正）、阮國成（副）、施義開、馮杏芳。

交通股：林章基（正）、張漢君（副）。

宣傳股：岑安和（正）、梁少逵（副）、莫振强（副）、曾笑鳳。

販賣股：謝同源（正）、梁益林（副）、李廣根。

游藝股：梁滿（正）、尹紹初（副）、朱國心（副）。

消防股：鄺俊源（正）、張偉南（副）。

攝影股：岑安和（正）、阮國成（副）、鄭遇冬。

倉庫股：阮佛保（正）、張植棠（副）。
招待股：亭務顧問、產業受托人、六常務。
糾察股：張漢君（正）、梁瑞坤（副）。
委員：全體理監事及投委、建委委員。
二〇〇七年六月十日立。

二二七　廣惠肇碧山亭第十八届壬辰年（二〇一二年）萬緣勝會碑

【碑刻名稱】廣惠肇碧山亭第十八届壬辰年（二〇一二年）萬緣勝會碑
【材　質】石材
【形　制】長方形横碑
【尺　寸】長二百二十厘米、寬七十五厘米
【書　體】正文隸書，列名楷書
【碑　額】無
【碑　題】廣惠肇碧山亭第十八届壬辰年（二〇一二年）萬緣勝會
【碑文撰者】無
【碑文書丹】無
【立 碑 者】碧山亭第一〇一届全體理監事
【立碑時間】二〇一二
【存　佚】現存
【地　點】新加坡碧山亭
【碑刻録文】

廣惠肇碧山亭第十八屆壬辰年（二〇一二年）萬緣勝會

新加坡廣惠肇碧山亭于農曆壬辰年七月十四日至十七日（新曆二〇一二年八月三十日至九月二日）舉辦第十八屆萬緣勝會，誠依傳統，設僧、道、尼三壇誦經，超度先靈，廣結善緣。祈求先人早登仙界，後人福壽平安，禱告國運昌隆，世界和平。

托神靈庇祐，雖時值中元季節，稍多困難，然參加勝會附薦各類先人牌位共二〇七五單位，香油新幣三十九萬九千九百三十九元三角五分，尚盈餘新幣十五萬一千一百八十一元零三分，貢獻碧山亭基金。

是屆勝會，恭請楞嚴精舍廣榮法師，乙道院劉騰隆道長及開意法師主持弘法禮拜，由七月十四日竪幡至十七曉破九幽地獄，焚化祭品，功德圓滿。超度法會經文寶懺，宣示中華拜祭祖先之慎終追遠孝道精神。香港中文大學蔡志祥教授英、粵語講解萬緣超度勝會歷史意義。

碧山亭第一〇一屆全體同事虔誠許願，上格天心，消灾禍于無形，沐恩光而有緣，群賢畢至，善信雲集，佇看魚韵鍾聲，寶幡華蓋，結萬緣善果，傳永世孝道。慎終追遠、民德歸厚。

附録是屆勝會負責同事名單（恕不稱呼）：

名譽顧問：楊莉明政務部長（財政部暨交通部）、陳振泉高級政務次長（外交部兼社青年體高級政務次長，中區市長）、黄根成先生（碧山大芭窯集選區國會議員）、再努丁先生（碧山大芭窯集選區國會議員）、曾士生先生、曾玲博士、區如柏女士。
法律顧問：朱時生、羅連國、吴天華、林雨珠。
亭務顧問：李國成、杜建緯、岑康生。
主席：施義開（正）、李達政（副）。
總務：岑安施（正）、周奕年（副）。
監事長：莫佐生。
監事：陶霞萍、朱國心、陳遠光、梁毓寬。
法務股：岑康生（正）、施義開（副）。
采購組：岑安和（正）、李達政、周奕年（副）。
飲食/齋務股：曾守榮（正）、莫佐生（副）、黄水、陳遠光、馮杏芳、黄有强。
布置股：梁滿（正）、蔡錦華、尹紹初、梁瑞坤（副）。
文書股：梁少逵（正）、莫佐生（副）、關汝經、吴毓均。
交通股：鍾進有（正）、劉仲淦（副）、青年團。
宣傳股：岑安和。
販賣/倉庫股：謝同源（正）、吴毓均、李振玉（副）。
游藝股：梁滿。
消防股：岑康平（正）、張權發（副）。
攝影股：岑安和（正）、霍兼權（副）。

招待股：亭務顧問、產業受托人、六常務。

糾察股：李國威（正）、吴毓均（副）；委員：全體理監事及建委、投委會委員。

癸巳年正月廿二日（二〇一三年三月三日）立碑。

二二八　廣惠肇碧山亭福德祠重修開光志慶匾

【碑刻名稱】廣惠肇碧山亭福德祠重修開光志慶匾
【材　質】木材
【形　制】長方形横匾
【尺　寸】長四百二十六厘米、寛九十四厘米
【書　體】楷書
【碑　額】無
【碑　題】廣惠肇碧山亭福德祠重修開光志慶
【碑文撰者】清遠道人羅榮基
【碑文書丹】清遠道人羅榮基
【立 碑 者】廣惠肇碧山亭全體理監事
【立碑時間】一九七八
【存　佚】現存
【地　點】新加坡碧山亭
【碑刻録文】

福德庇祐

廣惠肇碧山亭福德祠重修開光志慶。

順德會館：馮家駒、關兆濟、丘明光；鶴山會館：鄧炳耀、朱慶南、馮錦心；寧陽會館：吴佛生、馮联、何成；恩平會館：郭玉泉、曹南昆、何鐵山；岡州會館：羅榮基、陳兆羡、陳图强；三水會館：何國章、吴冠文、朱國榮；東安會館：李順森、梁業、明應端；高要會館：黄炎芳、黄東成、阮信興；惠州會館：林樹泉、梁英賢、王松；肇慶會館：梁春樂、蔣亞明、陳景南；番禺會館：劉波德、李森才、梁少逵；清遠會館：冼玉庭、李大傻、盧福鴻；增龍會館：魏利慶、熊堅、胡應松；南順會館：雷升泰、陳炳祥、梁亞苏；花縣會館：陳順强、何錦麟、杜旺仔；中山會館：李廉、黄達明、徐國耀。同賀。

清遠道人羅榮基書。

一九七八年十月二十二日。

二二二九　廣惠肇碧山亭新建福德祠落成開光志慶匾

【碑刻名稱】廣惠肇碧山亭新建福德祠落成開光志慶匾
【材　質】木材
【形　制】長方形横匾
【尺　寸】長四百二十六厘米、寬九十四厘米
【書　體】楷書
【碑　額】無
【碑　題】廣惠肇碧山亭新建福德祠落成開光志慶
【碑文撰者】無
【碑文書丹】無
【立 碑 者】廣惠肇碧山亭全體理監事
【立碑時間】一九八六
【存　佚】現存
【地　點】新加坡碧山亭
【碑刻録文】

福德庇祐

廣惠肇碧山亭新建福德祠落成開光志慶。

岡州會館、三水會館、東安會館、高要會館、惠州會館、番禺會館、肇慶會館、清遠會館、增龍會館、南順會館、花縣會館、中山會館、順德會館、鶴山會館、寧陽會館、恩平會館。

受托人：馮家駒、郭玉泉、吴佛生、羅榮基、謝錦榮。

亭務顧問：李順森、黄炎芳、吴文練。

第八十八届理監事：梁春樂、冼玉庭、陸文領、關兆濟、劉波德、廖康枝、何錦麟、黄教良、蔡福生、冼志成、何順結、鄭艷秩、何棠章、吴伯東、阮信興、阮福成、歐陽東、梁少達、龍學璋、莫佐生、羅硯溪、曾錫源、陳兆羡、葉元劍、馮聯、盧允峰、李新南、王松、何平、杜旺仔、黄榮光、鄧永祥、曹南昆、李大傻、馮德源、甘耀宗、陳永、邱德明、何福鴻、蔣亞明。

建設發展委員會：謝錦榮、易文鏗、梁正□、劉波德、朱國榮、吴文練、黄炎芳、莫佐生、郭玉泉、吴佛生、羅榮基、陸文領、蔡福生、馮家駒、馮志强、廖基業、何錦麟、張運德、陳理拾、蕭德普、梁春樂、陳順强、何文忠、何迪凡、洪作成、何順結。

全體員工：陳翠玲、陳宛瑜、郭明、郭念慈、周潤紅、蒙笑珍、劉玉珍、碧麗、古魯巴、黄俏貴、羅志雄、鍾志年、侯亞九。

公元一九八六丙寅年九月廿八日喜敬。

二三〇　大善佛堂讓渡地權碑

【碑刻名稱】大善佛堂讓渡地權碑
【材　質】石材
【形　制】長方形立碑
【尺　寸】長八十九厘米、寬五十二厘米
【書　體】楷書
【碑　額】無
【碑　題】無
【碑文撰者】無
【碑文書丹】無
【立 碑 者】鳳山寺司理人李邊坪等
【立碑時間】清光緒十七年（一八九一）
【存　佚】現存
【地　點】馬來西亞霹靂州太平大善佛堂
【碑刻録文】

仝立甘愿字人鳳山寺司理人：李邊坪、王開邦、黄則諒、邱如語、柯祖仕、黄清籃等。

有向公班衙討出高搭下公班衙地壹所，呀噸號頭第壹千捌百伍拾玖號，自英壹千捌百玖拾一年實點末壹號，向公班衙入部。該地計共叁矣葛之左。其呀噸原係做鳳山寺并李邊坪、王開邦、黄則諒、邱如語、柯祖仕、黄清籃等之名字；然此地現乃我福建閤省之公所，遂立廟改號曰「閩中古廟」。該地界内，黄清籃并諸誠心信士有建造大善堂一院，碍此地之呀噸，全無注立大善堂之名字，衹恐日後易人攝理，福建閤省之閩中古廟，欲别私意，亦不得廢弃大善堂建基之功。故我等集衆公議，訂明閩中古廟及大善堂兩座庵院一統，千載共立，萬世不易。後輩之人，不得猖獗斯舉。而該地有椰、欉、果子、竹林，原來是黄清籃并諸齋友自力耕種。今我等僉論願將此椰、欉、果子、竹林盡歸於大善堂諸齋友永遠繼承收成，以奉祀慈悲香火。其别有僧俗人等，不得相奪。後恐無憑，仝立甘愿字，一樣貳紙。壹紙交與閩中古廟攝理人收執，壹紙交與大善堂現攝理之人黄清籃收執，以爲綿長久遠，存據此照。

合同，福建鳳山寺（圖章）。

知見人：郭錦忠；代書人：王春池。

光緒拾柒年歲次辛卯年拾月拾叁日，英壹仟捌百玖拾壹年怒民末拾四號。

仝立甘愿字人：李邊坪、王開邦、黄則諒、邱如語、柯祖仕、黄清籃。

二三一　大善佛堂勒石碑記

【碑刻名稱】大善佛堂勒石碑記
【材　質】石材
【形　制】長方形立碑
【尺　寸】長一百九十厘米、寬七十八厘米
【書　體】楷書
【碑　額】浮雕雙龍
【碑　題】大善佛堂勒石碑記
【碑文撰者】無
【碑文書丹】無
【立 碑 者】大善佛堂董事林德、王開邦等
【立碑時間】清光緒二十二年（一八九六）
【存　佚】現存
【地　點】馬來西亞霹靂州太平大善佛堂
【碑刻録文】

大善佛堂勒石碑記

大善堂者，高墅幽曠之蘭若也。己丑歲倡建，出自茹素諸清流，經營草創，遂爲崇奉觀音菩薩之伊始。年來香火日盛，篆縷祥雲，鼎力諸家又從而修葺之。章施藻繢，氣象聿新，洵海外鉅觀也。不日告竣，經費頗多，約糜白錠捌百有奇，是皆樂善諸君子倡捐鳩金，相與而成焉者也。有斯盛舉，理宜臚列芳名，鎸石鑄金，并垂不朽，以爲踵事增華之勸云。

柯祖仕喜捐緣銀壹佰陸元、鄭興□喜捐緣銀壹佰大元、黄務美喜捐緣銀陸拾大元、陳□祖喜捐緣銀伍拾大元、林□□喜捐緣銀肆拾大元、王青□喜捐緣銀肆拾大元、福茂隆喜捐緣銀肆拾元、本益號喜捐緣銀貳拾伍元、芳美號喜捐緣銀貳拾四元、新福春號喜捐緣銀貳拾四元、杜啓明喜捐緣銀貳拾四元、林啓明喜捐緣銀貳拾四元、王開邦喜捐緣銀貳拾四元、隆成號喜捐緣銀貳拾大元、吴亞泰喜捐緣銀貳拾大元、鄭天□喜捐緣銀貳拾大元、林門胡氏喜捐緣銀貳拾元、黄尤氏喜捐緣銀拾貳元、黄門陳氏喜捐緣銀拾貳元、邱永禄喜捐緣銀拾貳元、萬錦號喜捐緣銀拾大元、王梅英喜捐緣銀拾大元、鄭錦元喜捐緣銀拾大元、陳論官喜捐緣銀拾大元、何官喜捐緣銀拾大元、榮德號喜捐緣銀捌大元、柯琢之喜捐緣銀柒大元、新和源號喜捐緣銀陸元、林錦昌喜捐緣銀陸大元、邱采蓮娘喜捐緣銀陸元、邱先丹喜捐緣銀陸大元、邱金獅喜捐緣銀陸大元。

董事林德、王開邦立。光緒丙申年孟冬月　日。

二三二　重建大善佛堂石碑

【碑刻名稱】重建大善佛堂石碑
【材　質】石材
【形　制】長方形立碑
【尺　寸】長一百六十八厘米、寬八十厘米，共兩片
【書　體】楷書
【碑　額】無
【碑　題】重建大善佛堂石碑
【碑文撰者】無
【碑文書丹】無
【立 碑 者】倡擬重建董事鄭觀養等
【立碑時間】民國二年（一九一三）
【存　佚】現存
【地　點】馬來西亞霹靂州太平大善佛堂
【碑刻録文】

重建大善佛堂石碑

謹將辛亥年重建佛堂各善信喜捐緣銀芳名甲乙開列：

鄭觀養捐緣銀壹仟零九拾元；黃務美捐緣銀壹仟零拾元陸角肆分；羅命枝捐緣銀陸百大元正；柯水成捐緣銀叁百陸拾元；林資德捐緣銀叁百伍拾元；方文和捐緣銀叁百大元正；尤快娘捐緣銀貳百陸拾元；胡惠民捐緣銀貳百伍拾元；高明月捐緣銀貳百叁拾元；無名氏捐緣銀貳百貳拾肆元；陳西祥捐緣銀貳百壹拾元；陳錦慶捐緣銀貳百大元正；劉銀惠捐緣銀貳百大元正；李瑞清捐緣銀貳百大元正；侯成□捐緣銀壹百柒拾元；李德琦捐緣銀壹百陸拾元；吳德志捐緣銀壹百伍拾元；陸恒慶捐緣銀壹百叁拾元；杜燉明、王鼎押、王燈娘、邱明娘，以上各捐緣銀壹百貳拾元；張借來、黃桂娘、陳榮偶、李振和、張文盧、周錦娘、柯水合、謝玉實、鄧四娘，以上各捐緣銀壹百元；林璧燕捐緣銀玖拾大元正；吳耀昌捐緣銀捌拾大元正；黃□秀捐緣銀柒拾大元正；邱水营捐緣銀柒拾大元正；□□雲捐緣銀陸拾大元正；林松娘捐緣銀陸拾大元正；高□娘、林金□、謝國彬、吳宗牆、鄭錦娘、王文萊、黃光緶、蔡彩娘、洪□娘、伍金月、邱春稠、李松娘、王忠和、王瑞珍、陳五香，以上各捐緣銀伍拾元；林文茹捐緣銀肆拾壹大元；蘇明珠捐緣銀肆拾大元正；梁蓮娘捐緣銀肆拾大元正；王姨娘捐緣銀叁拾伍大元；鄒姨娘捐緣銀叁拾貳大元；柯武再、李板仔、蘇玉蘭、王遂良、黃蓮李、邱秋妹、何鱗娘、黃文擔、陳明英、蘇文興、張帶喜、黃文雄、林丕綽、邱奎覺、邱百花娘、黃清桶、邱文舟、黃禮玷、黃景娘，以上各捐緣銀叁拾元；陳沃來、陳□鴻、杜貴清，以上各捐緣銀貳拾伍元；李伍娘捐緣銀貳拾肆大元；王文斗捐緣銀貳拾壹大元；劉寶鴻、謝桂女、黃連發、尤福彩、黃天助、盧七娘、黃伍工、邱四招、柯文□、梁□娘、陳金花、林愛珍、郭弟子、柯文鬱、尤桂花，以上各捐緣銀貳拾元；合源號捐緣銀拾陸大元正；春□號捐緣銀拾陸大元正；黃□□、黃和勝、無名氏、黃文欄、林文千，以上各捐緣銀拾伍元；陳月清、柯萬一、王成英，以上各捐緣銀拾肆元；鄭大聰捐緣銀拾叁大元正；林瑞英捐緣銀拾叁大元正；鄭繡英、王奇三、許六真、陳明順、許雨澤、永源號、黃蓮娘、王舞□、林昆□、謝如柳、王營娘、邱有三、顏昭娘、謝靈機、林文在、何□□、水□娘、林玉娘、辜水來、許瑞蓮、何耀玉、林瓊瑛、辜□連、邱仙衣、謝美娘、林碧綫、林青□、林碧嬌、王玉釵、林碧玉、王文青、林端莊、李碧欽、新泉和、萬勝號、林文炳、陳朗□、張林氏、廖瑞華、林邱娘、柯和娘、邱如鳳、林成□、林金枝、黃瑞嬌、劉登娘、周明妹、鄭團娘、葉□□、林婆娘、洪月娘、胡緣善、楊蓮鳳、葉寶琴、王瑞喜、萬和棧、楊祥高、柯錦春，以上各捐緣銀拾貳元；李亞文、德發號、謝清泉、胡山娘、陳□蘭、□記號、謝郭氏、戴文階、善錦記、陳全金、伍嬋娘、謝印保、柯文賢、周保全、杜忠喜、黃有親、邱素謹、泉美號、張良美、葉力善、安利號、蔡福長、福順號、楊文忠、胡烽爐、鄭□□、張雲清、謝張氏、美島赤、葉子華、郭錦美、英雅寶、大德堂、柯文禎，以上各捐緣銀壹拾元；王遂心玖元；洪文旺、林天招、葉有定、劉文□、阮柳英，以上各捐緣銀八元；顏澤娘柒元；王文是、林定備、萬盛興、王成平、□□□、林文其、黃文□、□□□、萬德號、李□指、萬福安、鄭文炳、黃文進、□文坪、□□天、張秀枝、李瑞香、蔡世族、黃文燁、葉金娘、李文禎、義合號、鄭清森、周佑心娘、盛源號、李文珍、許二梅、萬琦美、順成號、陳新忠、柯德業、新發春、捷發號、王文伯、新源安、隆發號、楊守忠、彩鸞、邱錦詔、陳家壬、邱天□、梁彩娘、林相信、鄭金鳳、林遇珍、林清溪、袁□娘、錦美號、新義號、振發號、柯□福、葉文敏、忠成號、慶順號、連枋、徐□地、□玉福、王金狗、鄧榮業、順記號、陳水泰、吳文膽、陳月女、蘇秀榮、李文□、王長福、辜金嬌、黃孫正、建德成、蔡莜□、鄭用□、謝有慧、吳□□、黃歡章、新福成、福發號、林光見、林文膽、黃玉全、長益號、許玉娘、陳玉

琴、謝儒勝、柯明祈、周宮娘、許瑞玉、張素英、黎妙娘、陳□□、蘇福□、□□書、岑竹三、□□宇、何清
鋪、郭七娘、蔡金璇、蘇烏留、黃玉蔭、李文賢、黃判水、林文練、邱□泉、葉璇淵、周發鳳、周春娘、許玉
綢、黃文貴、余瑞月、謝□心、黃文學、洪書粉、黃文□、何金復、蔡府□、鍾妙□、鄭文土、黃奕琴、鄭遠
嬌、王瑞□、葉文□、李海花、黃振克、杜金娘、林彩鳳、許瑞意、邱順境、鄭顏□、邱玉宣、黃唐氏、李江
帶、李文□、林定好、林柿頭、柯□福、鄭文分、王文葵、王壽蔭、司徒朝氏、林文輝、新源記、許祖慶、黃則
尾、鄭祠興、李清元、洪好娘、蔡長慶、廖石崇、成發號、陳□蘭、黃文蓉、黃蓉枝、葉文□、李□田、葉文
信、李文信、杜文餘、蕭□祐、陳文觀、陳□□、陳秀娘、□朝井、鄭文海、王文□、潘□森、吳林娘、善記
號、永珍號、陳□娘、陳□□、李文□、王忠□、郭珍□、郭金修、周裕安、謝永昌、柯有鴻、梁文曉、□□
蓉、陳水□、鄭清□，以上各捐緣銀陸元。

已上總結連木牌合共收來緣銀壹萬貳仟玖百柒拾伍元柒角捌占。

一　總結合共開出各項使費統用去銀壹萬貳仟玖百柒拾貳元叁角陸占。

一　比對除外尚仍存銀叁元肆角貳占。

倡擬重建董事鄭觀養、黃務美、胡惠民、杜啓明、李良水、柯琢之、葉有定、邱文弁、林資德、黃鼎押、黃清
籃，天運癸丑年冬月吉旦謹啓。

二三三 大善佛堂立鑿石約木牌

【碑刻名稱】大善佛堂立鑿石約木牌
【材　質】木材
【形　制】長方形横牌
【尺　寸】長二百三十六厘米、寬一百一十八厘米
【書　體】楷書
【碑　額】無
【碑　題】無
【碑文撰者】大善佛堂立約人
【碑文書丹】無
【立 碑 者】仝立鑿石約字人黄清籃等
【立碑時間】民國五年（一九一六）
【存　佚】現存
【地　點】馬來西亞霹靂州太平大善佛堂
【碑刻録文】

仝立鑿石約字人黄清籃、黄孫煬、吴烏鎮、黄亞到等，昔年叨蒙奕英政府准令，建築大善堂於南洋太平埠。後復

建置新吧園丘壹所，呀嘯貳張，内建造聚善堂。而後三人黄清籃、吴烏鎮、黄孫熓同議，將大善堂并業一切事務，交與黄亞到代理，我等遂往福建開創埔頭鄉大和堂，次建泉州城内善緣堂，三建康店鄉善成堂三處齋場。因無餘貲，乏置田業，是以三堂内香油不敷。

迨後，我等再到太平埠大善堂與黄亞到及衆齋友同議，將大善堂每年所存餘貲，應酌量撥助銀項，交於埔頭鄉、泉州城内、康店鄉此三處齋堂，俾能足費用。前黄亞到經尊上人遺命，每年酌撥寄回，分毫不敢苟且。那年黄亞到不幸仙逝，而後黄清籃、黄孫熓、陳亞任、吴烏鎮、吴亞寶、黄亞親、黄亞遺等於癸丑年貳月間同議：將大善堂及新吧聚善堂園丘一切事務，挂法與吴亞鎮、吴亞寶、黄亞親三人代理，但此園丘不准典賣他人及押借，亦不許代人認借担保作當等情。現今理事人亦有一點公心，遵守清規，照前所委，如命付寄唐山齋堂，得其足用，并無差錯。而另□祖翁每年慶壽并油香此二條銀項不失。又另檳城大生堂每年油香不失，量力而行。但恐後世人接理此齋堂不知其事，恐其日久遺忘，而唐山三處齋堂費用無依，爲之奈何。我等心懷念切，由唐赴夷，爰集衆齋友同相會議，設立石碑叙明緣由，以示後人，永遠遵循。深願後世賢良理事人，毋忘繼志，庶此三處齋堂，經費分毫不缺，是所深望也。終來如有盈貲，應體望佛祖慈悲爲念，務須建設等等方便，理事人毋得濫費。如敢故違，我等衆齋友并見証人公革，另選舉良佐代理。然事莫難於作始，尤貴於長久流芳，以繼前輩矣。美志則神人共慶也。特立約字，以爲引證云。

另批明園丘一呀嘯壹千貳百肆拾柒號地圖肆百貳拾號九于結二律壹拾伍寶、地圖肆百拾陸號六于結一律壹拾伍寶、一呀嘯壹千肆百陸拾壹號地圖肆百貳拾陸號六于結乙拾八寶、地圖肆百貳拾玖號拾伍于結乙律貳拾寶。

贊助人：吴亞寶、黄亞親、黄亞遺。

另批明其太平坡約字二紙，一交大善堂司理人，一交福建省大總理。
發起人：吴烏鎮、黄清籃、黄孫熄；見証人：福建省大總理黄務美、南陽堂大直理葉有定；執筆人：黄世濟。
中華民國五年桂月念壹日，大英壹仟玖佰壹拾六年十點末壹拾捌號，仝立約人公啓。

二三四　井里汶重修汶山堂記牌

【碑刻名稱】井里汶重修汶山堂記牌
【材　質】木材
【形　制】長方形立牌
【尺　寸】長一百六十厘米、寬六十八厘米
【書　體】楷書
【碑　額】無
【碑　題】重修汶山堂記
【碑文撰者】甲必丹陳世勛
【碑文書丹】無
【立 碑 者】甲必丹陳世勛
【立碑時間】清光緒二十年（一八九四）
【存　佚】現存
【地　點】印度尼西亞西爪哇井里汶汶山堂
【碑刻録文】

重修汶山堂記

原夫天子祀圜丘，諸侯祀社稷，有土必有神，其所以當隆報賽者，不自今始也。汶山堂舊在八西灣濱港，道光中始移此，故老尚能依稀記憶。惜不立碑記，其創建何時，董理何氏，俱無從考。然非所以昭示後人也。歲戊子重修潮覺寺，諸善信捐金樂助，殊形踴躍，寺成尚贏餘一千六百九十二盾八。因思我汶福神自昔顯應，埠中人士咸沐神庥，迄今年久歲湮，丹銘剥落，而堂基亦圮陷，不特無以壯觀瞻，并無以妥神靈也。因將舊餘銀項移爲經始，不足再湊資成之。商諸同人，皆蒙欣諾，即於癸巳八月興工，而厚資亦廣集焉。落成後，頓改舊觀，金碧輝煌，直可與潮覺寺後先輝映，凡此皆諸善信之力也。然而芳名自不可没也，謹將捐金多寡序次勒碑，以供衆覽，一以表諸君之善願，一以垂芳名於永遠也。是爲記。

欽加二品銜甲必丹陳世勛捐金貳佰肆拾盾；欽加四品銜郭廷玉捐金壹佰盾正；林文喜捐金壹佰盾；謝振成捐金壹佰盾；瑞成號捐金陸拾盾；雷珍蘭鄭逢源捐金肆拾盾正；雷珍蘭鄭隆源捐金肆拾盾正；欽加五品銜黄述信捐金肆拾盾正；鄭焕章捐金肆拾盾；義裕棧捐金肆拾盾；葉荐官捐金叁拾盾；胡蕭泉捐金廿伍盾；林鎮官、王珍春、曾振禮、李榮德、振順號、黄蕃薯、李水提、榮昌號、建成棧、新怡和，以上十名各捐金廿四盾；陳光文、章南昌、林福水、陳遠水、吴正禮、景茂棧、陳這錦、鄭神祐，以上八名各捐金貳拾盾；林連洲捐金貳拾盾；歐文扇捐金拾陸盾；蘇瓊嬰捐金拾陸盾；同榮號捐金拾伍盾；陳思文捐金拾伍盾；陳湘義、蔡自得、藍清港、謝振謙，四名捐金各拾貳盾；家長曾媽和捐金壹拾盾；家長林金蘭捐金壹拾盾；家長黄春泰捐金壹拾盾；家長李渭森捐金壹拾盾；陳登永捐金拾盾；陳玉峰捐金拾盾；吴榮時捐金拾盾；鄭崧茂捐金拾盾；楊神助捐金拾盾；吴堆美捐金拾盾；曾戇觀捐金拾盾；黃瓊觀捐金拾盾；郭武觀、鄭諒觀、歐玉樽、黃利生、鄭雁觀、林荳觀、黃聯溪、鄭林禮、林登邦、黃聯貴、鄭文隆、傅春成、陳源成、鄭芳頂、許萬金、陳忠源、瑞和號、薛成鳳、陳取生、豐隆棧，計二十名各捐金伍盾；黃成泰、陳文溪、張寬盛、陳文映、吴鴻昌、高朝成、鄭醉觀、曾陳依、甘應隆、黃長流、陳神助、王春蒲，計十二名各捐金叁盾；曾成訓、陳新煨、黃旺觀，計三名各捐金貳盾半。

一　收潮覺寺存來銀一千六百九十二盾八。

一　收緣金八十六名來銀一千六百四十四盾五。

一　收題壁柱五十行銀二百盾。

計三條各共緣來銀叁仟伍百叁拾柒盾叁角正。

一　開對振富手買柴柚二十九又一百五十六桶□□費銀二百八十二盾四。

又開買灰共重四百二十二旦四去銀三百二十三盾五。

又開買沙共重二百一十八車去銀一百零九盾。

又開振富買甓三千四百七十□去銀二百二十八盾五六。

又買油面磚一二尺八百、一四尺六百銀一百七十六盾一九五。

又買瓦二千八百二十五個去銀三十八盾四七。

又開振富手土水小工去銀八百八十盾七五。

又開什費共去銀三百七十二盾七五。

又開振富辛金去銀一百六十盾。

一　開漆銀朱金箔共去銀一百七十一盾三五。

一　開買鐵窗四個去銀三十六盾。
一　開千刀假實加南費去銀八十九盾。
一　開畫工秋香去銀二百二十五盾。
一　開漆匠金英去銀一百五十盾。
一　開鑿花口添丁去銀一百盾。
一　開做柴牌并做神桌三個共銀一百盾。
一　開做金爐一個去銀五十盾。
一　開送先生二名去銀四十六盾九三。
計十八條共開去銀叁仟伍佰叁拾柒盾叁角正上下對條兩訖。
光緒貳拾年歲次甲午桂月十五日，董事欽加二品銜誥授通奉大夫現任甲必丹陳世勛，董理欽加五品銜誥授奉政大夫黃述信，幫理黃榮宗、李滑淼、王紅翻，立。

二三五　麻坡新觀音堂碑

【碑刻名稱】麻坡新觀音堂碑
【材　質】石材
【形　制】長方形立碑
【尺　寸】長一百三十厘米、寬六十八厘米
【書　體】楷書
【碑　額】無
【碑　題】新觀音堂
【碑文撰者】無
【碑文書丹】無
【立 碑 者】麻坡觀音堂住持等
【立碑時間】清光緒二十一年（一八九五）
【存　佚】現存
【地　點】馬來西亞麻坡觀音堂
【碑刻録文】

新建觀音堂、本埠各名助題銀開列于後：

恒順號、合發號、聯發號、潮裕豐、和興號、協興號、瓊裕昌、德和成、振成豐、合記棧、成隆山、利豐號、永成源、昆發港、長利源、龍成號、順和成、謙源號、合源號、大成順、怡源號、萬福利、利發堂、復順成、和利豐、賞花樓、勝合發、順興山、振德棧、玉成豐、廣利號、益源號、恒泰號、順興山、協龍山、升福美、榮裕號、新榮興、豐萬號、永福號、合成泰、成昌號、成興號、聲發號、合德號、新合榮、茂月樓、□南號、萬裕安、萬美棧、新協成、瓊羅卜、順安號、源盛棧、泰裕豐、廣祥發、廣南昌、□長榮、炳記號、大齊埠、永成興、廣昌棧、泰豐號、光豐盛、潮順茂、永興號、泰昌號、源豐記、錦興號、海利號、隆泰山、瑞源棧、合順號、寶發號、龍順號、永記號、源復興、漢記號、協泰號、萬源興、宏昌號、日興號、永興號、賽花樓、永和成、朱同喜、泉合號、長隆號、萬和常、協順號、福源號、和合號、復振發、合成隆、新泉發、永合號、源復興、三順號、德發號、聚發樓、訪花樓、新和發、隆成山、□隆號、金成興、萬安當、新萬興、錦珍號、泉成號、協春號、新瑞德、南順號、錦成號、珍合號、三盛棧、泰記號、建興號、恒順號、金泰興、泰昌號、成興棧、義美山、順成山、永復興、源合號、存德堂、永發興、興發號、永三春、勝合順、源成興、□源號、同興號、萬成豐、新順發、源成號、錦花樓、新彩月、廣南昌、佳勝樓、聯成號、玲合號、正興號、長發堂、月勝樓、新彩勝、協發號、協裕山、□萬利、源勝號、源泰號、新源裕、勝發號、新萬盛、源昌號、新合興、隆成號、延興號、合順號、聲合號、源發號、其德堂、萬茂號、順源號、長發堂、珍生號、裕記、新合勝、新義合、協成號、福茂興、復順興、永捷發、源盛號、錦隆發、再盛號、和利號、源成號、□安堂、協發號、陳畢號、□財號、南昌號、順意樓、新彩月、合順號、發順號、順金號、張江記、泉合號、源成號、廣豐號、和順號、隆源號、成發號、廣合裕、恒順號、合發號、廣利號、炳記號、南順號、錦成號、振德號、玉成豐、洪福源、寶發號、瓊發園、永昌號、永茂豐、益源號、椒密公司、捷利公司、信昌公司、豐興公司、利興公司、連盛公司、正和公司、和裕公司、有利公司、謙源地稅公司、黄順昌、徐義合、賴亞搭、蔡德輝、鍾文英、李三合、鄭同興、王德鑾、陳永勝、陳聯升、薛長泉、蔡立弟、陳温興、梁鴻熙、黄福興、鄭成美、崔廣祥、劉東喜、陳天進、黄振裕、蔡心□、温德昌、岑嬸、李江合、謝四瑞、陳春德、何先朝、洪福源、林清修、王順盛、桂鈕成、林其壽、蔡仙書、林文儀、許有成、蔡永合、李添、顔貴合、郭陳洪、彭亞士、周添源、張復錦、洪德裕、蔡佛春、林媽平、林亞懇、莊攀合、曾超記、周長春、陳源茂、黄順興、林扶記、林鑽水、羅亞安、李觀華、方亞九、鄭泉成、許森記、黄進從、朱同喜、梁先生、金成興、鄭士親、顔士跳、林欽利、吴緬榮、林祥興、黄福興、王合順、曾炎初、蔡文彬、李照、邱錫華、蔡合德、周譚合、葉繞生、王金傳、陳合利、顔田合、吴茶合、黄才蘭、廖悦祥、曾萬昌、曾瑞書、鄭士親、顔士兆、陳士洞、余士錠、余士蜜、余士付、鄭士杰、郭士森、顔士池、劉寫候、陳永成、張□□、月娥、黄容嬌、許盤合、林畚合、陳良合、萬福成、伍文英、黄文温、鄭昌□、□仁首、李文返、鄭德宗、吕靈、黄仕合、陳莫合、新庸、□□□、翁金□、連合、黄添秀、黄漢珠、王假初、廖觀雲、温遠宗、李亞傳、謝福源、廖德奎、潘有新、郭金合、周合、蔡亞好、伍慶高、蔡旺合、林炳清、林怡德、李婀合、陳文瑞、黄才蘭、馮善靈、梁同枝、陳深池、蔡種娘、許森、蔡□□、陳合、林天義、鄭啓□、蔡□□、余進謙、安和公、陳良美、陳發利、梁先生、黄興順、陳漢鉅、陳乾成、鄭比帝、林年、陳昌吉、許南成、徐氏、饒氏、曾氏、黄氏、房氏、羅氏、謝氏、林氏、江氏、劉氏、鍾氏、無名氏，以上六元；朱廣裕、潘紹輝拾叁元；陳利發、黄明源拾貳元。暹羅國助題于後。

二三六　麻坡觀音堂南海飛來碑

【碑刻名稱】麻坡觀音堂南海飛來碑

【材　　質】石材

【形　　制】長方形立碑

【尺　　寸】長一百三十二厘米、寬七十厘米

【書　　體】楷書

【碑　　額】無

【碑　　題】南海飛來

【碑文撰者】無

【碑文書丹】無

【立 碑 者】麻坡觀音堂住持等

【立碑時間】民國十五年（一九二六）

【存　　佚】現存

【地　　點】馬來西亞麻坡觀音堂

【碑刻録文】

南海飛來

本堂重修捐緣芳名開列于後：

德合國肆千元、雲長子壹千零伍拾伍元、陳永祝柒百元、羅金水伍百伍拾元、梁鴻熙伍百元、天德里伍百元、王興長伍百元、德安號伍百元、劉福心叁百元、徐率女則貳佰四拾元、吴三姑貳百元、吴國平貳百元、陳其祥壹百伍拾元、陳其彰壹百伍拾元、陳亞有壹百貳拾元、徐源章壹百零捌元、加東觀音堂壹百元、許國三壹百元、全光壹百元、謝德盛壹百元、陳有逢壹百元、紫竹壹百元、徐垂清壹百元、新恒泰壹百元；（下略）

中華民國拾五年歲次丙寅蒲月吉日立碑。

二三七　壽山宮觀音佛祖碑（一）

【碑刻名稱】壽山宮觀音佛祖碑（一）
【材　　質】石材
【形　　制】長方形立碑
【尺　　寸】長一百六十厘米、寬六十五厘米
【書　　體】楷書
【碑　　額】雙龍朝日
【碑　　題】壽山宮觀音佛祖
【碑文撰者】無
【碑文書丹】無
【立　碑　者】總理人謝應菜等
【立碑時間】清光緒十六年（一八九一）
【存　　佚】現存
【地　　點】印度尼西亞棉蘭壽山宮
【碑刻録文】

壽山宮觀音佛祖

竊我唐人到幼里，至今三十有年矣。廟宇佛像，未尚建築，幸董事等集謀成捐，敬造崇奉觀音菩薩，所有捐題芳名支用録于左：

邱丁果捐銀壹千壹百六十元；林德水捐銀壹千大元；温紹昌捐銀壹千大元；謝應菜捐銀陸百大元；恒泰號捐銀陸百大元；英順號捐銀伍百大元；林光存捐銀叁百大元；尤世瓊捐銀貳百大元；林成德捐銀貳百大元；林安項捐銀貳百大元；許福生捐銀貳百大元；新合興捐銀貳百大元；成興號捐銀貳百大元；項裕號捐銀貳百大元；新錦成捐銀貳百元；林正天捐銀貳百元；何長順捐銀貳百元；崇茂耿公司捐銀貳百大元；張禎祥捐銀貳百元；邱臺周捐銀貳百元；黄妙捐銀壹百陸拾元；福昌號捐銀壹百伍拾元；新興合捐銀壹百伍拾元；王根德捐銀壹百貳拾元；東美號捐銀壹百貳拾元；集德號捐銀壹百貳拾元；葉敏隆捐銀壹百貳拾元；邱源茂捐銀壹百貳拾元；陳瑞渺捐銀壹百貳拾元；張德新捐銀壹百貳拾元；張傳發捐銀壹百貳拾元；胡添壽捐銀壹百貳拾元；洪周雖捐銀壹百大元；萬源號捐銀壹百元；洪魚躍捐銀壹百元；盛雲號捐銀捌拾元；源泰號捐銀捌拾元；福成號捐銀捌拾元；黄豐興捐銀捌拾元；新德成銀六十元；謝榮□銀六十元；陳來順銀六十元；温樹檳銀六十元；張文運銀六十元；黄瑞□銀六十元；楊榮樹銀伍十元；周妙智銀伍十元；周美號銀伍十元；葉順□銀四十捌元；安發號、德泰號、邱振明、新德安、萬隆酒公司、德記興、德順號、葉博、尤奕虎、德泰棧、柯自發、白斉、新裕興、邱總福、黄孫和，以上十五名各捐銀四十元；柯文成捐銀三十六元；邱曾宿捐銀三十六元；陳咸捐銀三十二元；膜益號捐銀三十二元；勝和號捐銀三十大元；林誥銀三十元；謝爽銀三十元；張壽銀三十元；陳業合銀三十元；邱源章銀三十元。

置地一所前後至路港左右至墻等銀四千伍百元，造宮一大落拜亭工料油漆并費等銀六千三百元，造圍墻鋪石堤石碑石獅填沙等費銀二千伍百元，造釋屋花園萬山并宮内雜物等銀壹千乙百元，貼入宮進香作慶成籌計費銀伍百伍十元。

總理人謝應菜仝立石。董事林德水、邱丁果、楊振聆、許福昌、尤世瓊、黄禮從、謝清泉、王伯潤、陳啓明、吴水母立石，天運庚寅年冬臘月吉旦。

二三八　壽山宮觀音佛祖碑（二）

【碑刻名稱】壽山宮觀音佛祖碑（二）
【材　　質】石材
【形　　制】長方形立碑
【尺　　寸】長一百六十厘米、寬六十五厘米
【書　　體】楷書
【碑　　額】雙龍朝日
【碑　　題】壽山宮觀音佛祖
【碑文撰者】無
【碑文書丹】無
【立 碑 者】總理人謝應菜等
【立碑時間】清光緒十六年（一八九一）
【存　　佚】現存
【地　　點】印度尼西亞棉蘭壽山宮
【碑刻録文】

陳啓明、邱河清、邱陟瑞、蔡陸遜、鄭建偉、黃垂象、張和照、鄭撰、宋如程、源興合、吳嫣力、謝如旭、徐禎祥、邱德道、邱金角、林弄、萬成興、林德興、惠德順、蔡江白、新合發、陳水工、黃景、陳續純、馬建安、邱衡抱，以上各捐緣銀貳拾四元；吳水奏捐銀二十二元；潘錦□、楊景、楊紅、□春、協德號、邱清、林百、林安定、協興號、勝茂號、順和號、萬和公司、楊水雪、金協□、金振興、金萬春、金福勝、金源興、金色發、金福□、金振利、金捷聲、金捷盛、金捷勝、蔡雙讀、林定記、林養、劉宋容、黃浩然、孫興旺、邱宗蚱、王大慈、黃禮合、李德徒、銀青□、德龍號、惠隆號、新德、泉泰號、吳舍輷、曾根西、蔡曉理、羅洪源、羅大□、黃禮從、林友題、萬振興、新源興、萬美號、□□號、金福昌、新興隆，以上各捐銀貳拾元；成利號、裕號、裕利號、林金海、許有采、黃朝來、順成號、蔡嫣康、協和號、余雨生、合泰號，以上各捐銀十六元；柯友邦捐銀十伍元；林文才捐銀十伍元；邱臺捐銀一十四元；盛隆號捐銀一十四元；新成、吳維篤、新合源、林□垣、溫自然、興順號、新德□、盛裕號、林盡杰、邱再元、謝紅□、陳有財、謝可繼、邱金敗、陳光偏、李水斜、林□、李吉、陳□荐、莊光□、光□□、黃□□、邱水容、傅輝岳、邱知□、楊清龍、陽陽桐、林英□、金萬安、陳廣生、林□□、協豐號、新□公司、邱清定、林德四、林文廣、東和號、邱建羅、福成號、林清吉、□仁德、林英才、盛□號、盛合號、黃□益、曾春□、黃啓□、鄭成利、廣和號、林任柱、□安號、□□□、興□號、錦昌號、福祥號、邱源成、萬成號、廣榮源、益興號、□□能、金源成、□□□、聯美□、盛源號、陳光威、益勝號、錦合興、奇成號、新源茂、蔡宜常、新合成、合□號、馬漢同、德美號，以上各捐銀十二元；福安號、新金再萬發、黃復源、利發號、陳福□、林松樹、新興隆、□盛號、新福成、黃怕言、□福昌、新福振、林先揚、邱□安、陳亞六、邱慷慨、承錦瑞、福源號、吳一、謝從、柯於、承瑞英、邱源旭、新德興、柯武□、邱□助、金萬服、尤世□、振祥棧、邱□□、邱峥峰、蔡□朝、尤瑞發、盛合號、新合成、金瑞春、金瑞利、金再興、邱榮慶、發、金萬春、金順發、金捷末、金捷瑞、金順發、金合成、金和興、林昌、陳錦長、余□□、林□□、林黃陳配、尤世挖、林篤順、余旁波、陳精夫、林金池、石水連、葉天培、楊仁昌、邱理創、林乾坤、陳正忠、江清姜、柯梅□、謝瓊瑶、吳□頓、黃有□、羅金塔、邱妙生、吳明加、丘妮姑、高冬瓜、林清天、王百□、楊、許玉君、吳銅鍾、陳成春、林清銀、杜清作、鄭振和、吳奕爲、萬順號，以上各捐銀捌元。

總理人謝應菜，董事林德水、許福星、謝清果、尤世瓊、吳水毒、邱丁果、楊振聆、黃禮從、王伯潤、陳啓明，仝立石，大清光緒十六年歲次庚寅冬臘月吉。

二三九　皇清光緒六年新建萬壽山觀音堂壬辰年重修共兩次牌記（上片）

【碑刻名稱】皇清光緒六年新建萬壽山觀音堂壬辰年重修共兩次牌記（上片）
【材　質】木材
【形　制】長方形横牌
【尺　寸】長一百六十厘米、寬五十五厘米
【書　體】楷書
【碑　額】無
【碑　題】皇清光緒六年新建萬壽山觀音堂壬辰年重修共兩次牌記
【碑文撰者】無
【碑文書丹】無
【立 碑 者】理事吴明復、王元德等
【立碑時間】清光緒十八年（一八九二）
【存　佚】現存
【地　點】新加坡萬壽山觀音堂
【碑刻録文】

皇清光緒六年新建萬壽山觀音堂壬辰年重修共兩次牌記（上）

兹将頂上一座以下一間，自光緒六年創建佛堂。此地係楊鴻泰頭家玉合娘陳氏發願，将此地送出佛祖起廟，隨持齋之人住歇往來，西邊車路通行。初開創亞札上下二座，至壬辰年修整。又乙巳年重修下座，亦起磚瓦莊，以壯本廟之龍脉，復得廟宇光輝，獲福無疆矣。

林鴻春喜捐大銀陸佰元；胡朝陽捐銀叁佰伍拾元；陳敏照喜捐大銀叁佰元；林門何氏捐銀貳佰四拾元；林門黄氏喜捐銀貳佰元；蔡容九捐銀壹佰柒拾元；佘源泰捐銀壹佰四拾元；紀泰隆林氏捐銀柒拾元；豐興公司喜捐銀陸拾元；金福和號喜捐銀陸拾元；張順養喜捐大銀伍拾元；新美和喜捐大銀伍拾元；鄭源福喜捐大銀伍拾元；薛門林氏喜捐銀伍拾元；張門黄氏喜捐銀伍拾元；黄忠信喜捐銀四拾伍元；胡瑞茂喜捐大銀四拾元；全昌何氏捐銀叁拾陸元；楊清海喜捐大銀叁拾元；洽裕號喜捐大銀叁拾元；林錦祥喜捐大銀叁拾元；山仰號喜捐大銀叁拾元；劉榮豐胡李黄氏捐銀叁拾元；益隆棧朱吴佘氏捐銀叁拾元；信女宋氏喜捐銀叁拾元；佘門陳氏喜捐銀叁拾元；佘門李氏喜捐銀叁拾元；佘門許氏喜捐銀叁拾元；李天來喜捐銀貳拾伍元；成利典喜捐銀貳拾伍元；謝龍陽喜捐銀貳拾伍元；徐垂清喜捐銀貳拾伍元；未宏雲喜捐銀貳拾伍元；信女許門林氏捐銀貳拾伍元；萬裕隆喜捐大銀貳拾元；謝合德喜捐大銀貳拾元；袁覺修喜捐大銀貳拾元；李漢寶喜捐大銀貳拾元；陳錦順喜捐大銀貳拾元；永元號喜捐大銀貳拾元；王和成喜捐大銀貳拾元；郭亞顯喜捐大銀貳拾元；陳乃章喜捐大銀貳拾元；梁德新喜捐大銀貳拾元；朱留瀟喜捐大銀貳拾元；廣榮茂喜捐大銀貳拾元；陳聲驗喜捐大銀貳拾元；卓娘志喜捐大銀貳拾元；佘門盧氏喜捐銀貳拾元；林門葉氏喜捐銀貳拾元；信女期氏喜捐銀貳拾元；陳門李氏喜捐銀貳拾元；信女陳氏喜捐銀貳

拾元；林門杜氏喜捐銀貳拾元；楊門梁氏喜捐銀貳拾元；區門劉氏喜捐銀貳拾元；陳門王氏喜捐銀貳拾元；李門黎氏喜捐銀貳拾元；陳天立喜捐大銀拾陸元；王桂清喜捐大銀拾伍元；謝仍豐喜捐大銀拾伍元；和興號喜捐大銀拾伍元；何經福喜捐大銀拾伍元；陳門洪氏喜捐銀拾伍元；信女陳氏喜捐銀拾伍元；鍾門王氏喜捐銀拾伍元；林門黃氏喜捐銀拾伍元；鴻豐棧陈薛氏捐銀拾伍元；黃和合、兩成號、永泰號、杨克真、信女陳氏、鄭門王氏、信女鍾氏，以上各捐銀拾四元；豐源號、順源棧、蕭長祩、李霄靈、胡亞占、成興陳氏、佘女孫、陳門梁氏，各捐銀拾貳元；陳群生、曾長培、陳門林氏、王錦甸、永茂順、傅合發、李利添、李順安、佘雪三、楊長春、和盛號、裕盛棧、洪德禄、源成號、廣合和、甘荆祥、魏榮發、鄭招雍、邱瑞娘、謝有友、陳德宗、陳秋生、不名氏、游錦理、陳振牙、信女梅蘭、信女陳氏、陳門潘氏、陳門佘氏、林門莊氏、信女鄭氏、□合沈氏、謝玉桂、楊清娘、黃錦娘、信女黃氏、許亞魯、梁亞明、吴慶佛、信女李氏、信女吴氏、佘陳林氏、陳德茂、永城張氏、信女許氏、陳冬生、陳冬發、陳桂書、信女邱氏、梁阿姐、曾金章、歐陽汝群、黃福弟、信女郭氏、黃宅、梁門葉氏、黃氏阿華、朱阿九、黃文漢、曾龍發、周阿滿、黃南志、蔡進章、信女林氏、張群保、陳阿意、簡門羅氏，以上各捐銀乙拾元；陳善果、沈妙英、陳門楊氏、李瑶玲、笑盛號、曾運升、林門蔡氏、杜阿几、協發號、德成美、陳端鳳、陳玉發、兩成許氏、□□□、嚴文源、□□□、和仁堂、□□□、許邦和、□□□、翁君子、梁漢□、源義棧、楊福式、合源號、陳文生、蔡立地、蔡立家、蔡佛寧、德發興、宋□□、林貴意、林阿銀、信女許氏、冼門鄧氏、許門林氏、信女楊氏、□□羅□、碧□、陳□娣、黃蔡棠、林玉鳳、黃文□、黃文□、吴大錦、□陳氏、信女葉氏、陽□□、梁阿妹、□全水、信女□氏、信女鄭氏（下略）

本堂理事人吴明復、王元德，謹啓。

二四〇　皇清光緒六年新建萬壽山觀音堂壬辰年重修共兩次牌記（下片）

【碑刻名稱】皇清光緒六年新建萬壽山觀音堂壬辰年重修共兩次牌記（下片）

【材　質】木材

【形　制】長方形横牌

【尺　寸】長一百六十厘米、寬五十五厘米

【書　體】楷書

【碑　額】無

【碑　題】皇清光緒六年新建萬壽山觀音堂壬辰年重修共兩次牌記

【碑文撰者】無

【碑文書丹】無

【立 碑 者】理事吴明復、王元德等

【立碑時間】清光緒十八年（一八九二）

【存　佚】現存

【地　點】新加坡萬壽山觀音堂

【碑刻録文】

皇清光緒六年新建萬壽山觀音堂壬辰年重修共兩次牌記（下）

周思敬、黄榮釗、陳亞梅、黄□福、□慶寶、□號□、黄□□、□□□、沈花好、信女王氏、陳滿記、□□□、□□□、□□□、□□□、□利□、□□身、黄成長、蔡九□、黄□玉、沈潮□、何□□、□□□、盧□□、□□□、盧昌粮、蔡曾輪、簡運□、□信□、□□忠、□亞□、□□道、劉參桂、□□□、□參□、長美號、周洪佳、陳門□□、顏南□、□□□、□□□、王□□、□□□、□□□、蔡文鮮、壽亞成、洪□□、□□氏、□欽、□友□、謝錫記、長榮、陳豐茂、□豐號、林登順、吳□□、□□□、□文□、□□記、陳順、麗珍、林玉□、林裕連、蔡中娘、林□□、□□□、□□生、□□□、恭裕號、李榮生、侯順章、曾生茂、王順利、張□□、□□□、□□號、□□□、□□□、□文彬、林自有、廖孫賀、楊深祥、周炳水、卓順合、□□□、□□□、□□□、□登□、□□□、□□□、長泰號、鄧土生、□□□、□順□、□□□、□□□、□□□、□□□、□□林、扒古號、鄭炎隆、陳□□、劉好□、□碧福、許□鷄、蔡顯章、大夫弟、榮發號、潘□珍、蔡秋□、魏謙、□□□、陳桂良、蔡□□、傅遠□、曾春中、吳身義（下略）

本堂理事人吳明復、王元德謹啓。

二四一　把東坡福建漳泉重建西興宮碑記

【碑刻名稱】把東坡福建漳泉重建西興宮碑記

【材　質】石材

【形　制】長方形橫碑

【尺　寸】長一百一十八厘米、寬七十二厘米

【書　體】楷書

【碑　額】無

【碑　題】把東坡福建漳泉重建西興宮碑記

【碑文撰者】無

【碑文書丹】無

【立 碑 者】大清誥封資政大夫、和國欽命瑪腰職銜李源發

【立碑時間】清光緒二十三年（一八九七）

【存　佚】現存

【地　點】印度尼西亞巴東西興宮

【碑刻録文】

把東坡福建漳泉重建西興宮碑記

把東坡舊無觀音亭，亭之建，始自漳泉人來此經商，以佛國遺俗演象教真傳，名曰「西興宮」。蓋欲使疑者卜，病者禱，商旅安，貨物聚也。自咸豐辛酉間，即西曆一千八百六十一年，道士不戒，祝融肆威，清净之地頓成焦土。時李源發爲甲必丹職，而爲雷珍蘭者林順茂、李聯益也，相與喟然曰：「夫事有其舉之莫之廢也，今是亭也，毁於火，是宜修。」舉顧費浩若之何，爰議先以借利興造，擴舊基祀大士，留隙地作墟場，蓋竹屋招百工，年收其值，還以借項。不數年，又易竹屋爲磚瓦，中覆蓋一大萬山，號曰「公司地」，用綿久遠。衆曰若然，是三人有大造於坡，而亦佛所默祐也。然外洋素少宮觀，其工匠若無成式，源發曰：「是舉也特以造福於坡，且使唐人之不忘本焉，則召唐之工匠宜。」乃命其子康洂，涉大海回唐山，遴工匠十餘人，庀材而大舉。其興工也，癸酉十二月三日，其告成也，丙子十二月，蓋閏年四載而成。亭兩進，并左右蓋兩迴廊。是役也費大而不損坡中一錢，賴神靈故墟場旺，不然余三人雖焦心理力，敢云濟哉？復乙酉已，杀公司地，鄰火延燒，其地盡爲灰燼。丁亥特重修之。惜乎林順茂、李聯益時皆物化，不獲再共集大功。源發懼墜兩君之勞，獨力支撑，并就亭之剥者新之，圮者葺之。計大修兩次，皆克有成，雖曰人力，豈非佛靈哉！今者輪奂一新，香火尤盛。恐年久莫詳，所自用摭顛末而勒石，俾後之人知亭之由來。佛之造福，而坡亦永興無替焉。是則不負余之苦心，亦不負林順茂、李聯益之鉅勞也夫。

經理人大清誥封資政大夫、和國欽命瑪腰職銜李源發立碑，光緒二十三年歲次丁酉，西曆一千八百九十七年。

二四二　書重建西興宮碑記後

【碑刻名稱】書重建西興宮碑記後

【材　質】石材

【形　制】長方形横碑

【尺　寸】長九十六厘米、寬五十二厘米

【書　體】楷書

【碑　額】無

【碑　題】書重建西興宮碑記後

【碑文撰者】晋江李濤蘇

【碑文書丹】李濤蘇

【立 碑 者】刑部主事林茂□

【立碑時間】清光緒二十三年（一八九七）

【存　佚】現存

【地　點】印度尼西亞巴東西興宮

【碑刻録文】

書重建西興宮碑記後

余交宗人觀察□□在和園□□□□□□三□□今請其□尊甫□□大西興宮碑記。□□□□□□□□之不忘本哉，昔范文子以鍾儀爲君子曰□□□□不背本也，樂㮛土風，不忘舊也。又曰：不背本，仁也；不忘舊，信也。近世士大夫去其鄉井，見异思遷，欲求其祖父流風遺俗，蕩焉盡矣。今□源發丈乃异是，而林君順茂與吾宗人聯益，皆有同心。吁所謂君子者，與觀是宮之，奉其規制也，高達其得利也，善因其垂法也，可久屠狗中不少英雄，况詳然衙本之法家安在，晚近無才人哉。□源發丈曾爲和三甲必丹，復升授瑪腰，前年助山東賑饑民，朝廷論功得二品□封與此，即建西興宮之初心者，林君順茂、宗人聯益，是二人者作古已久，其詳不得聞然。能鼎立此，防則其爲不背本、不忘舊者一也。唐韓子送董邵南游河北，序云：「明天子在上，可以出而仕矣。」今天子神聖，遠至邇安，爲我謝諸鄉人曰：向之虎吏，兹已斃矣，盡歸乎！未有先人之居□□□漢□□人真知本者，莫使人謂古今人之不相及也。

賜進士出身、誥授奉直大夫刑部主事□□□行□□□□林茂□三級晋江李濤蘇撰并書□，大清光緒二十三年歲在丁酉九月五日。

二四三　觀音堂石碑

【碑刻名稱】觀音堂石碑

【材　　質】石材

【形　　制】長方形立碑

【尺　　寸】長二百三十五厘米、寬六十八厘米

【書　　體】楷書

【碑　　額】無

【碑　　題】觀音堂石碑

【碑文撰者】無

【碑文書丹】無

【立 碑 者】觀音堂理事人陳群生、主持人江騰蛟等

【立碑時間】清光緒二十二年（一八九六）

【存　　佚】現存

【地　　點】馬來西亞馬六甲觀音堂

【碑刻録文】

梁梅鏡堂捐銀玖佰大員；徐雲夢喜捐銀貳佰大員；陳若淮喜捐銀貳佰大員；陳協和喜捐銀貳佰大員；薛長泉喜捐銀貳佰大員；劉源水喜捐銀壹佰大員；邱建伍喜捐銀壹佰大員；注豐美烟酒公司喜捐銀壹佰大員；曾龍發喜捐銀壹佰大員；李慶烈喜捐銀捌拾大員；蔡立地喜捐銀捌拾大員；陳温昌喜捐銀五拾大員；陳温源喜捐銀五拾大員；陳温興喜捐銀五拾大員；蔡錫胤喜捐銀五拾大員；陳若錦喜捐銀五拾大員；曾萬興喜捐銀五拾大員；李慶鏞喜捐銀五拾大員；曾金福喜捐銀五拾大員；顏永成喜捐銀五拾大員；陳登松喜捐銀五拾大員；曾金鳳喜捐銀五拾大員；姚元樟喜捐銀五拾大員；陳若林喜捐銀五拾大員；陳深池喜捐銀五拾大員；王泉源喜捐銀五拾大員；陳齊賢喜捐銀五拾大員；吉□號喜捐銀五拾大員；王慶雲喜捐銀五拾大員；曾源助喜捐銀五拾大員；盛喜捐銀伍拾大員；羅振經喜捐銀四拾大員；薛祈安喜捐銀四拾大員；陳江淮喜捐銀四拾大員；李深臺喜捐銀叁拾大員；曾西聘喜捐銀叁拾大員；余觀蓮喜捐銀叁拾大員；顏五美喜捐銀貳拾六員；陳振勛喜捐銀貳拾五員；陳若炎喜捐銀貳拾四員；徐霖夢喜捐銀貳拾四員；李慶熙喜捐銀貳拾四員；陳恭儉喜捐銀貳拾大員；徐桂夢喜捐銀貳拾大員；胡瑞吉喜捐銀貳拾大員；徐昆喜捐銀貳拾大員；徐瑞興喜捐銀貳拾大員；許有成喜捐銀貳拾大員；楊金讓喜捐銀貳拾大員；豐源號喜捐銀貳拾大員；姚斜翁喜捐銀貳拾大員；許允成喜捐銀貳拾大員；陳振成喜捐銀壹拾五員；李德逢喜捐銀壹拾五員；陳若松喜捐銀壹拾四員；徐香清喜捐銀壹拾貳員；徐垂清喜捐銀壹拾貳員；徐清喜捐銀壹拾貳員；徐榕清喜捐銀壹拾貳員；曾龍川喜捐銀壹拾貳員；曾龍池喜捐銀壹拾貳員；曾龍圖喜捐銀壹拾貳員；曾龍溪喜捐銀壹拾貳員；曾豊美喜捐銀壹拾貳員；薛慶錫喜捐銀壹拾貳員；榮裕號喜捐銀壹拾貳員；曾德勇喜捐銀壹

拾貳員；方藍氏喜捐銀壹拾貳員；梁澤仁喜捐銀壹拾貳員；陳長順喜捐銀壹拾貳員；徐芳清喜捐銀壹拾貳員；金泰興喜捐銀壹拾貳員；陳若寶喜捐銀壹拾貳員；黃榮成喜捐銀壹拾貳員；李秀仁喜捐銀壹拾貳員；陳群生喜捐銀壹拾大員；萬和棧喜捐銀壹拾大員；萬春堂喜捐銀壹拾大員；廣和生喜捐銀壹拾大員；邱處安喜捐銀壹拾大員；萬和堂喜捐銀壹拾大員；廖全翁喜捐銀壹拾大員；許石池喜捐銀壹拾大員；宏源號喜捐銀壹拾大員；陳瑞金喜捐銀壹拾大員；廖成祥喜捐銀壹拾大員；永萬豊喜捐銀壹拾大員；曾永傳喜捐銀壹拾大員；生裕號喜捐銀壹拾大員；永發號喜捐銀壹拾大員；何玉鑾喜捐銀壹拾大員；張恒順喜捐銀拾大員；李國華喜捐銀拾大員；歐源興喜捐銀拾大員；莊潤序喜捐銀拾大員；黃文慶喜捐銀拾大員；許士良喜捐銀拾大員；林瑞文喜捐銀拾大員；楊壽安喜捐銀拾大員；曾文富喜捐銀拾大員；許日興喜捐銀拾大員；王清基喜捐銀拾大員；許山泉喜捐銀拾大員；許山林喜捐銀拾大員；楊萬美喜捐銀拾大員；陳恭賀喜捐銀拾大員；陳德潤喜捐銀拾大員；徐太清喜捐銀拾大員；陳若珠喜捐銀拾大員；徐碧夢喜捐銀拾大員；余德祥喜捐銀拾大員；謝文淵喜捐銀拾大員；林玉振喜捐銀拾大員；李仲健喜捐銀拾大員；張士考喜捐銀拾大員；鄭寶發喜捐銀捌大員；曾豊旌喜捐銀捌大員；陳德月喜捐銀六大員；楊鎮海喜捐銀六大員；曾永福喜捐銀六大員；蔡文藝喜捐銀六大員；許長壽喜捐銀六大員；許山寅喜捐銀六大員；盧士潤喜捐銀六大員；鄭氏潤喜捐銀六大員；鄭氏蘇喜捐銀六大員；吴榮發喜捐銀六大員；葉金維喜捐銀六大員；曾長培喜捐銀五大員；劉德宗喜捐銀五大員；蔡朝榮喜捐銀五大員；曾碧山喜捐銀五大員；何文智喜捐銀五大員；王明月喜捐銀五大員；馮江官喜捐銀五大員；李和盛喜捐銀五大員；同興號喜捐銀五大員；王真和喜捐銀五大員；不名氏喜捐銀五大員；黃信昌喜捐銀五大員；楊開峰喜捐銀五大員；王朝慶喜捐銀五大員；曾振成喜捐銀五大員；張鴻順喜捐銀五大員；王欽文喜捐銀五大員；曾鄭氏喜捐銀五大員；薛壽麥喜捐銀五大員；不名氏喜捐銀五大員；高伴水喜捐銀四大員；卓本蔭喜捐銀四大員；瑞美號喜捐銀四大員；和豊號喜捐銀四大員；瑞和

龔號喜捐銀四大員；邵轉兒喜捐銀四大員；煥勝號喜捐銀四大員；陳貴林喜捐銀四大員；陳貴吉喜捐銀四大員；國政喜捐銀四大員；蔡開泰喜捐銀四大員；曾清秀喜捐銀四大員；龍逢新喜捐銀四大員；薛福星喜捐銀四大員；黎天錫喜捐銀三大員；羅南生喜捐銀三大員；源泰號喜捐銀三大員；源和號喜捐銀三大員；新明月喜捐銀三大員；温禮堂喜捐銀三大員；陳樹和喜捐銀三大員；孫衍昭喜捐銀三大員；蔡世義喜捐銀三大員；林玉貳喜捐銀二大員；羅文安喜捐銀二大員；王萬春喜捐銀二大員；郭有滉喜捐銀二大員；廣興號喜捐銀二大員；昌盛號喜捐銀二大員；王文元喜捐銀二大員；鄭士穆喜捐銀二大員；蕭振文喜捐銀二大員；林詩美喜捐銀二大員；信昌號、陳喜生、新裕成、黃順興、黃應泰、黃心田、集泰號、郭金彩、鳳蓮官、王門吳氏、陳華章、余源鄉、許江淮、天德堂、林士淡、林門陳氏、南興號、黃贊紹、林門范氏、王偶日、杜定邦、張日秀、薛文㦗、李世樂、秦光萬、葉通基、袁家漢、堪國淵、蘇爲貴、郭始發、王泰行、龍家讓、羅永初，各貳元；同濟堂、萬盛號、王業琳、陳家標、林天德、李家榮、韓啓光、不名氏、黎天陽、協泰號、何隆興、曾清源、陳清發、楊育娘、楊燦璽、鄭士晏、徐定隆、吳上瑜、李自拍、曾輝明、陳貴養、陳大通、趙賢榮、陳寶隆、王運獻、陳高俊、王千盛、黃仕錦、符世官、黎德安、李樹忠、李田招、龍植斬、丘成標、甘成謂、王志輝、秦萬武、陳其吉、周行茂、周德華、張忠吉、葉文香、邢國芳、林天財、莫登富、周儒成、李澤茂、吳由遂、符悦昌、陳鳳標、梁仲明、韓宜亦、陳交聲、鄧振三、旁獻珍、黃兆雄、蘇茂江、陳名就、王國熙、陳福禄、符世招、不名氏、丁和離、吳福星、李岳睿、黎德親、蕭尚級、楊信興、陳漢中、曾蘭合、陳治清、張泗合、劉善林、陳松亳、張錦榮、亞金官、陳喜金、答成官、王亞玉、蔡順發、協和號、廣隆號、炳榮森、成昌號、宋龍昌、劉鼎裕、萬盛號、饒義順、熊德興、和興號、廖祥興、同興號、饒有合、何寶昌、李文源、余合利、陳協盛、金盛號、楊敬合、萬發號、羅六合、協利號、萬盛號、廣茂號、萬濟堂、連興號、雙興號、李蘭桂、陳恩合、陳生和、李門張氏、豊茂號、萬發號、劉榮興、温德和、張運長、晋隆號、劉裕昌、楊萬興、吴兆合、源泰號、協泰號、黎廣聚、宋紹梅、陳顯道、金有清、黄傳明，以上各壹元。

實叻坡：王錦田喜捐銀貳佰大員；余雪三喜捐銀四十員；林淑德喜捐銀貳拾五員；劉福田喜捐銀貳拾五員；永順泰喜捐銀貳拾五員；陳冬生喜捐銀貳拾大員；金剛堂喜捐銀貳拾大員；蔡建南喜捐銀貳拾大員；陳天送喜捐銀貳拾大員；喜榮盛喜捐銀壹拾貳員；何逢善喜捐銀壹拾壹員；陳秋生喜捐銀壹拾大員；楊振登喜捐銀壹拾大員；郭氏喜捐銀壹拾大員；吴氏喜捐銀壹拾大員；周氏喜捐銀壹拾大員；梁氏喜捐銀壹拾大員；布氏喜捐銀壹拾大員；曾運升喜捐銀壹拾大員；黄福因喜捐銀壹拾大員；陳瑞田喜捐銀壹拾大員；錦祥喜捐銀壹拾大員；龍氏喜捐銀壹拾大員；簡門羅氏捐銀壹拾大員；林氏兩成捐銀壹拾大員；薛聯慶喜捐銀壹拾大員；羅昌剛喜捐銀六大員；永成喜捐銀六大員；吴氏喜捐銀六大員；容氏喜捐銀五大員；有姐喜捐銀五大員；陳各喜捐銀五大員；符世剛喜捐銀五大員；林勝意喜捐銀五大員；何葉蓮喜捐銀五大員；黄如添喜捐銀五大員；余官嬌喜捐銀五大員；林有水喜捐銀五大員；梁氏喜捐銀五大員；黄有喜捐銀五大員；黄氏喜捐銀五大員；陳門沈氏喜捐銀四大員；楊廣仁喜捐銀四大員；合興喜捐銀四大員；財裕喜捐銀四大員；豊來喜捐銀三大員；朱英科喜捐銀三大員；胡南生喜捐銀三大員；張氏喜捐銀三大員；劉氏喜捐銀三大員；何經絡喜捐銀三大員；高福昌喜捐銀三大員；郭惜玉、張金活、謝張、鄺五妹、福昌隆、黄如、陳大娘、周氏、張拔應、鄭臻初、梁大成、郭昆桃、陳亞洛、梁氏（下略）

芙蓉埠：曾光便喜捐銀五拾大員；李金麟喜捐銀貳拾五員；廣福豊喜捐銀貳拾五員；葉潤房喜捐銀貳拾大員；永興隆喜捐銀貳拾大員；彭玉合喜捐銀壹拾大員；協盛號喜捐銀五大員；廖閔祥喜捐銀五大員；萬德成喜捐銀五大員；陳易樂喜捐銀五大員；曾和義喜捐銀五大員；廣生號喜捐銀五大員；彭俊喜捐銀五大員；新協和喜捐銀五大員；新順松喜捐銀五大員；新協盛喜捐銀五大員；郭德福喜捐銀四大員；蘇瑞裕喜捐銀四大員；廣盛號喜捐銀四

大員；黄誘禄喜捐銀四大員；譚德揀喜捐銀四大員；王成和喜捐銀四大員；萬發興喜捐銀三大員；新義盛喜捐銀三大員；百興號喜捐銀三大員；萬發成喜捐銀三大員；新義盛喜捐銀三大員；朱光合喜捐銀三大員；萬和盛喜捐銀三大員；余賢生、黄其昌、恰和號、沈源發、符世美、陳春麟、譚德棋，各貳元；謝垂林、新恒發、德安號、廣賓盛、林益號、成隆號、存心堂、譚德升、雲興號、廣生棧、錦和號、和生堂、和順、羅如景、成元號、蔡氏、有和號、蘇美、蔡順和，各壹元。

咭嚨埠：新廣源喜捐銀叁拾大員；葉德生喜捐銀叁拾大員；郭親賢喜捐銀貳拾伍員；陸弼臣喜捐銀貳拾大員；新福山喜捐銀貳拾大員；吴聚源喜捐銀貳拾大員；志利號喜捐銀壹拾大員；林錦利喜捐銀壹拾大員；葉致清喜捐銀壹拾大員；葉峇娘喜捐銀壹拾大員；新義合喜捐銀壹拾大員；毛聚秀喜捐銀壹拾大員；廖温娘喜捐銀壹拾大員；黄財娘喜捐銀壹拾大員；永和祥喜捐銀壹拾大員；萬隆僊喜捐銀壹拾大員；歐陽才喜捐銀壹拾大員；陳秀蓮喜捐銀壹拾大員；成利豊喜捐銀五大員；益泰棧喜捐銀五大員；安成號喜捐銀五大員；葉千官喜捐銀五大員；王瑞川喜捐銀五大員；郭肇益喜捐銀五大員；趙士税喜捐銀五大員；公生餉喜捐銀五大員；廣美烟喜捐銀五大員；葉清倫喜捐銀五大員；保生堂喜捐銀五大員；海源號、許文甲、朱月娘、廖近娘、葉文章、永福堂、李七娘、李欽文，各貳元；致生號、鄭德生、張魁娘、萬裕隆、生利號、冬娘、趙安娘、朱龍生、萬福興、林英娘、五如娘、朱水合、謝勇合、方六娘、馮陳氏、黄天合、陳氏、金娘、錦華、四方、天成號、鄭鳳娘、合記號、萬福和、新廣濟、王佛童、成利號、劉天財、吴亞乾、王日、劉德望、梁新得、張深梁、謝梁氏、謝四養、黄安合、何山娘、黄余氏、帶好，以上各壹員。

大吡叻部：姚德勝喜捐銀五拾大員；協和僊喜捐銀壹拾大員；邱信成喜捐銀壹拾大員；黄天賜喜捐銀壹拾大員；饒喜娘喜捐銀壹拾大員；小存心喜捐銀壹拾大員；新龍生喜捐銀壹拾大員；廣嘉興喜捐銀五大員；萬興號喜捐銀

五大員；黃敬珊喜捐銀五大員；潘其俊喜捐銀五大員；萬榮興喜捐銀四大員；珍昌號喜捐銀三大員；福茂隆喜捐銀三大員；永豊號喜捐銀三大員；黄同盛、益成號、萬榮和、林安成、寳榮號、信榮昌、黄炳昌、余大利、廣萬興、黄秀華、祥德號、何奇祥、古榮華，各貳元；鍾復興、福和堂、謙祥號、賴丁林、萬益興、萬和利、廣裕號、紅葉樓、劉順財、萬寳興、李潤昌、款叙樓，各壹元。

惹芽埠：黄景慈喜捐銀壹佰大員；翁萬娘喜捐銀五十大元；李瑞義喜捐銀拾壹大元；黄以義喜捐銀壹拾大員；張順探喜捐銀壹十大元；張順蘭喜捐銀壹十大元；胡瑞茂喜捐銀壹十大元；李福昌喜捐銀壹十大元；曾清音喜捐銀伍大元；陳慶會喜捐銀伍大元；孟功全喜捐銀伍大元；曾振成喜捐銀伍大元；胡細清喜捐銀三大員；譚保泰喜捐銀貳大員；伍門黄氏喜捐銀貳大員；打鐵鋪喜捐銀壹大員。

大清光緒貳拾貳年歲次丙申冬月上浣之吉，理事人陳群生、曾源興、陳温興、曾源助、方耀光，本堂主持人江騰蛟，同敬立。

二四四　建立善德堂牌記

【碑刻名稱】建立善德堂牌記

【材　質】石材

【形　制】長方形立碑

【尺　寸】長一百七十一厘米、寬八十八厘米

【書　體】隸書

【碑　額】雙龍朝日

【碑　題】建立善德堂牌記

【碑文撰者】無

【碑文書丹】無

【立 碑 者】善德堂大總理董事人

【立碑時間】清光緒二十九年（一九〇三）

【存　佚】現存

【地　點】新加坡善德堂

【碑刻録文】

建立善德堂牌記

光緒癸卯年季春之月吉立。

各方商翁善信等祀跕堂中長生禄位，永遠功德，無量無邊，萬古流芳，創立。

新嘉坡善德堂崇祀觀音佛堂，我唐人持齋之所也。自光緒癸未年李秋月創立佛堂於新嘉坡東龍訶利樓街始建之。大總理林長喜、謝元亨勸捐，善男信女隨緣樂助，以爲衆節女寡婦所屬早晚誦經禮懺之堂。迨於光緒己亥年，諸翁面議，遂即僉舉與王長順、馬純清董事。因庚子年公班衙欲造火車，其路由從此堂經過。而合董事二人主意，賣過公班衙實收来大銀五仟九佰三十九元五角三占正。後即佘双城、佘文江翁獻地一所，仍在東龍之厝。時即再捐題緣金，集腋成裘，共襄成事，卜日興築，鳩工庀材，於光緒甲辰年造成佛堂。蓋謂神靈默佑，如天之福，共慶落成，志其創始之由，并將捐題姓氏列於牌陰，以垂永遠，廣種福田，功德無量，俾後之善士者得所稽考，以廣其祀於無窮焉。是爲記。

王長順喜捐緣銀壹仟元；王貴娘喜捐緣銀肆佰元；郭祥源喜捐緣銀肆佰元；梁靈娘喜捐緣銀叁佰元；順和泰喜捐緣銀叁佰元；彭官娇喜捐緣銀貳佰元；陳氏老大喜捐緣銀壹佰伍拾元；邱蘂妹喜捐緣銀壹佰元；楊清海喜捐緣銀壹佰元；陳氏娘喜捐緣銀六十元；許氏娘喜捐緣銀六十元；杜氏娘喜捐緣銀五十元；楊禄妹喜捐緣銀五十元；羅金蓮喜捐緣銀五十元；李永金喜捐緣銀五十元；陳鳳英喜捐緣銀五十元；彭義娘喜捐緣銀五十元；朝李氏喜捐緣銀四十元；制佛海喜捐緣銀四十元；王金合喜捐緣銀四十元；羅德妹喜捐緣銀四十元；林氏娘喜捐緣銀四十元；沈教恢喜捐緣銀四十元；振興陳氏喜捐緣銀四十元；楊集茂喜捐緣銀四十元；黄正金喜捐緣銀叁十元；謝氏娘喜

捐緣銀叁十元；周氏娘喜捐緣銀叁十元；張水妹喜捐緣銀叁十元；鄭順娇喜捐緣銀叁十元；鄭丙妹喜捐緣銀叁十元；鄭玉蘭喜捐緣銀叁十元；張氏娘喜捐緣銀貳十五元；邱威妹喜捐緣銀貳十五元；吴加添喜捐緣銀貳十五元；余玉英喜捐緣銀貳十四元；無名氏喜捐緣銀貳十貳元；萬祥美、林鴻度、楊錦全、佘氏娘、阮添疇、黃穆欽、謝天細、洽裕號、羅氏娘、和米佘氏、宋蓮娇、陳松號、陳連能、廖氏娘、饒葉財、張福連、宋氏娘、陳連財、葉氏娘、陳朱氏、陳華娇、孔英妹、洪左知、謝郭氏、王氏娘、紫竹林、廖辰娇、熊乙娇、甘妹名、王香妹、林水蓮、羅四妹、周華娘、朱玉蓮、黃陸妹、羅氏娘、郭黃氏，以上三十七名，每捐銀貳拾元；吴官嬌喜捐銀拾陸元；鍾氏娘、李細妹每拾伍元；林西河、王氏娘、謝氏娘、黃氏娘，共四名，每捐銀拾肆元；鍾氏娘喜捐銀拾弍元；余應佐、鄒辛及、張氏娘、吴庚妹、吴令文、李水建、陳氏娘、黃英娇、朱氏娘、張福妹、王氏妹、羅氏娘、宋氏娘、徐鎮發、蔡進娘、洪招妹、謝玉英、簡氏娘、黃氏娘、彭掌妹、甘荊祥、梁氏娘、郭氏娘、藍氏娘、葉招妹、陳桂娘、蔡氏娘、黎辛妹、張瑞妹、吴氏娘、謝氏娘、劉氏娘、林蓮妹、林蘭妹、林鍾娘、新成和、順慶號、恒美號、發春號、張氏娘、謙益號、聯安號、楊錦芳、顏昌順、仰昌號、許聯義、福和號、萬德成、孫敦義、郭開升、朱官嬌、楊孔氏、鍾玉英、黃氏娘、張齊招、張細妹、林謝氏，以上五十七名，每喜捐緣銀拾元；蔡長娘喜捐緣銀玖元；陳氏娘、吴又妹、蘇秋妹、林華祥、廖陳氏、黃錦勝、林朱氏、林氏娘，以上八名，每喜捐緣銀捌元；湯廣生、無名氏，二名，每柒元；黃徐氏、黃李氏、陳霖娘、吴順蘭、張劉氏、鄧林氏、薛瑞雲，計七名，每捐銀陸元；洪氏娘、許氏娘、江翠蓮、廖鍾氏、陳金嫂、孫氏妹、周元嬌、陳金娘、謝許氏、彭秀嬌、彭仁嬌、梁玉娘、曾楊氏、古廖氏、春花如、周錦順、梁氏娘、陳楊氏、周黃氏、劉藍氏、邱氏娘、林氏娘、鄧廖氏、曾庚嬌、彭鄭氏、鍾月桂、宋蓮嬌、吴王妹、陳福緣、林鳳妹、張徐氏、陳張氏、陳乙妹、陳曾氏、劉喜松、周錦春、黃秀金、褚氏娘，以上三十八名，每喜捐緣銀伍元；又十六名每捐銀肆元；又四名每喜捐銀叁元；又五十二名每捐銀弍元；又四十三名每喜捐銀壹元；又九名共捐銀叁拾元捌角；洪氏娘喜捐緣銀壹佰元。以上一暨總結三佰（貳）拾名共收來緣銀伍仟柒佰九拾元零八角正。

一　計收來賣舊厝銀伍仟九佰□□□□□□□。

一　計同善堂喜捐緣銀叁仟壹佰元。

合共三條收來銀壹萬四仟八佰三十元□□□。計一暨造建本堂合約字内又加造做工木石料油漆，一暨用出大銀壹萬伍仟零三十七元五。

大總理：謝勝發、林長發、王恊順、同善堂；董事人：謝元亨、林鍗炎、王長順、馬純清。

二四五　善德堂牌記

【碑刻名稱】善德堂牌記

【材　質】石材

【形　制】長方形立碑

【尺　寸】長一百五十二厘米、寬七十五厘米

【書　體】楷書

【碑　額】雙龍朝日

【碑　題】善德堂牌記

【碑文撰者】無

【碑文書丹】無

【立 碑 者】善德堂總理王長順、主持馬純清

【立碑時間】民國十四年（一九二五）

【存　佚】現存

【地　點】新加坡善德堂

【碑刻録文】

中華民國甲子年冬月興工重修本堂，茲將衆善信樂助緣金芳名開列于左：

仰智捐銀一仟元；宋月娘捐銀八百元；王長順捐銀四百元；林鳳發捐銀一百二十二元；阮添成捐銀一百元；蔡陳恩娘捐銀一百元；徐子亭捐銀一百元；鄭玉蘭捐銀一百元；林克秀捐銀一百元；邱銀帶捐銀一百元；沈加桑捐銀一百元；陳水娘捐銀一百元；黃閏妹捐銀五十元；姜義娘捐銀四十元；陳山娘捐銀三十元；陳淑娥捐銀三十元；阮水娘捐銀二十元；黃德妹捐銀二十元；謝燕妹捐銀二十元；余華清捐銀二十元；藍任娘捐銀二十元；陳若珠捐銀二十元；石源良捐銀二十元；黃琚妹捐銀二十元；蘇行英捐銀十六元；王協發捐銀十五元；蔡心義捐銀十五元；余應鍾捐銀十四元；盧萬發捐銀十二元；劉恒與捐銀十二元；陳貴娘、陳貴良、陳鳳齊、陳德瑞、陳深娘、王坤鍾、陳金育、曾亞雲、王玉崇、陳坤鎮、許宗經、謝明娘、李芳星、徐寶綉、徐法恩、林蓮春、謝金珠、謝溫娘、黃壽姊、林來娘、陳福娘、溫五妹、阮再興、黃九英、黃長財、顏佛招、阮依娘、廖京娘、廖水娇、陳亞意、徐源昌、黃碧玉、薛金傳、夏順蘭，以上各捐十元；黃聖熏捐八元；陳石柱、謝禄娘、卓陳氏、鄧月娘、顏九妹、謝德財、邱欢喜、魏水柱、周容妹、梁德妹、陳炎娘、許月蓮、秦金娘、劉思子、藍允樹、溫永平、陳合娘、石原枝、陳石喜、阮錦仙、郭正榮、張金菊、陳明昌、黃菊娘，以上各捐五元；蔡貴星、陳金福、陳瓜娘、彭木蓮、蔡宗娘、陳福娘，以上各捐四元；朱靈秀捐三元；銀珍妹捐三元；梁九妹捐三元；曾門壽捐三元；何閏妹、陳英華、夏亞崇、陳氏敬、黃翠珠、蘇水蓮、謝金祥、黃英娘、曾氏敬、溫崇華、謝金蟬、許枝龍、顏文體、黃六妹、蘇呈帶、楊氏敬、胡木娘，以上各捐二元；黃枝妹、謝貴明、曾細妹、王官英、曾任成、謝禮利、曾富春、何秦英、曾麗春、曾福娘、宋玉娘、劉蘭枝、曾菊娘、張氏敬，以上各捐一元。合共捐銀四千一百二十九元。

一　對柴料銀七百九十八元五角。
一　對鴝灰沙磚瓴三百九十三元一角。
一　對油漆工料銀七百八十七元。
一　對柴灰工枛銀一千七百九十五元。
一　對什用二百三十二元七角。
合共去銀三千八百九十二元三角。
涂抵之後存銀叁百六十九元七角。
民國十四年歲次乙丑夏月吉立，總理王長順、主持馬純清仝謹啓。

二四六　地獄變相圖説

【碑刻名稱】地獄變相圖説

【材　質】紙質

【形　制】卷本

【尺　寸】長二百一十厘米、寬七十八厘米

【書　體】楷書

【碑　額】無

【碑　題】無

【碑文撰者】羅浮山儒氏

【碑文書丹】無

【立 碑 者】東龍山同善堂

【立碑時間】無

【存　佚】現存

【地　點】新加坡善德堂

【碑刻録文】

地獄變相圖說

地獄分明點化人，如何一見便生瞋。陰陽果報無殊理，自作自當總此身。人生一霎即無常，何苦橫行若虎狼。地獄重重君莫訝，從前積孽理須償。陰謀暗算害人家，天眼光明自不花。劍樹刀山經歷後，始知昔日念頭差。猙獰鬼判列丹墀，惡作前生悔莫追。試把畫圖來檢點，縱無錯處也危疑。陰誅冥罰本非輕，按律施刑定罪名。任爾百般來抵飾，閻羅鐵面不徇情。湛湛青天不可欺，未曾舉念已先知。勸君莫作虧心事，孽鏡臺前放過誰？森羅鐵案積山邱，善惡紛紜費運籌。如謂陰司無果報，請君到此試探頭。年居作事說無妨，没後方知果報彰。革面洗心天必佑，奚辭苦口作慈航。城稱枉死鬼悲號，臺築望鄉百尺高。到此善人應絶迹，可憐餘衆苦難熬。抽腸挖目血淋淋，號痛聲中恨愈深。炮烙身成灰燼處，奸雄到此亦寒心。積惡亦知誤此生，既知何不早權衡。天堂有路無人走，獄底長埋泪暗傾。池中血污臭難聞，刀鋸磨舂體立分。烈火寒水消受處，諸般痛楚總由君。人生百歲只須灾，禍福無門我自趨。最是夜臺凄慘地，怕聽風雨泣呱呱。奈河橋上景凄清，馬面牛頭左右迎。地獄天堂從此判，問君欲向那條行？陰律雖嚴意實寬，回頭是岸鬼神歡。放生念佛修持後，一旦無常心也安。神明糾察本無私，一念精誠在自持。苦口樂言君記否，染將血泪寫新詩。

羅浮山儒氏題贈。

東龍山同善堂藏板。

二四七　新建佛堂捐緣碑

【碑刻名稱】新建佛堂捐緣碑
【材　　質】石材
【形　　制】長方形横碑
【尺　　寸】長一百八十厘米、寬七十八厘米
【書　　體】楷書
【碑　　額】無
【碑　　題】無
【碑文撰者】無
【碑文書丹】無
【立 碑 者】和善堂董事黄清籃等
【立碑時間】清光緒三十一年（一九〇五）
【存　　佚】現存
【地　　點】馬來西亞霹靂州太平和善堂
【碑刻録文】
茲將小叱叻新建和善佛堂諸善男信女喜捐緣銀芳名勒石于左：

曾焱仙捐銀叁仟零捌拾壹元叁角捌占；林資德捐銀叁佰大員又玖拾柒元陸角陸占；鄭門馮氏捐銀壹佰柒拾大員；王忠和捐銀壹佰貳拾玖大員；邱升蘊、鄭秀英、林蔡堂、林堅堂，以上各捐銀壹佰貳拾大員；林資德代理對己亥年收理大善堂存尾捐銀壹佰零壹元壹角陸占；胡存心、林可娥、黎門張氏、戴春榮、謝蓮葉、高明月、陳五香、林可堅、林愛珍、林來珍、黎長偉，以上各捐銀壹佰大員；無名氏捐銀陸拾貳員肆角；鄧善修、劉銀會、劉蓮珍、張信修、黃阿塘、謝素光、游氏、王肖玲，以上各捐銀伍拾大員；黃務美捐銀肆拾貳大員；柯琢之、陳門洪氏、林金獅、謝植女、葉彩秀、尤快娘，以上各捐銀叁拾大員；鄭㕮舌捐銀叁拾玖大員；黃景娘捐銀貳拾伍大員；李振興、王滿池、王集娘、蘇守娘、黃忠貞，以上各捐銀貳拾肆員；陳述娘、李蓮静、陳門區氏、衛真娘、伍金女、黃雲珍、鄭門陳氏、陳榮偶，以上各捐銀貳拾大員；王億興捐銀壹拾陸大員；陳全合、郭氏、林可狀，以上各捐銀壹拾伍員；廣和興、林嘉安、陳玉成、黃貴娘、王程娘、林清德、尤却娘、陳慶娘、謝蓮枝、王川娘、邱竟金、陳西祥、陳瓊姑、辜百齡、楊振娘、張鄧娘，以上各捐銀壹拾貳員；黃天通、鄭鏡堂、鄭蘇、新裕隆、邱文弁、王金蓮、新來興、伍阿池、杜萬生、郭氏、杜順德、葉少基、張清鳳、阮柳英、戴硯、梁阿釵、張宅三奶、林緞宗、鄭細閒、邱靈根、曾文標、鮑達和、陳水迫、趙廣興、綿德號、李笑金，以上各捐銀壹拾大員；李良水、柯水成、陳文山、冷阿春、黃清榮，以上各捐銀玖大員；張文輝、林耀椿，以上各捐銀捌大員；林素燕、鄭金甲、協成號、謝昌輝、長春號、芳美、林源成、邱月治、葉門曾氏、陳至葉娘、吴提娘、黎阿肖、林桂山、邱漢揚、紀德桂、紀德攀、林碧嬌娘、李振和、林即心、李振和，以上各捐銀陸大員；林萬方捐銀陸大員；陸彩姨、日昇號、黃氏、胡春娘、王鼎狎、陸月姑、陳忠興、葉有定、甘㕮絲、陳花仔、黃氏、羅妙自、陳阿隆、國氏、陳門盧氏、陳文山、瑞裕號、梁門鄧氏、邱清燦、李綉金、梁信女、王靈卓、鄭二姑、謝呷必丹娘、梅瓊心、謝蓮英、鄭弟子、陳門黃氏、崔氏、鄭瑞、張氏、陳宅、何蓮清、容根、馮錦清、鄭門黃氏、林

梅氏、鄭英、楊温、廣成利、鄭氏、羅阿蘇、劉素蓮、黄氏、黄親、林馬哉、歡花，以上各捐銀伍大員；葉娘、

氏，以上各捐銀伍大員。

連柴牌總計合共收來緣銀柒仟玖佰貳拾柒元柒角，總計合開出磚灰瓦柴料泥木連做龍牌玉石碑工資共銀捌仟貳佰玖拾貳元叁角，對除以外倘侵銀叁佰陸拾肆元陸角。

光緒乙巳年桐月　日，董事黄清籃、柯琢之、林資德、胡惠民仝。

二四八　林華山觀音堂捐緣碑（一）

【碑刻名稱】林華山觀音堂捐緣碑（一）

【材　　質】石材

【形　　制】長方形立碑

【尺　　寸】長一百八十厘米、寬六十八厘米

【書　　體】楷書

【碑　　額】無

【碑　　題】林華山觀音堂

【碑文撰者】無

【碑文書丹】無

【立　碑　者】林華山觀音堂大總理楊萬福、楊義合善信衆等

【立碑時間】清光緒三十三年（一九〇七）

【存　　佚】現存

【地　　點】馬來西亞古晋林華山觀音堂

【碑刻録文】

林華山觀音堂

福善觀音佛堂今有諸君善男信女各喜捐題功德緣金樂助開列：
大總理楊萬福喜捐題大銀伍仟圓正、經理楊子鳳喜捐題大銀八百五十七元、林水連喜捐題大銀二百三十二元、隱名氏喜捐題大銀一百八十元、羅贈集喜捐題大銀一百二十六元、楊義和喜捐題大銀一百二十元、田祈德喜捐題大銀一百二十元、劉質合喜捐題大銀一百二十元、沈本源喜捐題大銀一百一十八元、沈來星喜捐題大銀一百一十一元、劉福昌喜捐題大銀一百員正、振隆號喜捐題大銀八十四元、王長水喜捐題大銀六十六元、藍鏡清喜捐題大銀五十八元、吴峰源喜捐題大銀五十三元、余慶安喜捐題大銀五十二元、經理歐宏昌喜捐題大銀四十八元、田振安喜捐題大銀四十六元、沈華豐喜捐題大銀四十二元、范際榮喜捐題大銀四十元正、張成合喜捐題大銀三十元正、林乾海喜捐題大銀三十元正、永順號喜捐題大銀二十九元、張德和喜捐題大銀二十二元、李思義喜捐題大銀二十元正、達合號喜捐題大銀一十九元、陳合成喜捐題大銀十九元、田祈順喜捐題大銀一十八元正、萬安堂喜捐題大銀一十八元、林乾貴喜捐題大銀一十七元、芳吉號喜捐題大銀一十六元、中美安喜捐題大銀一十六元、温觀佑喜捐題大銀一十五元、義順號喜捐題大銀一十五元、東生號喜捐題大銀一十一元又添古極金二十元、李志焕喜捐題大銀一十四元、李祥利喜捐題大銀一十三元、瑞怡號喜捐題大銀一十三元、張上合喜捐題大銀一十三元、南順號喜捐題大銀一十二元、沈裕利喜捐題大銀一十二元、羅娘銀喜捐題大銀一十二元、鍾娘生喜捐題大銀一十一元、楊升雲喜捐題大銀一十元正、義豐成喜捐題大銀一十元正、豐隆號喜捐題大銀一十元正、沈裕春喜捐題大銀一十元正、振福美喜捐題大銀一十元正、振裕當喜捐題大銀一十元正、田振貴喜捐題大銀一十元正、黄瑞隆喜捐題大銀九元正、林啓昌喜捐題大銀九元正、朱天輝喜捐題大銀九元正、成源號喜捐題大銀八元正、吳德昌喜捐題大銀八元正、沈來崇喜捐題大銀八元正、永安號大銀八元正、林水清大銀八元正、劉瑞合大銀八元正、彭禄合大銀七元半、陳樣合大銀七元正、祥盛號大銀七元正、曾成發大銀七元正、陳添裕大銀七元正、義香號大銀六元二、林雄合大銀六元一、協芳號大銀六元正、史大德大銀六元正、蔡曰仁大銀六元正、羅同盛大銀六元正、陳美香大銀六元正、順興號大銀六元正、林成合大銀六元正、葉應泰大銀六元正、黄鎮龍大銀六元正、許錦樂大銀五元正、溫連平大銀五元正、王阿奶大銀五元正、裕順號大銀五元正、順香號大銀五元正、沈益昌大銀五元正、埅豐號大銀五元正、成豐號大銀五元正、榮豐號大銀五元正、茂裕號大銀五元、吳松峰大銀五元、廣嘉瑞大銀五元、裕安和大銀五元、林財合大銀五元、王炳就大銀五元、王合興大銀五元、許鳳浩大銀五元、林清遜大銀五元、盧永利大銀五元、峰泰號大銀五元、張成業大銀五元、張錦興大銀五元、福春號大銀五元、吳辛福大銀五元、藍炳綸大銀五元、何搥合大銀四元、沈天豐大銀四元、泰茂號大銀四元、沈臺春大銀四元、羅裕興大銀四元、田貴耀大銀四元、振田號大銀四元、林正道大銀四元、成興號大銀四元、陳來成大銀四元、楊陶合大銀四元、楊隆記大銀四元、楊水金大銀四元、田進喜大銀四元、順美號大銀四元、蔡赫合大銀四元、夏維鄰大銀四元、新合成大銀三元、復源號大銀三元、羅權祥大銀三元、廣義隆大銀三元、豐安號大銀三元、新德發大銀三元、郭振會大銀三元、隆興號大銀三元。

石屋果子山善信喜捐功德緣金開列：

許旺金大銀一十五元、陳蒼合大銀一十一元、順和園大銀一十一元、陳佳合大銀一十元零三角、高錦合大銀八元正、彭洪合大銀五元正、曾景壽大銀四元正、雙合園大銀四元正、李念合大銀四元正、沈德發大銀四元正、羅五秀大銀四元正、陳武合大銀三元正、萬勝園大銀三元正。

帽山石隆善信男女喜捐功德緣金開列：

黃榮光大銀一百六十元、劉雲發大銀一百二十五元半、劉耀大銀一百二十三元、周榮開大銀一百一十四元、羅城之大銀一百一十二元、袁阿水大銀一百一十元正、鄒鳳合大銀一百零七元六、蔡行合大銀一百零七元四六、田福壽大銀一百零二元二、田壬安大銀一百零二元、陳仁利大銀一百一十元、戴重朝大銀一百一十元、余春蘭大銀一百元正、吳初喜大銀五十三元三六、陳永豐大銀五十三元一、官興財大銀五十二元半、彭仁童大銀五十二元一、官來興大銀五十一元半、李戴光大銀五十一元正、宋貴郎大銀五十一元正、黃義進大銀三十六元四六、官貴安大銀二十九元一、范協興大銀二十三元一、劉箕合大銀一十七元六、官月合大銀一十四元半、劉東保大銀一十二元二八、沈美順大銀一十二元一、李娘福大銀一十二元正、振成美大銀一十二元正、陳春喜大銀一十二元正、黃泰昌大銀一十一元半、張同和大銀一十一元、莊癸枝大銀八元一角、官氏五大銀八元正、吳氏房大銀七元正、黎興合大銀六元六、兩順號大銀六元二、鄧蘭秀大銀六元正、田氏五大銀六元正、貝安興大銀五元一、蘇廣源大銀五元一、黃氏英大銀五元一、源豐號大銀五元正、房榮光大銀五元正、袁氏己大銀五元正、袁氏癸大銀五元正、曾氏立大銀五元正、余長發大銀四元六、魏癸興大銀四元一、瓊合記大銀四元正、余合興大銀四元正、馬金蓮大銀四元正、陳氏春大銀四元正、張榮興大銀三元六、馮三春大銀三元一八、黎庚生大銀三元一角一、陳煌合大銀三元一角、田壬順大銀三元正、田壬祥大銀三元正、田秀英大銀三元正、田春菊大銀三元正、魏順嬌大銀三元正、田秀運大銀三元正、田春花大銀三元正、温義慶大銀三元正。

武西港善男信女喜捐功德金開列：

李名成大銀一十二元一角、鄧旺合大銀八元一角、楊世有大銀八元正、孫發合大銀六元一角、鄭永盛大銀六元正、張善合大銀四元一角、官義合大銀四元一角、涂木林大銀四元一角、譚金合大銀四元正、楊源順大銀三元一角、楊和合大銀三元正、鄧總和大銀三元正、楊義安大銀三元正、鄭總合大銀三元正、鄧仁春大銀三元正、鄧四合大銀三元正。

帽山風空合境善男信女喜捐功德緣金開列：

張德福大銀一十一元正、吴一佑大銀六元一角、蔡秀合大銀五元一角、蔡晋盛大銀五元一角、鄭君合大銀五元一角、鄭煌合大銀五元一角、瑞興園大銀五元一角、沈意古大銀四元一角、雙勝園大銀四元一角、彭萬勝大銀三元一角、新萬利大銀三元一角、官祥旋大銀三元一角、官祥坤大銀三元一角、官祥界大銀三元一角、劉少合大銀三元一角、劉源利大銀三元一角、劉福茂大銀三元一角、鍾月寶大銀三元一角、祥興園大銀三元一角、韡勝園大銀三元一角、合和園大銀三元一角、雙合園大銀三元一角、邱生合大銀三元一角、譚桂合大銀三元一角、蔡榜合大銀三元一角、蔡容合大銀三元一角、承振裕大銀三元零六。

貳百肆拾玖名，共銀壹萬零捌百伍拾叁元玖角。

光緒三十三年丁未歲秋季吉日，大總理楊萬福、楊義合善信衆等，仝吉立。

二四九　林華山觀音堂捐緣碑（二）

【碑刻名稱】林華山觀音堂捐緣碑（二）
【材　質】石材
【形　制】長方形立碑
【尺　寸】長一百八十厘米、寬六十八厘米
【書　體】楷書
【碑　額】無
【碑　題】林華山觀音堂
【碑文撰者】無
【碑文書丹】無
【立 碑 者】林華山觀音堂大總理楊萬福、楊義合善信衆等
【立碑時間】清光緒三十三年（一九〇七）
【存　佚】現存
【地　點】馬來西亞古晋林華山觀音堂
【碑刻録文】

彭氏清三元六、吴田合三元半、陳水合三大元、雙利園三大元、□水利三大元、源盛園三大元、黄德富三大元、

陳清合三大元、楊羅合三大元、三利園三大元、温氏嬌三大元、張氏寅三大元。

善男信女喜捐功德緣金開列：

李福□五十四元、許寶合五十一元、宋增壽五十一元、劉來嬌五十一元、陳永昌二十五元半、許捷發二十三元正、蘇泉喜一十六元、田有寧一十二元、林春一十一元、齊生堂六元七角、羅浩合五元一角、楊永利五元一角、羅發合五元一角、鄧永勝五元正、戴長五元正、李源盛四元正、吕德合四元正、張義安四元正、張福興四元正、會慶合四元正、鄭廣勝四元正、清順園四元正、□合園四元正、田源□四大元、蔡建佑四大元、官刖言四大元、朱運蘭四大元、魏玉蘭四大元、黄石達四大元、李乾和三元一角、貝源盛三元一角、藍和利三大元、温振昌三大元、黄廣昌三大元、賴三勝三大元、蔡上和三大元、曾合三大元、劉福茂三大元、羅娘賜三大元、豐興園三大元、田飽合三大元、吴永利三大元、復興園三大元、三順園三大元、張香妹三大元、田五妹三大元、兩勝園三大元、合盛園三大元。

高西地界善男信女喜捐功德緣金開列：

楊廖鄰一百一十元、楊金利二十七元二、楊萬新一十一元正、振裕興一十一元正、楊華合六元半、羅交合六大元、官等合六大元、官松合六大元、傅恒合六大元、羅萬泰五大元、郭順安五大元、黄王利三元一角、周丁合三大元、□□□三大元、彭雪梯三大元、周喜三大元、楊興向三大元、韓三興三大元、黄合興三大元。

善男信女喜捐功德緣金開列：

吴招貴一百五十元、官匡合二十一元、萬興隆十六元正、顔德興一十六元正、房元貴一十三元半、葉辛嬌一十一元、宋足興七元半、田良合六大元、顔四娘六大元、黄丙永六大元、官其思六大元、官□合六大元、黄元安五元一角、黄元禄五大元、鍾娘安五大元、温愛德五大元、黄合有四大元、温相合四大元、曾騰光四大元、吴揚春四

田長江三十七元半、鄧德三六元三六、鄭天眼一十八元正、鄭伯辟一十五元、鄭伯綢一十三元、□□□一十□元

榴槿合港善男信女喜捐功德緣金開列：

大元。

八、余就合三大元、田南質三大元、鄭娘生三大元、廣順園三大元、田耀合三大元、田恰合三大元、官變合三

元正、田四和六大元正、鄭胆合四大元正、葉新勝四大元正、黃丁合三元三六、張氏玉三元二、鄭潛合三元一

葉春合二十四元、楊波合一十一元半、詹祝利一十一元三六、東興園一十一元、順和園一十一元正、曾榮盛八大

□□善德港善男信女喜捐功德緣金開列：

黃□合三大元、練士賢三大元、李永成三大元。

洋五大元、蔡成興五大元、余托合三元三六、葉□合三元三六、廣順園三大元、永興園三大元、何萬成三大元、

元、六合號一十大元、廣隆榮一十大元、黃順利一十大元、邱福興九大元、官運連九大元、福裕堂九大元、曾林

元、廣南□□□□、貝康紀一十三元、李庚秀一十二元、成順發一十二元、張英合一十一元半、李源記一十大

彭氏全一百一十三元、李金鑲一百零五元、范辛福六十四元、黃永興二十三元、芼氏鰲二十大元、練海清一十五

堯□合港善男信女喜捐功德緣金開列：

元、陳我合三大元、呂流九三大元、楊興合三大元、鍾土秀三大元、黃六合三大元、彭三順三大元。

朱□合二十七元、陳□合一十一元、李合八元五角、楊壬癸六大元、黃祥合四大元、三和勝四大元、黃甲妹四大

善男信女喜捐功德緣金開列：

大元、鄧□寶三大元、鍾□□三大元、□□□三大元、官運賢三大元。

大元、鍾義成三元九、新順園三大元、新義利三大元、林勝興三大元、鄒石德三大元、温嬌合三大元、黃三財三

正、陳够妹九大元、魏鄰合六元、吴鄰合六大元、吴官妹六大元、鄭昌□五元一角、鄭合五元一角、詹華盛五大元、馬慶合五大元、林春來五大元、何雙蘭五大元、鄧順安四元一角、宋裕郎四大元、蔡意合四大元、榮豐園四大元、韓壽約四大元、江氏招四大元、順盛園三元一角、范義合三大元、馬晶合三大元、莊抄合三大元、官寶應三大元、永興園三大元、楊臺合三大元、羅華合三大元、楊禮從三大元。

新興江善男信女喜捐功德緣金開列：

林勝月一百一十元、吴佛生五十六元、楊萬夏三十五元、黄揚恩一十三元、朱添盛一十二元半、田長元八大元正、章金嬌六大元、朱長合六大元、温習增四大元、温習浮四大元、鄭銀合三元五角、張四茂三大元、林乃巡三大元、開盛園三大元、朱應兀三大元、官攀合三大元、朱應科三大元、林尤錫三大元、魏香合三大元、黄座合三大元、林尤思三大元。

左甲頭善男信女功德緣金開列：

黄華合五十大元、鍾辛酉五十大元、彭晋漢五十大元、陳忍合二十五元、魏華利二十一元、吴木生二十大元、陳秀合一十六元、鍾顯鳳一十三元、賴騫合一十一元、温門合七大元、徐利妹六大元、鍾賜合五大元、温昌坤五大元、蔡興月五大元、鍾傳合五大元、范新姐五大元、鍾雙合四大元、魏九合四大元、温來嬌四大元、房廣和三大元、范有春三大元、吴仲合三大元、劉逢生三大元、□□□三大元。

雙甲港善男信女喜捐功德緣金開列：

鄭昌旺一十一元、榮順和一十大元、温財合八大元、莊娘七元六、官其雙六大元、朱金聲六大元、福萬成六元、田志合五元三六、朱元已五大元、彭玉合五大元、東南興四大元、廣福隆四大元、義成號三大元。

三合興港善男信女喜捐功德緣金開列：

官志乙二十九元半、順合園二十六元、吴福光二十二元、賴廬合二十一元、賴萬興一十八元、牛賴進一十六元、溫生合一十六元、夏辛喜一十六元、章乾合一十五元半、鄭紹合一十四元、賴不合一十四元、陳蒙合一十元半、吴福安一十一元、田快合一十大元、賴永相一十大元、賴彭合八元半、古雲合八元半、陳霞合八大元、顔交合六大元、□□□六大元、□□□六大元、永和號六大元、蘇蜂合六大元、楊勸合六大元、發勝園五大元、李思合五大元、李義妹五大元、賴述合五大元、賴徹合五大元、陳成昌四大元、陳三合四大元、順興園四大元、賴木合四大元、賴芝合四大元、賴范合四大元、捷興園四大元、賴增合四大元、賴百合四大元、賴馨合四大元、鄭榮順四大元、明合園四大元、張永林四大元、五合園四大元、進合園四大元、文和園四大元、陳順合四大元、朱招妹四大元、楊玉利四大元、永和園四大元、三和園四大元、三勝園四大元、吴程合四大元、雙和園四大元、四合園四大元、溫同興四大元、溫惙合四大元、鄭三武四大元、三順園三大元、賴來□三大元、蔡鏡合三大元、朱德娘三大元、陳德嬌三大元、李已妹三大元、楊德妹三大元、溫娘妹三大元、賴賓合三大元、同德園三大元、賴崇合三大元、裕和號三大元、三石興三大元、三利園三大元。

本山善男信女喜捐功德緣金開列：

沈德巧一百零六元、曾度生六十大元、余賢雙五十大元、沈德奇四十大元、楊聲鳴三十五元、鍾德華三十大元、楊有桃二十八元、溫鳳鳴二十三元、張龍興二十三元、賴香義一十八元、陳桂森一十六元、余永交一十五元、溫情合一十四元、曾木旺一十四元、溫署合一十一元、和興園一十一元、鍾一臺一十一元、莊壁合一十大元、謝勛一十大元、蕭榮華一十大元、楊木旺一十大元、楊氏酉九大元、許長順八大元、楊柏合八大元、□□禮七大元、陳朝辛七大元、陳進泉六大元、鍾春華六大元、朱氏乙六大元、張氏銀六大元、許貴合五大元、李生合五大元、李丁春五大元、李長泉五大元、蕭鄰喜五大元、吴新進五大元、房顯廷五大元、陳馬駕四大元、胡森和三大元、田管合三大元、蕭庚禄三大元、田娘扶三大元、廣順茂三大元、黎永合三大元、曾木盛三大元、鄭美勝三大元、賴進興三大元、尤三利三大元、尤良合三大元、劉九妹三大元、余娘運三大元。

利春港善男信女功德緣金開列：

吴秉章三十大元、開鼎二十五元、楊世俾二十二元、楊遠達一十一元、峰泉號一十大元、黄觀生一十大元、沈新興六大元、曾來合五大元、賴氏金五大元、黄興合五大元、盧永茂五大元、泉德號五大元、賴房合四大元、楊娘蓮四大元、吴廷昌四大元、楊世巧四大元、魏麗水三大元、吴長口三大元、大成興三大元、涂禄合三大元、林琴龍三大元、彭出合三大元、魏流合三大元、林進合三大元、林宗合三大元、楊榮義三大元、林來誦三大元、李安合三大元、李添記三大元、陳良合三大元、吴合利三大元、吴水生三大元、林福合三大元、順豐號三大元、德豐陵三大元、謝傳合三大元、江庚鳳三大元。

善信喜捐功德緣銀開列：

温兀長一十大元、怡發號六大元、董泉興五大元、温煌長五大元、協和號四大元、錦源號四大元。

林地界善信喜捐功德緣金開列：

錦錦興四大元、美安四大元、和合號四大元、尤春和四大元、鄧永勝四大元、朱有財四大元、古協振四大元、古德富四大元、振發號三大元、長成號三大元。

砂越内外信婦女喜捐功德緣金開列：

田門蔡良娘一百七十元、宋門張氏一百二十七元、王門張氏一百零五元、田門沈聰妹八十四元、田門涂疏雲七十四元、張鳳嬌七十二元、黄緣妹五十二元、鍾庚運五十二元、鍾娘秀三十五元、吴癸香三十四元、陳添妹三十二元、翁白妹二十八元、黄金稍二十七元、孫秀枝二十四元、余德蘭二十二元、林氏寅一十九元六、張水妹一十九元、魏春妹一十五元、鄧彌昌一十五元、魏辛鳳一十四元、同水嬌一十四元、林奇蘭一十四元、朱辛招一十四元、謝觀保一十三元、劉玉蘭一十三元、郭金鶴一十三元、韓辛金一十一元、吴永財一十一元、張賽金一十大元、蔡賢娘一十大元、黃氏女一十大元、陳乙娘一十大元、謝長主十大元、朱金嬌六大元、劉玉彩六大元、饒日保六大元、歐啓官五大元、陳美珍五大元、吴氏葉五大元、王氏滿五大元、莊正妹五大元、温甲秀五大元、劉門李氏五大元、榮□園五大元、賴厚淑五大元、王竭娘四大元、黃木清四大元、甲門陳氏四大元、余門蔡氏四大元、甲門楊氏四大元、王門郭氏四大元、楊慶妹四大元、翁甕英四大元、陳秀金四大元、張鳳妹四大元、陳英嬌四大元、楊英嬌四大元、李氏梅四大元、吴□合四大元、彭滿妹四大元、楊有妹四大元、吴細妹三大元、林金連三大元、順發號三大元、林門蔡氏三大元、尤門曾氏三大元、孫董氏三大元、陳氏三三大元、邱玉英三大元、楊申秀三大元、龐瑞心三大元、賴貴英三大元、劉錦發三大元、温順英三大元、黃氏□三大元、周和園三大元。

總共陸佰伍拾貳名，計收銀陸千零肆百玖拾叁元肆角。

余陳貴題銀六十元、黃建合題銀十二元、石版散碑木板一應合共總結大銀一萬八仟九百八十元。楊國香施椰園一所本銀一百九十元、温觀佑喜建造字塔一個。

興建金銀塔今將善男信女喜捐功德緣金開列：

朱添盛、朱元巳大銀一百元，羅贈集大銀五十元，林寅妹大銀三十元，涂疏雲大銀二十四元，沈萊崇大銀二十元，張賽金大銀二十元，張鳳姣大銀十一元，曾華京大銀一十元，無名氏大銀二元，張氏□大銀二元，何成妹大銀一元，陳三□大銀一元。

二五〇　普吉新修觀音廟捐緣牌

【碑刻名稱】普吉新修觀音廟捐緣牌

【材　質】木材

【形　制】長方形橫牌

【尺　寸】長一百一十六厘米、寬五十二厘米

【書　體】楷書

【碑　額】無

【碑　題】新修觀音廟

【碑文撰者】無

【碑文書丹】無

【立 碑 者】普吉觀音廟諸紳董

【立碑時間】清宣統元年（一九〇九）

【存　佚】現存

【地　點】泰國普吉觀音廟

【碑刻録文】

新修觀音廟

嗵扣水碓觀吾平陽勝地，同治年間創建佛堂，暨奉觀音大士。數拾餘口奄□煌，香烟繚繞，□前陳復皈，立志蔭清，□遭數年損壞。於光緒戊申年經理蕭宗縠同□諸紳董重新修造，籌緣捐土木石工目停列開于左：

蕭宗縠捐銀三千六百元、陳振豐捐銀貳百六十元、許清池捐銀貳百四十一元、陳源料捐銀壹百二十元、林源本捐銀壹百二十元、本佛堂捐銀壹百拾五元、蕭□□□捐銀一佰大元、蘇源妙捐銀捌十四元、杜乃爵捐銀六十大元、王新彩捐銀五十貳元、楊滿水捐銀貳十元、楊瑞珍捐銀貳十元、劉金石捐銀貳十元、李和順捐銀貳十元、王文忠捐銀十九元、姚源甫捐銀貳十八元、姚源慶捐銀十六元、柯清凉捐銀十三元、洪源木捐銀十二元、楊金石捐銀十二元、陳鴨母捐銀十二元、黃文黛捐銀十一元、□祠□捐銀十元、蕭文漢捐銀十元、箬標□捐銀八元、文理□捐銀五元、王樂顯捐銀五元、美娘捐銀四元、蕭文拾捐銀四元、陳振娘捐銀四元、陳文趁捐銀三元、亞明捐銀三元、柯文闢捐銀二元、陳文柏捐銀二元、姚文海捐銀二元、楊□□捐銀二元、陳文容捐銀二元、陳□守捐銀二元、黃信友捐銀一元、陳谷生捐銀一元、陳金城捐銀一元、楊氏□□□□□。

宣統己酉年八月初二日諸紳董立。

二五一　觀音亭碑記

【碑刻名稱】觀音亭碑記

【材　　質】石材

【形　　制】長方形立碑

【尺　　寸】長二百一十厘米、寬八十六厘米

【書　　體】楷書

【碑　　額】浮雕雙龍

【碑　　題】觀音亭碑記

【碑文撰者】無

【碑文書丹】無

【立　碑　者】巴生觀音亭董事等

【立碑時間】清宣統三年（一九一一）

【存　　佚】現存

【地　　點】馬來西亞雪蘭莪巴生觀音亭

【碑刻録文】

觀音亭碑記

茲將各捐題芳名開列于左：

李士鈎捐銀叁百伍拾元；黄亞炳捐銀叁百元；楊古杰捐銀貳百肆拾元；尤天錫捐銀貳百元；東興隆捐銀貳百元；葉春鳳捐銀壹百壹拾元；廣萬興捐銀壹百元；經昌號捐銀壹百元；廣和祥林以貴捐銀壹百元；協茂號捐銀壹百元；隆興號捐銀壹百元；新迪發捐銀壹百元；萬美公司捐銀壹百元；成豐號捐銀壹百元；潮南興捐銀壹百元；陳伯星捐銀壹百元；合成安捐銀壹百元；新源成捐銀壹百元；譚士進捐銀壹百元；泰豐號捐銀壹百元；和發號捐銀壹百元；萬振發捐銀壹百元；福順興捐銀壹百元；福美號捐銀壹百元；謙發號捐銀壹百元；元泰興號捐銀壹百元；成泰號、泰發號捐銀壹百元；柯永實捐銀壹百元；洪銀樹捐銀壹百元；益英號捐銀壹百元；葉士深捐銀壹百元；楊元合捐銀壹百元；蔡建智捐銀壹百元；合泉發捐銀壹百元；劉士鋭捐銀壹百元；萬和安捐銀柒拾元；蔡金鷄捐銀柒拾元；萬利號捐銀柒拾元；晋興號捐銀陸拾元；成裕號捐銀伍拾元；萬美發捐銀伍拾元；益興發捐銀伍拾元；廣兆生捐銀伍拾元；金合成捐銀伍拾元；雙隆美公司捐銀伍拾元；陳金發捐銀伍拾元；新榮成捐銀伍拾元；成發號捐銀伍拾元；萬源號捐銀伍拾元；廣和祥捐銀伍拾元；同興號捐銀肆拾元；葉士坡捐銀肆拾元；福源發捐銀肆拾元；新裕興捐銀肆拾元；協樂軒捐銀肆拾元；黄明揣捐銀肆拾元；榮信號、鏡花樓、符錦璋，以上各捐銀叁拾伍元；黄得奪、三永發、何添壽、福記號、永裕興、隆裕號、金榮春、福和興、裕興號、源裕號、新益裕、邱紅毛、萬和成、恒利號、福成發、明記號、成鴻源、勝利號、葉□□，以上各捐銀叁拾元；□□公司捐銀叁拾元；新發興、義豐號、泉美號、長發號、新裕興、潘福雲、卓微龍、福成興、裕豐號、悦記號、吴泰興、泉

豐號、升昌號、鴻昌號、雙合號、生和號、悅興號、萬勝號、黃士、隆裕發、益裕號、振裕號、新益順、新和
發、春裕號、金裕號、金貴、萬鴻發、陳清露、陳鐵、葉三喜、陳受祥、廣茂號、王寶聲、仿周居、協成號，以
上捐銀叁拾元；益美號、□□□、李成裕、福美號、新迪發、石明□、王增榮、廣萬興、泰豐號、金振裕，以上
各捐貳拾伍元；李培桂、吳復興、添成興、隆源當傌、振源號、金泰興、顏文體、豐裕泰、泉春號、萬和山、廣
興號、金萬發、全福記、德興號、復勝號、合興號、正昌號、龍遠瑞、謙發興、謝登杉、復生堂、沈海、振興
號、壽世堂、春和堂、正豐號、天厦呷嚌池、□□□池、吳學佩、錦源號、潮順和、信成興、福春號、天興號、
新再發，以上各捐銀貳拾元；鄭源美、新隆美、新隆興、隆成興、協利號、同昌號、楊隆發、林士□、福裕昌、
林日升、德豐號、新振春、葉壬癸、永泉泰、陳森□、裕元號，以上各捐銀壹拾玖元；萬鴻隆、新益美、侯添
泉，以上各捐銀壹拾柒元；廣華號、加咱板嚌池、安南啞池、□□池、廣成順、陳亞妹、榮利順、胡朝發、振盛
號、奇香樓、新順成、協錦春、吕士教、金聯興、永利號、友和堂、同豐號、興隆號、怡盛號、成記號、林士
梅、劉德琳、陳士□、協和號、同春號、友記號、協隆興、永泰興、萬福號、振順興、興發號、德和號、綿成
號、榮和興、林士答、潘長流、新裕發、林登料、振發興、新永成、黃叔余、德記號、福隆興、源盛號、黃士
梨、伍亞九、廣興隆、陳吟，以上各捐銀壹拾元；春玉號、豐玉號、福興號，以上各捐銀捌元；義盛興柒元；泉
益號、長發號、福順發、楊何氏、新合興、黃士泥、陳太、李文來、陳士語、鄭士滚、梁埁、鄒宅、郭宅、换
轉、换好、换金、换銀、蓮金、黃睦、黃坤、葉炳、福源號、振金蓮、瑞隆號、泉成號、和興號、怡昌號、陳華
自、勝花樓、萬裕美、邱振興、連金美、李坤瑞、何金泉、新協豐、廣兆全、梁金全、陳玉英、鄭宅、榮泰號、
新萬裕、薛長江、楊元才、萬隆美、勝記、新福成、萬裕號、李繼祉、生裕號、泉利號、建裕成、德記號、協安
號、陳士贊、廣元號、合裕興、楊士藍、溢雲號、長益號、長裕號、福泉安、成順號、李金泉、和興號、康士

稅、萬興號、邱士傳、范士心、聯發號、黃士裕、黃士淼、黃淵泉、萬裕成、三合興、陳士懷、福利號、黃士沛、裕發號、王士井、捷發號、新發興、林士便、新銀、小蓮、小春、小鳳、小玉、蔡妹、黃有金、葉月英、新英、小英、秀英、秀容、美仙、潤好、福喜、亞妹、遂意、連貴、亞金、亞玉、亞太，以上各捐銀伍元；永發號、裕豐號、萬昌號、瑞吉號、新協興、新協裕、新泉春、廣源號、芳裕號、林本經、陳文、金協和、日新、有好、貴好、連□、連彩、有彩、有金、四妹、順利、亞貝、杏花，以上各捐銀肆元；林玉枚、周成記、義合號、和順發、新得利、松利號、侯甫順、黃意、黃萬和、曾潑有、林槐、岑均、綿興號、升興號、李協裕、昆興號、黃宜和、協發源、福成號、合順興、萬利號、萬成美，陳景興、顏士仍、林仁發、鄭士猜、陳士茂、茂隆號、陳火炭、福盛興、瓊源昌、新瓊興、李善通、萬興號、源信號、新錦昌、卓泉、賴榮昌、福春號、豐川號、豐山號、泰昌號、南興號、隆盛號、林士材、張士坤、益發號、新德發、德成源、益隆號、益興號、周士養、協興號、呂士彩、李士英、陳士坘、范士記、黃祖、邱連光、成裕號、□□欽、黃其生、新益茂、寶昌號、合裕號、復裕號、潮順源、陳松添、益隆號、長裕號、順成號、陳士永、黃繩方、林士杉、李士醉、黃士調、尤士潮、林水春、王金聲、黃敬善、顏士杯、潘士滿、黃士提、林士換、陳士故、陳秋來、鄭美、林士語、盧士嘆、源成號、順利號、新和興、沈烏話、葉振、葉晋益、戴若、金德記、金協成、生尤號、尤源裕、張銓球、陳士□、陳士石，以上捐銀貳元；方源、福泉興、保元、永合號、藍頭、兩發號、林九、裕發號、隆發號、謝信、漳合發、鄭却世、呵彩、劉氏、章□□、黃幅康、陳新興、永美號、永萬發、瑞興號、陳士棟、新廣合、楊錦南、楊學講、新順興、黃亞南、張亞孟、黃亞養、黃亞吉、新萬興、楊明秋、廣源堂、汝心南、楊門何氏、裕興隆、義勝號、萬興隆、新泉珍、聯發號、鄭泉發、振裕隆、益源號、新裕興、瑞東美、東美號、葉士復、劉振發、長春號、裕發號、隆盛興、瑞發號、協泉號、泉金號、林樂、呵七、黃池、張鋤、林瓙、陳復、黃丹、林烘、張楣、成興、歐陽洪、何有根、黃保、陳惠、羅桂、鄧大、義記、譚池、簡秩、黃潤、冼成、冼勤、黃凉、李魁、黃炎、彩士號、春發號、新成興、瓊合號、茂盛號、日日新、李士綿、萬發隆、長泰號、新振盒、振成號、新金裕、黃士遠、林雲梯、顏士潛、潘士惠、潘士□、葉士提、梁士翁、黃士絹、顏士□、蔡士元、李士琴、梁士琴、林壬勇、林士綿、黃士確、葉振裕、林士祖、李進源、黃士錐、潘元滲、顏士交、陳士擔、顏文崇、潘士裕、康士雙、林士相、李永用、陳士疊、林紹周、鄭文奎、郭士詣、郭士□、陳士招、陳士祖、周士昂、黃士昂、吴瑞才、余呵傳、譚兆彭、黃福瑞、温顯銖、温思光、葉士勇、謝三九、黃士琴、林士淡、林士珠、康蘋蘗、陳士川、何安賢、卜瑞球、梁瓊進、何榮康、黃如意、郭錦、馮連增、馮連多、黃呵深、黃源、胡光、黃拍、司徒寬、許永年、王逢貴、黃三囉、謝慶順、張芹、羅根、轉好、黃結、謝炳□、張叠英、何連德、黃金財、韋氏、石、謝派捐、謝以上捐銀壹元；泉發號、顏士實、顏傳諒、顏傳賜、鄭送、謝亞復、紀槓頭、謝林合、謝名□、新合順、銀伍角。

宣統三年歲次辛亥九月吉日，董事立。

二五二　吧雙觀音亭規章碑

【碑刻名稱】吧雙觀音亭規章碑

【材　　質】石材

【形　　制】長方形立碑

【尺　　寸】長八十六厘米、寬三十六厘米

【書　　體】楷書

【碑　　額】無

【碑　　題】吧雙觀音亭規章

【碑文撰者】無

【碑文書丹】無

【立 碑 者】巴生觀音亭董事會

【立碑時間】民國四年（一九一五）

【存　　佚】現存

【地　　點】馬來西亞雪蘭莪巴生觀音亭

【碑刻録文】

吧雙觀音亭規章

第一條：本亭由衆公舉亭主二人、協理四人、監督六人，以負擔責任。

第二條：本亭所延住持，應由亭主裁決。

第三條：若有別家和尚要在本亭暫住數天，應向亭主請准，否則立行逐出。

第四條：本亭之住持須關心亭務，不得放弃責守，否則亭主有權擇他人代職。

第五條：本亭佛祖聖誕及其他慶典，如逢婦女在内，禮當男子無事不得闖入該亭游玩或談褻語，以正清風。

第六條：本亭如有建設要向各殷户題捐，其捐簿須經亭主簽號蓋印并書明緣由，各殷户方可捐助，否則乃係別家和尚假冒，須知致意。

中華民國四年五月十日，本亭董事會啓。

二五三　登彼岸（觀音佛堂）捐緣牌

【碑刻名稱】登彼岸（觀音佛堂）捐緣牌

【材　質】木材

【形　制】長方形立牌

【尺　寸】長一百二十厘米、寬六十八厘米

【書　體】楷書

【碑　額】無

【碑　題】無

【碑文撰者】無

【碑文書丹】無

【立 碑 者】登彼岸（觀音佛堂）主持人

【立碑時間】民國十六年（一九二七）

【存　佚】現存

【地　點】馬來西亞吉隆坡登彼岸（觀音佛堂）

【碑刻録文】

捐緣碑

竊思道觀前成創造，賴乎善士；梵堂經故修葺，仗以慈賢。如於半港觀音佛堂，溯自前賢肇基建造，崇奉觀音佛母暨諸聖神，法顯諸天，威靈群島，四民樂利，萬姓蒙庥。倏經四十餘秋，墻瓦崩離，實遭風雨飄泊，棟楹折破，皆罹蟻蠶侵蝕，若非重奚妥諸佛以神祈禱。爰是聯集同道，共商改革，添建左右爿横屋，記録功德祠賢，藉答鴻恩。後接厨所房間，堪資善士修隱，得以悟道。然而工大費繁，盡將堂積餘貲而傾整，匱乏堪處。乃向各商户以募捐，工程易舉，深感善男信女，樂助周金，俾得集本圓滿。卜吉重修竣完，庶看慈宇增輝，永壯莊嚴法像。金牌標布，長垂義舉。

民國拾六年歲次丁卯春月穀旦敬書。

芳名敬陳次序應列于左：

新茂記劉合娘捐銀壹仟員；葉門岑氏捐銀五百員；丘葉觀矯捐銀五百員；盧觀鳳女士捐銀貳百員；陸運懷捐銀貳百員；陸運日捐銀貳百員；戴□昌捐銀貳百員；謝錦真捐銀壹百弍拾員；葉□□捐銀壹百弍拾員；陳□□捐銀壹百大員；羅□□捐銀壹百大員；錦□□捐銀壹百大員；□□□捐銀壹百大員；勝□□捐銀壹百大員；林□□捐銀壹百大員；□春堂捐銀壹百大員；紀春□捐銀壹百大員；□梅□捐銀壹百大員；羅□水捐銀壹百大員；雷□氏捐銀壹百大員；□□□捐銀壹百大員；羅□氏捐銀壹百大員；□來棧捐銀壹百大員；□□興捐銀壹百大員；□來氏捐銀壹百大員；錢□□捐銀壹百大員；□城氏捐銀壹百大員；金□□捐銀陸拾大員；徐□氏捐銀伍拾大員；徐元春女士捐銀伍拾大員；余海□女士捐銀伍拾大員；丘彩瑞捐銀伍拾大員；徐□伶捐銀伍拾大員；丘□□捐銀伍拾

大員；王□□捐銀伍拾大員；□娟女士捐銀伍拾大員；蕭□□捐銀伍拾大員；羅□□捐銀伍拾大員；□□□捐銀伍拾大員；梅玲捐銀伍拾大員；□長號捐銀叁拾大員；□□□捐銀叁拾大員；張□發捐銀叁拾大員；謝福山捐銀叁拾大員；鄧□鳳女士捐銀叁拾大員；陳□興捐銀叁拾大員；胡北章捐銀叁拾大員；林□濱捐銀叁拾大員；許鳴捐銀叁拾大員；黄□合捐銀叁拾大員；黄嬌女士捐銀叁拾大員；□林氏捐銀叁拾大員；朱□□捐銀弍拾伍員；朱□泰捐銀弍拾伍員；義記號捐銀弍拾大員；黄□長捐銀弍拾大員；□道乾捐銀弍拾大員；林金□捐銀弍拾大員；蔡玉春捐銀弍拾大員；劉良顔捐銀弍拾大員；吴家鏡捐銀弍拾大員；余繼□捐銀弍拾大員；劉□□捐銀弍拾大員；侯金陵捐銀弍拾大員；陳彭和捐銀弍拾大員；蔡正本捐銀弍拾大員；黄運清捐銀弍拾大員；黄鳴姊女士捐銀弍拾大員；丘南宫捐銀壹拾弍員；陸氏女士捐銀壹拾弍員；黎花女士捐銀壹拾弍員；徐道和捐銀壹拾弍員；劉玉容捐銀壹拾大員；順利號捐銀壹拾大員；葉日就捐銀壹拾大員；葉水園捐銀壹拾大員；吴清雲捐銀壹拾大員；葉雲良捐銀壹拾大員；黄葉氏捐銀壹拾大員；□作□捐銀壹拾大員；源合號捐銀壹拾大員；發合記捐銀壹拾大員；春寛捐銀壹拾大員；發□□捐銀壹拾大員；葉陳氏捐銀壹拾大員；林登娘捐銀壹拾大員；陳□捐銀壹拾大員；陳玉柱捐銀壹拾大員；黎□女士捐銀壹拾大員；林達捐銀壹拾大員；鄧鴻興捐銀壹拾大員；葛山棧捐銀壹拾大員；張統照捐銀壹拾大員；李繼□捐銀壹拾大員；彭氏女士捐銀壹拾大員；無名氏捐銀壹拾大員；陳氏女捐銀壹拾大員；謝□捐銀壹拾大員；王□秀捐銀壹拾大員；陳□君捐銀壹拾大員；余□女士捐銀壹拾大員；鄭有禄捐銀壹拾大員；陸陳氏捐銀壹拾大員；□楊氏捐銀壹拾大員；□□□捐銀壹拾大員；劉水泗捐銀壹拾大員；林黄氏捐銀壹拾大員；合善堂捐銀壹拾大員；周含女士捐銀壹拾大員；□閩氏捐銀壹拾大員；胡□佑捐銀壹拾大員；鄧□捐銀壹拾大員；利□積捐銀壹拾大員；黄□先捐銀壹拾大員；義□隆捐銀壹拾大員；丘善修捐銀壹拾大員；金□整捐銀壹拾大員；張道益捐銀壹拾大員；賴泉霆捐銀壹拾大員；林英女士捐銀壹拾大員；余娘女士捐銀壹拾大員；劉

克誠捐銀壹拾大員；無名氏捐銀壹拾大員；無名氏捐銀壹拾大員；楊曹氏捐銀壹拾大員；□□□捐銀壹拾大員；楊□奇捐銀伍員；黃禾立捐銀伍員；胡玉水捐銀伍員；江□地捐銀伍員；楊氏女捐銀伍員；胡二娣捐銀伍員；盧有美捐銀伍員；李宅合捐銀伍員；萬裕隆捐銀伍員；大合臺捐銀伍員；陳松夢捐銀伍員；陳日□捐銀伍員；張言合捐銀伍員；周泰合捐銀伍員；何成喜捐銀伍員；葉百福捐銀伍員；葉□氏捐銀伍員；鄭□擇捐銀伍員；無名氏捐銀伍員；陳□合捐銀伍員；□□□捐銀伍員；林應合、金鳳、羅玉珠、羅義彬、李連合、曹玉柱、黃鍾氏、陳盛合、盧木英、李只合、曾森卜、張本毛、張發顏、李順合、李□合、楊文貴、張作娘、吳進財、張榮華、羅□美、鄧嬌美、鄧氏娘、羅紹□、楊鏡波、楊慧豐、龍好、□□氏、李華只、黃明女、林梅福、黃□娘、保娘女、何松合、劉英泉、徐金蟬、黃利民、黃根秀、林碧蓮、林光符、黃亦奎、林葉氏、順公司、許邦民、蕭清貴、德利號、劉陳氏、陳才合、賴東霖、梅陳氏、張謝氏、廣和興、黃王氏、丘安娘、謝余氏、陳扶柔、王娣女、劉梅香、張安炳、謝其澤、勝意堂、鍾氏女、鍾瑞堂、彭立合、邱生緣、曹慧容、曹加祥、張南興、葉義合、林福海、陳玉桂、釋凈連、陳文觀、陸宅氏、陳□階、燕友信、陳協合、柯友合、巫田立、林妙蘭、新榮發、賴振合、葉和橋、黃福安、葉慶合、□同堂、張義合、黃金娘、許□氏、黃德合、陳□合、胡展合、梁氏女、楊□發、鍾鳳娣、葉秀英、□譚、裕生祥、蘇天賜、尤清姑、林梧、吳緣祿、彭愚、羅其昌、羅□玉、劉秋、黎德成、陳娘祥、□□記、葉振興、林顏、陳有女、葉觀瑞、曾福生、廣興隆、葉□青、劉□氏、林玉葉、有名氏，簽捐伍員；鄧覺真、陳日幡、黃□合、黃維合、林進福、張其合、葉鳴娣、許黃氏、楊英妹、源順發、無名氏、無名氏、羅修合、無名氏、黃松合、無名氏、李月記、錢科記、廖□長、發珍號、梁連合、黃瑞合，各捐肆員；黃譚生、簡全忠、陳氏合、蘇序合、黃修安、陳心合、尤喜合、陳氏女、林仲合、譚傅記、林秀合、黃祖三、孔□堯、盛春號、陳□耀、孔潔舜、曹奎福、楊丘氏、孔潔湯、陸素立、何□□、楊□聯、何振吉、無名氏、黃金廣華□，簽捐叁員；黃出合、張登合、劉□積、劉峰合、陳福合、劉林氏、黃東初、李佛娘、葉嬌、蔡義昌、廣華號、朱氏□□、何鍾氏、林□妹、賴勝合、林鄧氏、楊信□、周春原、鍾發祥、鄭□真、發香、嚴生氏、符鄧氏、朱陳氏、蔡法清、林世德、葉阿□、順興隆、禎成號、胡忠□、周連合、劉□合、陳燕、葉攸德、劉成英、林瑞林氏女士、李有、楊旺、陳名□、戴玄、李譚合、陳安伙、林秀湘、池姑、□生堂、林昌合、吳權□女士、楊珍、林阿蘭、劉鄧氏、培善堂、葉清娘、劉福合、陳膽合、陳黃氏、亮記、陳炎先、金嬌、葉乙生、曾鳳招、陳□安海、葉□興、林娣、鄭□鳳、曹騰雲、葉慶生、鍾門□氏、新泉興、合興號、陳葉氏、林杜氏、陳日信、羅成見、陳起合、鄭玉露、黃仁德、廖丹合、王□根女士、楊紡合、葉和生、陳慶、伍義裕、蘇柏合、楊□合、德昌合、張華合、劉紹一、劉阿和、黃調合、廖子清、劉育東、黃發利、王記伙、無名氏、郭雄輝、蔡文光、陳號、源昌號、李平、陳春生、林宅、梁柏合、丘門合家、彭氏、吳德娘、朱李氏、莊金明、陳茂源、葉賢源、羅□繼合、李順山女士、葉温良、李德秀、彭山炎、何氏信女、林氏信女、張娣華、王楊氏、黃梅□、廖祥合、合、胡德明、陸德。

二五四　重修下半港觀音堂捐緣牌

【碑刻名稱】重修下半港觀音堂捐緣牌

【材　質】木材

【形　制】長方形立牌

【尺　寸】長一百一十八厘米、寬六十三厘米

【書　體】楷書

【碑　額】無

【碑　題】無

【碑文撰者】無

【碑文書丹】無

【立 碑 者】登彼岸（觀音佛堂）主持人

【立碑時間】一九五六

【存　佚】現存

【地　點】馬來西亞吉隆坡登彼岸（觀音佛堂）

【碑刻録文】

重修吉隆坡下半港觀音堂，兹在甲午年起工，於丙申年孟夏告竣，焕然肅新。

謹將諸善信紳士捐助芳名列左：

陸如裕喜題緣一封；葉必寬喜題緣一封；王聚秀喜題緣貳仟貳佰陸拾貳元伍角叁；郭觀賢題銀壹仟柒佰元；吳華岳題銀貳佰元；新福山題銀壹佰伍拾元；□廣緣題銀壹佰叁拾元；□廣順題銀壹佰元；□□合題銀陸拾元；□春號題銀伍拾元；□成才題銀伍拾元；□發號題銀伍拾元；□□利題銀肆拾元；□□號題銀肆拾元；□准號題銀肆拾元；□□生題銀肆拾元；□佔成題銀肆拾元；□金號題銀叁拾元；□□號題銀叁拾元；□記號題銀叁拾元；□和□題銀弍拾肆元；□太平號題銀弍拾元；□合號題銀弍拾元；□源號題銀弍拾元；□發興題銀弍拾元；□振成題銀弍拾元；均生號、洪原號、葉允顏、和利昌、英聚源、戴榮富、協和成，以上每名題銀弍拾元；安成號題銀弍拾元；成水棧題銀拾陸元；靳鳳號題銀拾伍元；新成號題銀拾伍元；業茂號題銀拾伍元；何光生題銀拾伍元；萬裕興、錦裕豐、福進記、山利號、辛永合、兩成發、安吉興、成利豐、利豐號、廣祥興、林潤生、僑隆號、致和號、英仕明、葉勤英、陳秀蓮、葉成號、宏昌號、新盛號、新榮源、良興號、新□美、潤發號、協成隆、永武成、萬山棧、高秀山、金益群、吳元等、葉元等、林立等、傅漫等、范昌等、新義合，以上每名各題銀拾元；葉貴受、福山成、建元號、劉新福、南新傌、黃何合、成源號、義源號、温德娘、保生堂、廣美號、公生號、陳奕彬、三和號、新發記、張觀元、人和堂、祥興號、廣尊成、鄭高合、黃賜康、羅新發、林春合、黃盛合、李明合、振極興、興□號、新合號、新廣發、陸元亨、和成號、郭高合、杜鈺成，以上各題銀柒元；創興號、永太堂、義德隆、林寶芝、永順豐、新廣合、福生堂、鄧元發、陳榮豐、潮昌號、梁來成、同安堂、大興館、永順利、范昌合、義發號、□同興、張英、李甫、葉國盛、羅上財、劉財娘、杏花樓、廣恒泰、廣裕號，以上各題銀陸元；鄭桂合、吳恒合、王佐卿、葉慎芝、祥興號、人和堂、張觀元、新發記、三和號、新成泰、陳義盛、豐記、鄧發新、葉振興、劉碩棧、牌館、張松合、南興號，以上各題銀伍元；新利泰、廣茂號、廣茂泰、呂鳳昌、新廣南、廣就成、永福源、益興號、黃耀南、安樂居、東升號、廣盛堂，以上各題銀肆元；天和堂、隆發號、成年堂、□珍號、永順成、福昌號、顏亨霞、恒成號、新廣棧、王春臨、乾合號、潮發號、茂源號、嘉盛號、楊先合、黃水有、祥和號、廣發號、梅觀華、新五記、成利號、義成號、福錦興、建亨利、萬和利、萬安堂、義成公司、葉震東、黃則□、□源號、振和成、新福昌、湖泰號、□發號、振發號、新福泰、昆玉棧，以上各題銀叁元；孫源順、德榮公司、張發合、泰記號、謝清論、茂源號、義德隆、萬發號、正昌號、勝合興、潮豐號、萬德興、□□□、□□南、□有合、永興隆、大盛號、興泰號、□和號、□利號、□隆號、□和堂、□安堂、□昌號、□廣合、□新華、□泉習、□三和、□源號、□龍合、□容合、□萬勝、□記號、義濬合、林春美、□萬泰、□合泰、□順和、新□泰、洪杰良、廣正隆、新廣成、新聯發、侯怡成、新裕記、茹生合、益泰棧、怡盛號、永元興、祥興號、祥懋號、怡和號、黎亞秀、永福順、成亞好、葉柳合、嚴觀姐、吳蓮合、無名氏、余顯揚、葉求合、黎修真、郭和合、吉昌隆、兩來棧、游奕通、李長合、謝文鴻、吳雲合、天生堂、陳西圖、新泰發、龍信成、榮成順、麟峰號、廣發昌、甄維昌、莊德成、吳榕合、葉陳壽、葉雙喜、嘉和店、黃選廷、廣昌棧、新恒泰、廖進福、廣同福、廣泗生、新同利、廣和泰、正隆棧、新金發、泰興號、春和堂、天然號、東生財、新泰昌、裕祥號、新廣就、合記號、萬源號、萬裕隆、福利號、羅門氏、趙亞香、曾錦勝、榮順號、三和堂、廣發隆、廣祥發、廣興隆、萬發棧、泰發號、葉木英、張焕合、錦昌隆、新同順、黎霖合、張燦華、張義合、益成號、新萬生公司、萬勝昌、李六元、金順勝、隆安號、葉觀喜、李東合、新勝利公司、新盛興、昆豐號、永豐號、三和號、謝福生、李滿元、新合興、張福彝、新德利公司、張義合、益成號、同勝公司、葉福合、陳捷合、林義合、鄧勝合、鄧雲光、李義合，以上各題銀弍元；朱舜臣、源珍號、劉泉發、裕和號、義和號、新源利、黃孫鋪、福泰興、隆昌號、正和號、福興號、粵興號、協興號、南昌號、澤華號、新華春、英雲合、山記

號、羅茂豐、新連發、李梅生、韓秀煌、劉雙福、李鏡合、李勝合、曹捷合、劉松合、鄧洪合、張濟合、泰來
棧、永和順、黃盛先、陳信捷、廣盛隆、邢亞明、楊恒和、福成興、廣順發、正和棧、金盛店、邱秀安、豐盛
號、就昌店、聯吉號、劉瀛峰、梁宏昌、廣利發、藍鳳山、五昌號、合成號、福源號、何福星、張黃氏、劉進
喜、義合號、邱升生、李烘謙、賴海祥、黃鴻科、曾修合、管金章、謝文禎、吳桂新、劉福昌、吳鳳合、張生
合、郭育均、黃進興、萬利號、新義合、永美號、吳我媳、文盛利、劉賴合、謝金魁、羅鏡堂、黃登炳、黃麟
合、張雲合、謝其德、葉滿合、太有成、萬發成、廣裕隆、聯昌號、新順興、合勝號、卓明娘、陳英合、文亞
友、陳新喜、李才合、葉海合、梁仕昭、楊發合、振和成、德登號、彩元號、羅子才、熊舉合、羅清合、劉容
合、查明合、楊梁氏、鄭白光、黃旺合、刀炳合、楊興合、陳石蛋、無名氏、林亞來、周氏號、葉亞聯、林立
英、朱旺合、謝球合、廣合記、黃成姐、黃雲帆、茂成號、葉緣合、邱珠己、福利號、譚祿保、劉龍藏、劉觀
英、蕭運發、葉發合、葉四合、葉六合、葉榮錦、鄧忠行、温開合、何侍常、賴日合、蕭錫進、林麟合、劉煥
華、郭榮昌、吳慶元、劉水秀、永福隆、萬發成、王嬌合、新順發、葉興鳳、益隆號、陳恒士、張雲合、黃麟
合、黃登炳、羅鏡堂、劉來合、文盛利、劉焙德、葉官興、葉觀貴、劉林合、龍發號、吉興號、鍾英鳳、張金
蓮、葉容仔、葉貴記、和盛店、劉發先、黃新生、曾鏡堂、亞娣仔、劉亞花、黃亞才、何亞觀、黃亞嬌、袁吉
合、林清源、賴國雄、賴國英、葉文勝、刁留秀、陸亞蘇、葉文進、葉華清、羅林合、羅上才、財合棧、傅連
興、彭記生、陸亞籍、葉拂慶、陸亞辛、陳善炤、田聰合、潘嚴合、何鴻光、羅金鳳、和興公司、葉觀彝、李貴
合、黃東貴、謝其德、新義合、永順豐、丹記號、傅伍蘇、林登友、均生號、鄭賜福、蕭隆興、施珠智、福昌
店、新怡隆、成和店、李進誠、黃和興、黃連進、黃觀鳳、黃盤亮、葉木英、何九合、潘貴芳、劉仁秀、張壽
田、梁茂、賴頂成、黃道合、成和號、新錦隆、鴻興號、福源號、恒昌號、永利昌、英棧號、永合號、洪源貴、

黃合龍、施乾利、陳發合、萬發興、協成號、黃興合、葉賢合、羅錫喜、林榮芳、蔡衍貴、鄭娘帶、吳亞林、吳光禹、利豐號、兩成發、永和祥、海源號、德發號、新廣成、新源豐、□棧號、裕豐號、振大號、協興號、新財順、來盛興、潮昌號、兩發號、新順利、成裕號、王萬福、德記號、何謙榮、葉佛友、黃亞帶、葉振興、新財利、嚴茂記、葉新源、新福安、怡成號、廣成發、黃元合、姚二合、陳記福、李簽合、官三合、余火合、譚燦明、吳祿合、和順公司、曾楊合、新順和、順和豐、新富合、温芳榮、羅佛長、何益號、新福利公司、美興公司、葉華霖、源發公司、祥利公司、胡光裕、羅萬生、陳西蘭、黃德平、泰生號、萬壽堂、楊玉和、鄧葉氏、蘇亞英、何梁氏、謝劉氏、劉陳氏、葉古氏、彭陳氏、王林氏、葉李氏、葉吳氏、陳郭氏、郭鄧氏、林盧氏、王林氏、伍胡氏、陳門氏、蔡興合、和盛公司、源盛公司、廣生昌公司、肖生喜、張卓榮、吳生合、葉龍興、林邱氏、無名氏、蕭梁氏、黃李氏、□徐氏、□□氏、葉益妹、陳蕭氏、陳進女、劉葉氏、劉熊氏、張林氏、廖李氏、朱周氏、蕭李氏、曾榮氏、黃彭氏、劉龍氏、黃鍾氏、許葉氏、張葉氏、張鄭氏、葉陳氏、陳伍氏、林陳氏、陳氏、珍興、黃嬌姐、刁火姐、邱氏、葉潘氏、蘇氏、葉花女、陳廖氏、吳朱氏、葉邱氏、曾陳氏、李德娘、徐貴孃、廖陳氏、朱張氏、董郭氏、葉陳氏、陳許氏、黃□嬌、葉方氏、葉陳氏、□黃氏、葉廖氏、陸阿娘、謝亞明、陳黃氏、葉謝氏、曹國喜、黃鍾氏、梁氏、鍾氏、李氏、葉王氏、葉陳氏、吕張氏、葉氏、伍氏、刁葉氏、葉廖氏、何氏、趙氏、李氏、文氏、三姑、鍾氏、曾氏、梁氏、黃葉氏、陳氏、徐氏、順和堂、何朱氏、葉曹氏、葉吳氏、葉黃氏、陳卜氏、彭記生、陸氏、何氏、陳林氏、近香樓、杜氏、江氏、順興，以上各題銀壹元；□安娘題銀壹佰肆拾元；□郭氏題銀伍拾元；趙廖氏題銀叁拾元；王翁氏題銀叁拾元；葉潘氏、葉龍氏、郭鄭氏、蕭葉氏、郭駱氏、葉陳氏、葉陳氏、陳月有、葉李氏、葉王氏、葉曹氏、邱吳氏、黃賴橙、潘張氏、葉成胡、葉林氏、胡妹、二妹、就好、福喜、銀彩，以上各題銀壹拾元；伍愛姐、黃三益、葉新貴、葉劉氏、葉觀容、葉許氏、葉奇焙、葉陳氏、葉陳氏、張亞許、葉月連、葉□有、葉戴氏、葉王氏、葉沈氏、鍾池氏、葉王氏，以上各題銀伍元；蕭葉氏、陳周氏、許劉氏、趙譚氏、葉龍氏、葉林氏、黄陳氏、葉馬氏、葉劉氏，以上各題銀叁元；陳亞富、袁李氏、黄氏、李水嬌、徐周氏、黄嬌、萬盛昌、殷氏、伍舜娘、黄興妹，以上各題銀貳元。

二五五　（紫雲洞）觀音堂擴建捐緣牌

【碑刻名稱】（紫雲洞）觀音堂擴建捐緣牌

【材　質】木材

【形　制】長方形立牌

【尺　寸】長一百一十六厘米、寬六十二厘米

【書　體】楷書

【碑　額】無

【碑　題】無

【碑文撰者】住持曾其周

【碑文書丹】無

【立 碑 者】（紫雲洞）觀音堂住持及門弟子等

【立碑時間】民國二十四年（一九三五）

【存　佚】現存

【地　點】馬來西亞吉隆坡（紫雲洞）觀音堂

【碑刻録文】

竊維欲建莊嚴寺觀，非有清潔幽雅之地不足以建宏敞廟宇。本住持十餘年來，時有顧及，未曾造次。今蒙戴德昌

大善長，施贈自置椰林一段，坐落新街場路五條半石，往來通衢孔道，風景殊佳，適合建築寺觀之地。惟是需材孔多，獨力難支，集衆易成。如是爰集衆議，廣發捐册，向各方大呼將伯。已得縉紳士庶大家閨秀善男信女慨解善囊，襄成善舉。行見巍峨廟貌莊嚴寺觀，金像佛身，羅列滿堂。從此輝生寶殿，香火隆典，此則本住持所馨香禱祝者也。

中華民國廿四年歲次乙亥夏月吉日，住持曾其周合十敬撰。

茲將捐助芳名列舉于後：

戴德昌大善長奉施建築本堂地基全段；陸門老妙蘭捐銀貳百元；戴德昌喜捐銀壹百元；同善堂關子郁捐銀壹百元；李福蘇氏捐銀壹百元；廖榮長捐銀捌拾員；秦瑞、清雲捐銀七拾員；戴觀保捐銀六拾員；陳瓊女士捐銀六拾員；伍德芳捐銀五拾員；伍瑞芳捐銀五拾員；蔡瑞清捐銀五拾員；黃添與鍾氏女士捐銀五拾員；鍾文員、陳氏捐銀五拾員；戴門黃桂清陳氏捐銀五拾員；周懷□捐銀五拾員；鄧□□捐銀五拾員；顏遊雅捐銀四拾員；陸連氏捐銀四拾員；林善恒捐銀叁拾員；廣德堂捐銀叁拾員；黃撫秀捐銀叁拾員；顏滂祐捐銀叁拾員；培芳合捐貳拾五員；蘇少英捐式拾五員；顏紀祐捐銀式拾員；林□女士捐銀式拾員；陳□女士捐銀式拾員；葉炳芳捐銀式拾員；馮釗珍捐銀式拾員；鄒坤英捐銀式拾員；□□□捐銀式拾員；周錦泉捐銀式拾員；周全玲捐銀拾五員；葉連合捐銀拾五員；彭少山捐銀拾五員；□□工金捐銀拾五員；許德捐銀拾五員；□□□□堂捐銀拾五員；林源□捐銀壹拾員；劉善合捐銀壹拾員；周蘭合捐銀壹拾員；葉愛華捐銀壹拾員；曾月白捐銀壹拾員；馬華□□妙善捐銀壹拾員；顏泉林捐銀壹拾員；沈長和捐銀壹拾員；□□□捐銀壹拾員；陳□□女士捐銀壹拾員；葉□嬌捐銀壹拾員；豐進興捐銀壹拾員；黃青秀捐銀壹拾員；林巧合捐銀壹拾員；天師宮吴江晨捐銀壹拾員；羅昌理捐銀壹拾員；顏門文化行銀壹拾員；吴玉英捐銀七大員；黃泉氏、黃門家宅、施善□、黃忠合、黃永合、胡玉來、劉五妹、許門

以上

吳氏、章門葉氏、古儀合、□□□、□□□、葉鳳姑、林氏、張春梅、林良記、趙南合、胡鈴泉、胡玉來，以上十九名捐五員；胡佛全、林成合、温姑氏、梁妹□、林遇福、陳門林氏、林門曾氏，以上七名各捐四員；葉五光、□□□、丘□帶、林源合、劉免合、陳齊合、侯芳妹、顏門蔡氏，以上六（八）名捐銀叁大員；黃位女士捐銀五大員正。。

二五六　（紫雲洞）觀音堂創建山門捐緣牌

【碑刻名稱】（紫雲洞）觀音堂創建山門捐緣牌

【材　質】木材

【形　制】方形木牌

【尺　寸】長七十八厘米、寬七十八厘米

【書　體】楷書

【碑　額】無

【碑　題】無

【碑文撰者】無

【碑文書丹】無

【立 碑 者】（紫雲洞）觀音堂住持及門弟子等

【立碑時間】民國二十七年（一九三八）

【存　佚】現存

【地　點】馬來西亞吉隆坡（紫雲洞）觀音堂

【碑刻録文】

兹將民國廿七年歲次戊寅拾月初四日創建山門牌芳。今蒙諸善商紳信女誠心樂助芳名泐石紀念列左：

林善恒女士捐銀伍拾元；周錦泉夫人捐銀叁拾元；蕭清貴捐銀貳拾元；蕭盛果女士捐銀拾大元；羅盛容女士捐銀伍元；葉侶娘女士捐銀伍元；駱進修女士捐銀伍元；鄒培捐銀伍元；曹玉貴捐銀四員；顏來德捐銀弍元；鄭平女士銀弍元；陳全福、朱德修、李時修、陳心修、曾順清、曾鳳、劉蓮紅、李紅、黃興娣、黃□修、黃果修、曾月常、曾心德、曾蘭、馮蓮修、陳福修、陳嬋修、胡定修、房瑞修、呂侍修、胡蘭修、丘穗修、□□平、歐陽崇修、張清修、馮鳳連、鍾連運、胡興修、馮劉英、李陽修、丘才、曾如修、曾鳳娣、李有、謝嬌、商貴、丘全英、王橋、何梅、歐陽順、何永娣、黃寬、蕭華、安和堂、曾富、何曉妹、葉陸、陳奔、林桂、曾魁、何梅英、何全、蔡昌、謝連娣、陳順姑、莫譚、劉月蘭、張□連、李□蘭、莫玉清、莫群清、葉紹娣、陳銀、劉耀、葉坤、陳燈、傅運心、黃禄姑、李福記、李金來、羅英福、李觀嬌、馮徐、葉佈苟、黃葉彬、凌俊、晋合、葉錫田、鍾朋運、曾望眾、黃昌、梁德隆、曹福、詹德雙、葉佈香、羅碧昌、鍾揚嬌、劉乾、葉城、曹貴、何才、黃基、曹水、張伙英、孔波、羅雄、劉德江、曾霖、張果和、盧紀娣、饒添、胡青，以上各捐壹大元。

如有錯漏，請爲指示。

二五七　威鎮宮達真和尚創建後殿碑記

【碑刻名稱】威鎮宮達真和尚創建後殿碑記
【材　質】石材
【形　制】長方形横碑
【尺　寸】長一百零六厘米、寬五十八厘米
【書　體】楷書
【碑　額】無
【碑　題】達真和尚創建後殿碑記
【碑文撰者】觀音寺常住
【碑文書丹】南海師山高明真
【立 碑 者】觀音寺常住
【立碑時間】民國二十七年（一九三八）
【存　佚】現存
【地　點】馬來西亞吉隆坡威鎮宮（觀音亭）
【碑刻録文】

達真和尚創建後殿碑記

夫本寺勝景，山水環繞，素爲具德高人馳騁欽羨。惜因宮宇年久失修，墻壁梁棟傾頽；且原有地址淺隘，最爲莫大缺點；復感斗室固不能容漆，而安單尤屬無所。乃於民國廿七年秋，徵得福建會館諸董事同意，蒙賜地准予蓋建，曷勝額慶。幸賴梅峰達真公駐錫以來，秉其興宗之志，誓立弘法利生爲主。爰是悉心策劃，不遺餘力。觀其所至檳城棉蘭等地，創開諸山梵宇，成績偉著。繼而諸法子弟輩迭出繁多，足証德風之丕振。今者本山從新加建後面大雄寶殿，連帶左右客堂，樓閣高聳兩層，構成内部全座。并重修寺前門面，裝設牌樓；移置凉亭，圍築花基，鋪砌道路；務令全局大觀示現莊嚴。更仗佛力慈悲，普度有情。同緣穗智，其福德不可稱量。兹核計建築工程費，總共支去銀壹萬叁仟貳佰餘元，用特述此布告。復將經歷情形，功皈應有，專責立碑，以記其事，而垂不朽焉。

觀音寺常住謹志。

南海師山高明真敬書。

民國戊寅年仲秋吉日。

二五八　吉礁廣福宮捐緣徵信録牌

【碑刻名稱】吉礁廣福宮捐緣徵信録牌
【材　質】銅材
【形　制】長方形横牌
【尺　寸】長一百零二厘米、寬六十二厘米
【書　體】楷書
【碑　額】無
【碑　題】無
【碑文撰者】無
【碑文書丹】無
【立 碑 者】吉礁廣福宮董事部
【立碑時間】一九五四
【存　佚】現存
【地　點】馬來西亞吉礁廣福宮
【碑刻録文】

吉礁廣福宮公元一九五三癸巳年修理及建築諸信士樂緣徵信錄（恕不稱呼）

義務監督：王炳錫、陳文福、陳厚多。

曾寶珠三百元；源峰號四百元；葉貽美四百兀；王炳錫四百元；林秀琴五百元；陳良枝五百元；陳登有七百元；陳文福二百元；陳志光二百元；陳桂光二百元；伍于勤二百元；（下略）

以上合共捐來銀壹萬肆仟另四十三元七角正。

茲將進支各賬項列左：

收進之部：

一　對總捐緣共收來銀壹萬肆仟另四十三元七角正。

一　對廣福宮財政處撥來銀叁仟另陸拾二元二角五分正。

計二條合共來銀壹萬柒仟壹佰另五元九角五分正。

支出之部：

一　對文成建築公司承建銀壹萬叁仟元正。

一　對光明公司裝置電燈銀肆佰陸拾九元五角正。

一　對金字牌匾一座支銀叁佰捌拾元正。

一　對電火費支銀伍拾柒元五角正。

一　對應空師經手五單銀壹佰捌拾元九角五分正。

一　對印緣部壹單支銀陸拾貳元正。
一　對做新鐵門二副支銀貳佰捌拾元正。
一　對雨厝吊板工九天支銀捌拾五元正。
一　對老正天香班三日夜支銀貳仟壹佰元正。
一　對雜工三名支銀陸拾元正。
一　對雜費五單支銀叁拾五元九角正。
一　對油漆料連工資支銀玖拾七元五角正。
一　對運載戲箱□力支銀陸拾元正。
一　對申請禮伸號支銀壹佰壹拾五元正。
一　對謝二紅包及三天紅包支銀壹佰壹拾元正。
計除合共支出銀壹萬柒仟壹佰另五元九角五分正。
檳城□利永製。
天地和合。
倘有差錯，祈爲指示。
公元一九五四年十月廿七日歲次甲午年拾月初一日吉立，吉礁廣福宫董事部社長陳登有、總理林初開、財政王炳錫、查賬楊永年謹啓。

二五九　創建棉蘭崇聖宮碑記

【碑刻名稱】創建棉蘭崇聖宮碑記
【材　質】石材
【形　制】方形碑
【尺　寸】長五十六厘米、寬五十六厘米
【書　體】楷書
【碑　額】無
【碑　題】創建崇聖宮碑記
【碑文撰者】住持沙門會心
【碑文書丹】無
【立 碑 者】棉蘭崇聖宮住持等
【立碑時間】一九六四
【存　佚】現存
【地　點】印度尼西亞棉蘭崇聖宮
【碑刻録文】

創建崇聖宮碑記

蓋聞茫茫苦海，求出無期，□□塵寰，歸元有路，後福田修積而得，前愆賴懺悔以消，出於千佛□言，端在一心。自覺衲善根，夙幻入沙門，十二歲時，隨慈母出家，□福建莆田居果寺，禮慧宗上人爲師。十三歲受□於南山廣化禪寺。乙丑秋，爲追隨恩師南□蘇島棉蘭關帝廟，侍奉巾□，深蒙添益。曾於公元一九五二年自購地皮一段，繼而興工建造，□得各方善信，隨喜樂助，得慶完成。計全部工程歷九閱月，皆親自督造□□焉。崇聖宮祀奉觀音菩薩，□關帝、城隍爲護法。初因主持關帝廟多年，香火興盛，乃將連年所積鉢資，全數傾出，方克臻此。□□□觀世音菩薩□門□，深信菩薩感應，□□□□□□尤□娑婆，一切□生□□□，繼八□二□，俱蒙解脱。今以草創落成，略志數言，藉如概况云爾。

公元一九六四年八月十五穀旦，住持沙門會心謹啓。

二六〇　吻洞觀音寺重建落成碑

【碑刻名稱】吻洞觀音寺重建落成碑
【材　　質】石材
【形　　制】長方形立碑
【尺　　寸】長一百二十厘米、寬七十八厘米，共兩片
【書　　體】楷書
【碑　　額】廣種福田　功德無量
【碑　　題】吻洞觀音寺重建落成碑記
【碑文撰者】無
【碑文書丹】無
【立　碑　者】吻洞觀音寺重建委員鄭佛生等
【立碑時間】一九六六
【存　　佚】現存
【地　　點】泰國耶拉吻洞觀音寺
【碑刻録文】

吻洞觀音寺重建落成碑記

溯自壬辰之春，明通大師雲游此間，緑水青山，流連不置，欲此安禪施教，後商得仁翁鄭佛生先生同情，慨送地居。其時簡用木板構造，名曰「觀音閣」。迨乎庚子之秋，明通大師已圓寂。聞遺囑中有請宗耀大師接管主持之語。迄宗耀大師住持以來，已六易寒暑矣。其間雖曾幾度修葺，惟當時建築簡陋，每當風雨來臨時，有傾倒之虞。是以宗耀大師乃發宏願，重新建築土庫，廟宇分上下二堂，及二横與外圍墻，并轉移方向。惟原有地方不敷應用，商諸地主，再蒙賜予地基。爰邀集各檀越組建築委員會協商其事，共促厥成。并將「觀音閣」原名改爲「觀音寺」。兹幸建築告竣，廟宇落成。謹將諸山大德及仁翁善長施主善信等芳名列下，以垂紀念，功德無量。

恕不稱呼　如有錯誤，請爲指示。

彰文大師貳萬伍仟銖；余鍾珍士、鄒林裕妹，以上各壹萬銖；圓銘大師伍仟伍佰銖；月宗大師、鄭佛生、林秀雲、李蓮妹，以上各伍仟銖；堃源大師叁仟柒佰伍拾銖；光明精舍、彰如大師、夏慧虔，以上各貳仟伍佰銖；

（下略）

吻洞觀音寺重建委員鄭佛生、曾劍欒、張樹福、明德、金連盛、巫文進謹識。

佛曆二五零八年重建；零九年丙午歲，國曆五月十一日开幕，十一月一日吉立（夏曆又三月廿一日开幕，九月十九日吉立）。

二六一　觀音堂佛祖廟頌德碑記

【碑刻名稱】觀音堂佛祖廟頌德碑記
【材　質】石材
【形　制】長方形横碑
【尺　寸】長一百五十三厘米、寬一百二十厘米
【書　體】楷書
【碑　額】無
【碑　題】觀音堂佛祖廟頌德碑記
【碑文撰者】吴聖和、陳道義
【碑文書丹】無
【立 碑 者】董事吴聖和、陳道義等
【立碑時間】一九八四
【存　佚】現存
【地　點】新加坡四馬路觀音堂
【碑刻録文】

觀音堂佛祖廟頌德碑記

佛法宏敷於閻浮，自西徂東，震旦南洋而并化。由今溯古，獅城勝迹，梵宇莊嚴，社會開明，文化美德。乃念吾道南山上人早年卓錫此地，於公元一八八四年，前清光緒十年甲申歲蒲月，由陳兩成商號獻地，暨諸善信長者發起創建本址觀音堂供奉準提佛祖，慈庇十方。迨至公元一八九五年乙未歲桐月重修續建後座，沿革至今，垂一世紀。佛相慈容，黎庶景仰，感應方便，誠難思議。若如佛説法度衆生，有願有成，相機設教，有求有應，南天顯化，福地澤民。本堂董事會首任主席先賢徐垂清暨歷届主席董事諸先賢，數十年來共衛德業，殊多建樹，豐功可式，願後仁者繼往開來，光前裕後，宏興佛法，虔報佛恩，共酬素願。立言貞石，貽厥長世。

佛曆二五二八年（公元一九八四年）甲子歲陽月穀旦，觀音堂佛祖廟主持人董事吴聖和、董事陳道義謹撰泐石。

二六二　擴建觀音堂佛祖廟功德碑記

【碑刻名稱】擴建觀音堂佛祖廟功德碑記
【材　　質】石材
【形　　制】長方形横碑
【尺　　寸】長一百五十三厘米、寬一百二十厘米
【書　　體】楷書
【碑　　額】無
【碑　　題】擴建觀音堂佛祖廟功德碑記
【碑文撰者】吴聖和、陳道義
【碑文書丹】無
【立　碑　者】主席楊添壽等
【立碑時間】一九八四
【存　　佚】現存
【地　　點】新加坡四馬路觀音堂
【碑刻録文】

擴建觀音堂佛祖廟功德碑記

本堂創建迄今，垂一世紀矣，何泥木朽頹，現境不適。而吾會前賢董事有鑒於此，購置方鄰一地段，以備後用。諸因集合，現屆董事計劃擴建，即行向政府申請圖測，承蒙批准。籌劃數載，於公元一九八一年辛酉歲蒲月拆建，鳩工庀材，重光古刹。十方善信暨本會董事護法，出財出力，助襄厥成；奈芳名衆多，難以刻録。佛恩加被，因緣殊勝，迨至公元一九八四年甲子歲陽月，堂宇落成，巍峨壯觀，勝迹重新。星島善信，欣仰慈容，佛法廣布，南方普度，紹續慧業，功有攸歸，德無量及。勒石作紀，以志永念云爾。

佛曆二五二八年（公元一九八四年）甲子歲陽月榖旦，觀音堂佛祖廟董事會：主席楊添壽，董事陳國順、董事陳光别、董事吴聖和、董事陳道義，同勒石。

十七　地藏菩薩

二六三　地藏院倡建牛郎沙里義冢壁記

【碑刻名稱】地藏院倡建牛郎沙里義冢壁記

【材　質】石材

【形　制】長方形立碑

【尺　寸】長一百五十厘米、寬七十二厘米

【書　體】碑題篆書，碑文楷書

【碑　額】無

【碑　題】倡建牛郎沙里義冢壁記

【碑文撰者】峨峰陳立義

【碑文書丹】無

【立 碑 者】零頂僧干
【立碑時間】清乾隆二十六年（一七六一）
【存　　佚】現存
【地　　點】印度尼西亞雅加達地藏院
【碑刻録文】

倡建牛郎沙里義冢壁記

義冢之建，販吧以來，四定厥基矣。掩骼已經百年，埋胔奚啻萬骨。此我唐先世瘞旅之盛事，□□□□而必爲報，吾儕豈當仁而獨讓。現任列位甲必丹濟明爲心，賑幽在念，存飢溺由己之痛，行立建及人之方。爰鳩同志，勸襄勝舉。各捐□□□□牛郎沙里，於是馬鬣可封，牛眠是卜。寒潮衝夜月，不作岐路之魂；怪鳥泣秋風，鳥有無家之兒。□□□□□浹成恭襯之地厚天高。僉謀告慶，勒石紀名，此盛事也。上以媲美前徽，下而垂澤枯骨，豈不與□□□之舉，共尸祝於不朽哉。故爲略而叙之，以貽後人，知歌頌之所由來云爾。

峨峰陳立義謹識。

甲必丹林諱緝官捐金壹千文；雷珍蘭林諱健官捐金陸百文；雷珍蘭許諱弘良捐金陸百文；雷珍蘭林諱釵官捐金肆百文；唐恩官、許燦官、陳順官，上各捐金叁百文；雷珍蘭戴諱弁官、甲必丹楊諱殿官、雷珍蘭陳諱静官、劉歲使、戴涓官，上各捐金□□□；武直迷陳諱巧郎、黄恒官、陳敬官、戴任蘭、鄭尚勛、陳國使、林義官、蔡陽官、□□□、連金生、連木生，上各捐金壹百伍拾文；甘卓官捐金壹百壹拾文；甲必丹黄諱井官□□□、盧郎蔡鎮官、謝華珍、陳襄官、陳雙秋、林賢官、謝岱官、郭佛官、鄒來官、盧甫官、陳藉生、黃芳官、□□□、林亞官、蔣勛官、塊漢官、王倚郎、黃詣官、雍茂官、□□□、郭挺官、魏鶴官、林祥官，上各捐金壹百文；林蔭捐金陸拾文；武直迷林諱椿舍、吳隨官、李桓公、楊性官、王乾官、陳預官、□□□、雍養官、林理官、楊木官、官，上各捐金伍拾文；□□□、王編官，上各捐金叁拾貳文貳鈸；王嘉官、黃陣官、許選米、□□□、陳林亨官、蔣元官、吳蘇官、陳訓官、黃州官、盧壬官、王課官，上各捐金叁拾文；蔡貴官、□□□、雍科官、貞官、林施官、陳漸官、王好官、雅郭壽，上各捐金貳拾伍文，林德官、黃文官，上俱捐金貳拾文；武直迷施諱華官捐金壹拾文。

時大清乾隆貳拾陸年歲次辛巳秋八月穀旦立石。

零頂僧干。

二六四　重建城隍廟碑記（前碑）

【碑刻名稱】重建城隍廟碑記（前碑）
【材　質】石材
【形　制】長方形立碑
【尺　寸】長一百二十六厘米、寬五十八厘米
【書　體】楷書
【碑　額】無
【碑　題】重建城隍廟碑記
【碑文撰者】特授儒學教諭海澄楊鶴鳴漢臣
【碑文書丹】無
【立 碑 者】城隍廟董事人王文慶等
【立碑時間】清光緒五年（一八七九）
【存　佚】現存
【地　點】馬來西亞檳城城隍廟
【碑刻録文】

重建城隍廟碑記

夫檳城據西南之障，峥嶸數仞，蜿蜒千里，枕列島而帶長江，室壁分野，華夷交衝，爲西洋之上流，作海邦之砥柱。而藍縷啓宇，王化不及，官禮未頒，不無山精水怪之爲害矣。厥後英夷更張，樓閣雖新，而妖魂未除，常出以爲民害者，蒙神農大帝降乩指示，筑聚魂室以安之，而妖魂之祟遂絶。

越數年，而風雨漂摇，梁棟傾頽，勢有不能不重興者。幸逢董事諸君，誠善信士也，素懷義舉，喜建陰功。竊思自古神道設教，有城市以育人民，必有城隍以理陰陽，于是出而勸捐，諸善信踴躍樂施。即虔請大帝擇日經始，將聚魂室增其舊制，而以己亥、己巳分金穴，曰浮池荷花。森築大殿，外蓋拜亭，中案崇祀地藏王，東案崇祀都城隍，西案崇祀福德正神暨列位尊神，咸在其中。左築迴廊，以存聚魂室；右造青塔，以押諸妖邪。前則崗陵環列如排伍，後則嵐巒擁聳以障青屏。而且潮水旋流儼然紳帶，濤聲砰湃宛若鼓鍾，而廟貌巍峨，飛翬羽啄，堂堂煌煌，誠哉巨觀也，故額曰「城隍廟」，以尊主宰之名。則神靈倍加赫濯，人民愈增康泰，是所謂社稷之神也。茲當告竣，適余絳帳此邦，謹書以彰神道之靈，亦以表諸人之功。并勒諸善信之芳名于左，是爲記。

特授儒學教諭海澄楊鶴鳴漢臣謹識。

總理人邱天根。

信士：邱天德捐銀叁佰陸拾大元；邱家捐銀貳佰陸拾大元；謝家捐銀貳佰陸拾大元；邱忠波捐銀貳佰大元；胡豐成、王文慶、邱金盾，以上捐銀壹佰六十大元；楊家捐銀壹佰四十大元；王明德捐銀壹佰貳拾大元；陳家、林花鐕，以上捐銀壹佰大元；邱裕發、許高源，以上捐銀六十六大元；邱事成捐銀六十四大元；萬源、亞成公司，捐銀六十元。

光緒伍年歲次己卯荔月，董事人王文慶、邱天德、林仁德、謝有菜、楊宇宙、邱如磋、陳祖看仝立。

二六五　重建城隍廟碑記（後碑）

【碑刻名稱】重建城隍廟碑記（後碑）
【材　質】石材
【形　制】長方形立碑
【尺　寸】長一百二十六厘米、寬五十八厘米
【書　體】楷書
【碑　額】無
【碑　題】重建城隍廟碑記
【碑文撰者】特授儒學教諭海澄楊鶴鳴
【碑文書丹】無
【立 碑 者】城隍廟總理人邱天根、董事人王文慶等
【立碑時間】清光緒五年（一八七九）
【存　佚】現存
【地　點】馬來西亞檳城城隍廟
【碑刻録文】

劉吳明娘、林玉娘，以上捐銀八十元；林團娘捐銀六十元；顏永裕、豐順號，以上捐銀四十八元；林家、醋和酒公司，以上捐銀四十元；邱天保捐銀三十六元；裕源號、邱瑞興、邱成德、珍祥號、再興號、邱如磋、余振田、和茂號，以上捐銀三十元；合興號、啓泰號、車源太號、勝昌號、邱永芳、李清吉，以上捐銀二十四元；榮安號、李振傳，以上捐銀二十二元；得昌號、新瑞美、楊源昌、建昌號、甘秋波、黄得昌、汪新來，以上捐銀二十元；林恒茂捐銀十八元；邱和豐、瑞福號、振泰號、林仁德、邱紅兵，以上捐銀十六元；興利號、綿振號、新利合、邱天根、林啓祥，以上捐銀十四元；成豐號、萬春號、集安號、致興號、新榮茂、陳亨觀、張正淵、邱九恭、黄德艷、吳文恒、蔡江發，以上捐銀十二元；萬德號、振吉號、復裕號、和源號、勝源號、恒和號、裕昌號、益興號、王永興、周源興、林瑞發、甘迎禧、王枰觀、陳四春、姚啓常、謝福來、高邦超，以上捐銀十元；甘娘、蔡淑娘、謝連娥娘，以上捐銀十元；邱興遠、邱源美、成萬利、周深坑、許雅懷，以上捐銀八元；邱衡蔡捐銀七元；邱順茂、邱瑞成、邱順美、邱德成、邱源興、邱和成、邱永興、新龍美、新成興、楊勝記、永德發、楊成興、萬益號、興和號、同茂號、鼎興號、吉興號、順瑞號、再成號、德振號、和成號、再益號、慶源號、長興號、泉盛號、新廣昌、順和號、萬成號、振發號、回春堂、錦美號、豐興號、邱增妙、邱清溪、邱天龍、邱光榮、邱守信、陳□□、蔡都觀、翁貴觀，以上捐銀六元；瑞雲號、源成號、義香號、東成號、正同號、協發號、和美號、協振號、和發號、源盛號、新義發、鯛益號、福美號、永成號、振益號、美昌號、美發號、盛美號、東美號、源成棧、吉春號、勝順號、新大和、新建利、勝昌號、順吉號、鯤昌號、源成號、勝豐號、振成號、振和號、永成興、邱茂成、茂山號、林玉書、陳永裕、李景祥、謝有榮、楊宇宙，以上捐銀四元。

光緒伍年歲次己卯荔月，總理人邱天根，董事人王文慶、邱天德、林仁德、謝有菜、楊宇宙、邱如磋、陳祖看，仝立。

二六六　重修城隍廟紀念碑（一）

【碑刻名稱】重修城隍廟紀念碑（一）
【材　質】銅材
【形　制】方形牌
【尺　寸】長六十八厘米、寬六十八厘米
【書　體】楷書
【碑　額】無
【碑　題】重修城隍廟紀念碑
【碑文撰者】無
【碑文書丹】無
【立 碑 者】城隍廟董事邱漢陽等
【立碑時間】民國四年（一九一五）
【存　佚】現存
【地　點】馬來西亞檳城城隍廟
【碑刻録文】

重修城隍廟紀念碑

昔夏鑄鼎鍾，百神于焉感應；漢興寺觀，萬姓賴以寧安。知神道設教，自古已然，此本檳城城隍廟所由創建也。創自清同之世，聿著聲靈。迄今民國之秋，馨香弗替。唯世遠年湮，日就傾塌，故董事出而提倡，募款重修。于民國肆年乙卯貳月拾肆日興工，規模改作，悉由舊章。即于是年冬拾貳月告竣，縻白鏹陸仟元奇有，皆諧善信踴躍輸將，廟貌重新，胥賴衆擎之舉，而呵護所及，定當億萬斯年。幸喜草草落成，漫云苟完苟美，臚列紛紛姓氏，俱屬好善好施。謹泐于碑，以垂永遠，是爲序。

中華民國肆年乙卯拾貳月吉日，董事邱漢陽、王漢壽，協理謝自友、董垂帶、林耀煌、葉太倉、邱金經、徐時忠，仝立。

茲將重修城隍廟捐題芳名列左：

福建公司捐銀伍佰大員；董垂帶君捐銀伍佰大員；（下略）

二六七　重修城隍廟紀念碑（二）

【碑刻名稱】重修城隍廟紀念碑（二）

【材　質】銅材

【形　制】方形牌

【尺　寸】長六十八厘米、寬六十八厘米

【書　體】楷書

【碑　額】無

【碑　題】重修城隍廟紀念碑

【碑文撰者】無

【碑文書丹】無

【立 碑 者】城隍廟衆董事協理等

【立碑時間】民國六年（一九一七）

【存　佚】現存

【地　點】馬來西亞檳城城隍廟

【碑刻録文】

重修城隍廟紀念碑

柯水通、楊源財（下略）以上肆拾玖位每名捐銀拾貳大員。另諸善男信士人名共捐銀貳佰玖拾大員正，連上善男信士合計共捐銀肆仟玖佰叁拾肆員正。

復將諸善信女芳名捐題列左：

吴溟娘喜捐銀叁佰大員；王亭娘喜捐銀貳佰大員；（下略）

另諸善女信士人名共捐銀玖拾肆大員正，連上善女信士合計共捐銀壹仟肆佰叁拾大員正。

開修理廟及内外□具等合共銀陸仟零叁拾叁員壹角伍占。

除開之外實存銀柒佰壹拾肆員捌角伍占。

福有攸歸。

民國陸年丁巳陸月吉日，城隍廟衆董事協理公啓。

二六八　重修城隍廟紀念碑（三）

【碑刻名稱】重修城隍廟紀念碑（三）

【材　質】銅材

【形　制】長方形横牌

【尺　寸】長一百一十六厘米、寬五十八厘米

【書　體】楷書

【碑　額】無

【碑　題】重修城隍廟紀念碑

【碑文撰者】許修其

【碑文書丹】無

【立 碑 者】城隍廟董事謝自友等

【立碑時間】民國十六年（一九二七）

【存　佚】現存

【地　點】馬來西亞檳城城隍廟

【碑刻録文】

重修城隍廟紀念碑

竊以陰之有城隍，猶陽之有官宰。我國歷朝尊崇祀典，是城隍之爲靈昭昭也。正唯爲靈昭昭，故神像之捐壞，在所必修，廟宇之傾頽，在所必葺。本董事有鑒及此，爰急肩其事而董其成。不謂時屆興工，而善男信女紛紛來報，願出喜緣，亦可見人之好善，皆有同情也。兹事已竣工已完，乃囑勉齋許修其據事直書爲序。

善男信女捐緣芳名列左（恕不稱呼）：

福建公司來銀壹仟柒佰叁拾四員柒角貳占；邱善佑捐銀貳佰員；柴牌十三名共捐銀六拾八員；李景棋捐銀伍拾員；邱守義捐銀叁拾員；余舜卿、邱清照、洪尊三、杜希貞、邱朝宗夫人鍾氏、楊升來、邱素絲、邱長美、楊升聰、邱聰明、洪月珠、李德玉、邱清池、莊永亨、謝五湖、陳貽俊、林素近、鄧秋瓜、林文鳥、林文虎、邱文岳、謝自友、王瓊琦、林素如、林素陽、楊升順、鄭龍允，以上貳拾七名各捐銀貳拾員。

兹將銀項出入列明于左：

收福建公司來銀□仟□佰□拾□元，又收喜緣計來銀三百□十□元，修朔佛像去銀□千□百□十□元，又修理廟宇去銀□千□百□十□元，上下各共銀貳仟六佰貳拾貳元柒角貳占正。

如在其上，福有攸歸。

董事謝自友、謝五湖、謝德泰、謝福坤、林文虎、林成輝、林媽裁、林耀煌、楊升來、楊章安、楊振基、楊昭祥、邱清照、邱文岳、邱水掌、邱集續、陳民情、陳貽俊、陳慶雲、陳清貴。

民國十六年歲次丁卯四月初三日立。

二六九　倡建地藏王廟碑記（上片）

【碑刻名稱】倡建地藏王廟碑記（上片）
【材　質】石材
【形　制】長方形立碑
【尺　寸】長一百二十厘米、寬八十厘米
【書　體】楷書
【碑　額】無
【碑　題】倡建地藏王廟碑記
【碑文撰者】無
【碑文書丹】無
【立 碑 者】地藏王廟爐主等
【立碑時間】清光緒三十一年（一九〇五）
【存　佚】現存
【地　點】新加坡金蘭廟
【碑刻録文】

倡建地藏王廟碑記（上片）

勸捐人：黄庭光、曾運升、袁覺修。

兹將創建丹戎吧葛地藏王宫喜題緣金芳名開列：

章壬榮喜助銀壹百五拾元，又喜認神鑫銀壹百五拾元；劉金榜翁喜助銀壹百貳拾元；羅奇生號喜助銀壹百大元；袁覺修翁喜助銀壹百大元；興隆號喜助銀五拾大元正；德茂酒公司喜助銀五拾元；馮鳳連喜助銀四拾大元正；劉月明翁喜助銀四拾大元；陳啓芬翁喜助銀四拾大元；邱得松翁喜助神臺銀四拾大元；陳合春號喜助銀叁拾大元；源發棧號喜助銀叁拾大元；陸寅杰翁喜助銀貳拾五元；陳怡盛手龍太平所共助銀貳拾貳元；許愛廷翁喜助銀貳拾大元；廣安泰號喜助銀貳拾大元；陳喜祥翁喜助銀貳拾大元；義發樓喜共助銀貳拾大元；陳門李氏喜助銀貳拾大元；林門沈氏喜助銀貳拾大元；何發順號喜助銀貳拾大元；盧姓無名氏喜助銀貳拾元；新連發喜共助銀壹拾八元五毫；大吉利喜共助銀壹拾六元；翠花樓喜共助銀壹拾五元；吉隆坡部喜共助銀壹拾五元；范揚嫂手喜助銀壹拾壹元；杏花樓喜共助銀壹拾壹元；温振順號喜助銀壹拾大元；黄達翁喜助銀壹拾大元正；邱得松官喜助銀壹拾大元；無名氏翁喜助銀壹拾大元；楊榮嬌喜助銀拾元；胡永發號助銀拾元；王順貞喜助銀拾元；顔清安喜助銀拾元；吴安和喜助銀拾元；黄懷記喜助銀拾元；梅端成喜助銀拾元；陸榮佳喜助銀拾元；顔昌順喜助銀拾元；林喬松喜助銀拾元；鄭植培喜助銀拾元；利生號喜助銀拾元；黄耀章喜助銀拾元；陳啓文喜助銀拾元；李門黄氏助銀拾元；顔門朱氏助銀拾元；周玉嬌喜助銀拾元；李門馮氏助銀拾元；劉澤仁翁助銀拾元；陳榮光喜助銀拾元；顔門林氏助銀拾元；廖門謝氏助銀拾元；楊門顔氏助銀拾元；德月樓共助銀九元五毫；翠鳳樓共助銀八元五毫；新義發樓共助八元貳毫；潄鳳樓共喜助銀八大元；新月花共助銀七元八毫；悅來堂共助銀七元七毫；義勝樓共助銀七元四毫；桂馨樓共助銀七元一毫；春花樓共助銀七元；歡花樓共助銀七元；新和發共助銀六元八毫；燕花樓共助銀六元八毫；德花樓共助銀六元五毫；新悅勝共助銀六元五毫；福有利共助銀六元五毫；新悅蓮共助銀六元貳毫；匯香樓共助銀六元壹毫；存發樓共助銀六元；美花樓共助銀六元；黄勝翁喜助銀六元；陳余氏喜助銀六元；新英堂共助銀五元八毫；曾紀利三樓助銀五元五毫；茗香樓共助銀五元五毫；新潄鳳共助銀五元五毫；福合樓喜助銀五元壹毫；萬源當喜助銀五元；沈岳鋒喜助銀五元；振發號喜助銀五元；黄添記喜助銀五元；謝洪昌喜助銀五元；鳳仙樓共助銀五元；新勝發喜助銀五元；愛月樓共助銀五元；劉文明翁助銀五元；黄啓祥翁助銀五元；黄克章翁助銀五元；黄門吴氏助銀五元；林門黄氏助銀五元；張聰明翁助銀五元；邱門楊氏助銀五元；武律翁喜助銀五元；章添梁喜助銀五元；章添慈喜助銀五元；陳門黄氏助銀五元；章添鍾喜助銀五元；羅澤林喜助銀五元；楊氏喜助銀五元；陳氏喜助銀五元；陳有年喜助銀五元；李門陳氏助銀五元；榮利號喜助銀五元；廣祥泰喜助銀五元；姚三炳喜助銀五元；謝義合喜助銀五元；無名氏喜助銀五元；林登順喜助銀五元；無名氏喜助銀五元；郭氏喜助銀五元；張玉清喜助銀五元；胡宅喜助銀五元；周啓清喜助銀五元；何容翁喜助銀五元；陳門嚴氏助銀五元；鍾氏喜助銀五元；吴東林喜助銀五元；毛門胡氏助銀五元；郭門合家助銀五元；曾尊芳喜助銀五元；李月娥喜助銀五元；鄭門陳氏助銀五元；沈錦財喜助銀五元；謝怡和喜助銀五元；新月發共助銀四元九毫五；新盛發共助銀四元七毫；潄香樓共助銀四元五毫；賽發樓共助銀四元五毫；新義順共助銀四元貳毫五；兩順利共助銀四元貳毫；咏仙樓共助銀四元貳毫；祥發樓共助銀四元；新英發共助銀四元；新有發共助銀四元；新得合共助銀四元；祥順樓共助銀四元；同盛樓共助銀四元；沈信女喜助銀四元；李門黄氏助銀四元；黄清真喜助銀四元；賽月樓共助銀叁元七毫；賽鳳樓共助銀叁元七毫；新合發共助銀叁元五毫；新泗利共助銀叁元叁毫；新得利共助銀叁

陳連喜助銀叁元；梁細妹大姨媽共助銀叁元；區偉帶共助銀叁元；保德興助銀叁大元；瑞心樓共助銀叁元壹毫；新馨發助銀叁大元；新財興助銀叁大元；合勝樓助銀叁大元；美鳳樓助銀叁大元；新合發助銀叁大元；銀叁元；成發廠助銀叁大元；廣榮順助銀叁大元；廣長勝助銀叁大元；廣合和助銀叁大元；新美發助銀叁大元；新杏香助銀叁大元；黃添福、吳達仁、廣榮和助銀叁大元；廣祥合助銀叁大元；榮合館助銀叁大元；廣義利助銀叁大元；銀叁大元；和、王三合、新富南、羅杞興、陳門柯氏、黃門林氏、劉門余氏、沈門蔡氏、陳門羅氏、陳氏、林弟子、郭天送、馮宅、胡錦順、李撰昌、周福信堂、陳瑞年、陳阿地、陳石火、陳妙定、陳門李氏、羅門李氏、善緣堂、陳金福、黃信娘、安廠、陳廣、鍾門合家、胡宅、伍建忠，已上每助銀貳元。

光緒乙巳年冬月，星架坡爐主總值理事人謹啓。

二七〇　倡建地藏王廟碑記（下片）

【碑刻名稱】倡建地藏王廟碑記（下片）
【材　質】石材
【形　制】長方形立碑
【尺　寸】長一百二十厘米、寬八十厘米
【書　體】楷書
【碑　額】無
【碑　題】倡建地藏王廟碑記
【碑文撰者】無
【碑文書丹】無
【立 碑 者】地藏王廟爐主等
【立碑時間】清光緒三十一年（一九〇五）
【存　佚】現存
【地　點】新加坡金蘭廟
【碑刻録文】

倡建地藏王廟碑記（下片）

胡、羅湘瓊、郭何氏、劉衍堂、廣仁興、陳七、温梁氏、瑞悦、莫千、郭杜氏、黄張氏、李如春、侯姨、馮貴文、錦波、何陳氏、無名氏、長春、吉祥泰、同安泰、吴林氏、范林、牛湯氏、唐妙奇、陳黄氏、鄔福善、廣勝和、廣祥勝、廣長安、黄總、勝花樓、鳳悦樓、開發樓、新桂發、鳳儀樓、歡心樓、新和合、新聯發、新咏香、新勝堂、余恩南、新月發、廣振隆、廣義和、何蘭花、何合興、如意樓、廣榮勝、廣榮昌、富月樓，以上每俱助銀貳大元正；英順利喜助銀貳元九毫；新漱月喜助銀貳元八毫；永香樓喜助銀貳元七毫；英財共喜助銀貳元五毫；新順合喜助銀貳元五毫；悦香共喜助銀貳元五毫；妙花共喜助銀貳元五毫；新有蓮喜助銀貳元貳毫；瓊悦樓喜助銀貳元貳毫；曾瑞洪共助銀壹元五毫；愛鳳樓共助銀壹元叁毫；妙馨共喜助銀壹元叁毫；新順心喜助銀壹元叁毫；福盛堂共助銀壹元貳毫；鴻發樓共助銀壹元七毫；瑞蓮堂喜助銀壹元七毫；匯香共喜助銀壹元七毫；悦勝樓共助銀壹元五毫；新順發共助銀壹元五毫；何氏義安、鄭丙全、鄭丙成、福生棧、梁錦波、龍梁氏、黄九仔、黎氏、黄大珠、黄細珠、文具、桂英、阿蘇、梁旺才、譚姨、劉湯、黄郭氏、禤氏、梁氏、林黨、玉蘇、陳氏、倫梁氏、蔡林氏、李金寶、瑞春、林丙輝、李群姐、洪錦、温華、温牛、温執、温揚、帶全、周劉氏、霍胡、方容□、鄭丙耀、温鍾氏、陳林、陳洪、唐桂嬌、林金、郭牛、郭嬌女、梁春華、蘇氏、歐花仔、無名氏、黎得有、冼黄氏、甘炎、關滿、麥福緣、謝關氏、蘇黎氏、劉馬氏、許潘氏、沈吴氏、李陳氏、戴康、朱富田、黄成美、許成心、黄子麗、李氏、李財順、馮有、永發、南安、蘇記、譚氏、黄四發、唐元記、黄經□、陳肇宗、麥煉、陳文奕、梅日高、司徒盛、梅郭氏、梁祖貽、義源、王錦芳、無名氏、不名氏、祥盛、益盛、曹氏、張水、陳華仔、新合盛、蔡氏、梁氏、吴氏、梁氏、蘇氏、尹深、車黄氏、劉水容、黄植合、悦勝樓、勝意樓、榮源當、福順利、美香樓、馥花樓、新滙花、新勝利、永馨樓、有香樓、馨發樓、愛如樓、桂香樓、勝如樓、錦添花、合心樓、桂鳳樓、得悦樓、錦綉堂、新彩花、新合意、賽錦樓、新合蓮、菊花樓、新合利、金鳳樓、妙香樓、有成堂、桂花樓、金發堂、有成樓、周蘭記、馮子恬、馮子韶、新合成、德花樓、新遂勝、賽香樓、新財利、樂意樓、新錦花、泗源號、朱廣隆、巧元號、同順號、新咏香、美馨、有發堂、新瑞香、新得發、靄雲翁、新瓊發、瓊花樓、美珍樓，以上每俱助銀壹大元正；馬氏、春梅、陳發、陳氏、李氏、鄭梁氏、邱花仔、曾氏、范洪、楊黄氏、無名氏、九仔、黄宅、王有、羅五、陳珍宗、黄良柏、吴丙蘭、馮李氏、陳棨宗、陳孔義、陳宗瀚、黄勝昌、李仁昌、□□□、方文林、李妹、馮昆焕、梅福星、陳德中、梅趙氏、黎宅、鄭林氏、陳金壽、陳响、曾有、陳平宗、馬德温、馮瑞其、甄懋吉、陳氏、吴氏、曾潤、翠花、群花、美發、月仙、順南樓、新長發、新鳳花、東有堂、新金玉、譚滿堂、黄氏、梁氏、李氏、何鋭深、何敬堂、廣祥隆、温定記、□□森、□□□、新再發、大吉堂，以上每俱助銀壹中元正；新和發喜助銀九毫；漱月共喜助銀八毫；新兩發喜助銀四毫；蓮花喜助銀四毫；朱旺喜助銀叁毫；梅良喜助銀叁毫；陳福靈助銀叁毫；陳洪樞助銀叁毫；林陳氏助銀叁毫。

已上合共捐得銀貳仟叁佰玖拾玖元玖毫正。

光緒乙巳年冬月星架坡爐主總值理事人謹啓。

十八　佛母娘娘

二七一　加里曼丹喃吧哇慈雲蔭樂捐板

【碑刻名稱】加里曼丹喃吧哇慈雲蔭樂捐板
【材　質】木材
【形　制】長方形橫牌
【尺　寸】長一百八十五厘米、寬六十五厘米
【書　體】楷書
【碑　額】無
【碑　題】樂捐板
【碑文撰者】無
【碑文書丹】無

【立 碑 者】慈雲蔭住持

【立碑時間】清光緒二十二年（一八九六）

【存　　佚】現存

【地　　點】印度尼西亞加里曼丹喃吧哇慈雲蔭

【碑刻録文】

樂捐板

光緒二十二年歲次丙申孟秋月吉日，建造佛母娘娘廟宇。

列善翁樂助捐題芳名開列于左：

總理永長興喜題銀拾貳元；承芳公司喜題銀拾員；侯綸謙喜題銀拾大元；許合成喜題銀拾大元；無名氏喜題銀拾大元；復成公司喜題銀陸員；天發堂喜題銀陸大元；宋丁郎喜題銀伍大元；協南興喜題銀伍大元；周香興喜題銀伍大元；曾協貴喜題銀肆大元；鄧竹昇喜題銀叁大元；鄭石合喜題銀叁大元；黄紹箕喜題銀叁大元；林英德喜題銀叁大元；李西泰喜題銀叁大元；黄化秀、秦源盛、張泰興、曾長發、張義順、謝錦二、李吉昌、孫芳生、□公勛、鄧金生、鄧溶□、羅源農、彭福生、鄧洪昌、李茂盛、廖仁祥、曾世洋、徐秀耀、鄧沾先、鍾繼合、李禄往、劉慧寧、謝竹琴、鄧安郎、黎華長、黄煥杰、鄧龍携、鍾學通、謝仁蘭、許節經、李春盛、林蘭孝、李長禄、鄧德□，以上叁拾四名各題貳大員；□□□、□□□、鄧祖□、鄭官□、廖□□、苗成貨、黄煥綺、李蘭嬌，以上各題銀壹大員；邱已旺、謝竹村、陳南秀、余新喜、永萬源、梁確合、鄧清傳、李□□、陳佛慧、嚴春香、梁寶緣、張壬妹、林義照、許明如、馮春華、廖絨莫、李蘭香、曾世銀、王贊合、許本科、廖游香、曾德欽、李雲生、張壬柱、遷世□、葉玉舞、温壯合、黄戊妹、羅乙元、鍾永志、張龍生、鄭壹生、□仲杰、翁四合、彭官添、張慶全、劉洪生、劉登財、詹有願、謝已三、黄緣源、徐錦雲、曾友福、楊欽文、余殿勛、羅欽貴、黄道合、曾贊秀、陳柱長、曾欣南、黄火生、□元合、梁昌盛、侯福安、黄星照、鄧筋興、郭六彦、周添福、黄永盛、宋雲柱、楊增杰、曾開貴、劉李秀、鍾和盛、□□昌、□□部、郭静山、黄兩秀、林暮盛、楊金秦、宋維盛、鍾元二、賴奏和、蔡耀合、温已妹、劉熾官、劉秋興、鄭竈慶、黄坤□、景傳培、廖錦合、周申生、□金添、廖茂莫、李府榮、鍾水三、黄六合、鄧李桃、熊興合、邱耀郎、温貴材、葉二合、□三合、温已郎、黄玉祐、黄金合、鄧有萬、何興合、許造合、□□□，□□名各題銀壹大員；陳禮河題銀捌角；江娘來題銀陸角；莫六合題銀陸角；戴慶長、李三有、李春發、温丙運、梁松興、邱仲華、鄧運郎、余光蓮、李松昌、徐運相、朱南合、温顯郎、陳肴妹、古晋秦、陳戊秀、莫福桂、温已財、温源興、温已祐、□廷合、□羅□、熊戊□、温右舞、彭春華、劉金□、謝欽仁、王丙福、曾□發、邱應合、鄧三合、曾木生、湯盛、李廣福、鍾榮友、王誠昌、劉蘭昌、廖新連、余悦盛、劉棠龍、劉世定、馬水邃、袁目嬌、鄒盛樹、彭新生、彭扎丁、陳貴傳、彭八合、羅順合、劉發四、温錦春、鄒捷盛、劉糧合、鄧□合、余□□、劉□天、黄戊辰，□□名各題銀中員正。

十九　大峰祖師

二七二　北大年同德善堂敬獻諸聖像金身善信芳名録

【碑刻名稱】北大年同德善堂敬獻諸聖像金身善信芳名録
【材　質】石材
【形　制】長方形立碑
【尺　寸】長一百一十八厘米、寬六十八厘米
【書　體】楷書
【碑　額】無
【碑　題】無
【碑文撰者】無
【碑文書丹】無

【立 碑 者】北大年同德善堂董事等
【立碑時間】約一九八〇
【存　　佚】現存
【地　　點】泰國北大年同德善堂
【碑刻録文】

敬獻諸聖像金身善信芳名録

兹將敬獻諸聖像金身款象善信芳名列左：
大峰祖師金身：吔拉周春潮先生、黄淑嬌女士，同敬獻二萬七千銖。
天后聖母金身：北大年田廷克先生、許集隆先生、洪静忠先生、鄧和隆先生，同敬獻一萬二千銖。
福德伯公金身：北大年許素明先生、黄淑琪女士，同敬獻一萬二千銖。
了安師尊金身：合艾陳美珍女士敬獻一萬銖。
了然師尊金身：吔拉張亞紅女士敬獻一千銖；北大年鄭和隆先生敬獻一千銖；馬英照先生敬獻一千銖；姚桂蘭女士、許長坤先生、許月琴女士、傅純芳先生、吴紀安先生、陳秀紅女士、林貴勇先生、張嬋琴女士、張香容女士、張仁梅女士、黄進英女士、許錫龍先生、許秀珠女士、林瑞華先生，各敬獻五百銖；陳惠娟女士敬獻四百銖；蔡美芳女士三百銖；梁雪嬌女士三百銖；葉潮州先生二百銖；陳黄錦玉女士二百銖；黄加德先生二百銖；陳亞美女士一百銖；許連好女士五十銖。

大峰祖師殿：北大年馬英照先生、馬林寶蓮女士、吔拉陳岳桐先生、陳馬蟬卿女士，同敬獻五千銖。

天后聖母殿：大里隢楊進義先生、北大年許源隆寶號，同敬獻五千銖。

福德伯公殿：北大年倪振源寶號、許祥源先生、許倪雪如女士，同敬獻五千銖。